영국 르네상스 텍스트의 젠더와 권력 그리고 욕망

존 던의 시와 산문

영국 르네상스 텍스트의

젠더와 권력

그리고

욕망

JOHN DONNE

존 던의 시와 산문

최새헌 지음

경북대학교출판부

목 차

영국 르네상스 텍스트의 젠더와 권력 그리고 욕망 **존 던의 시와 산문**

책머리에

본 연구는 영국 르네상스 시대 텍스트에 나타난 젠더와 권력 그리고 욕망의 문제를 존 던(John Donne, 1572~1631)을 중심으로 읽으려는 시도이다. 튜더 왕조에서 스튜어트 왕조를 거치면서 정치적·사회적 격변을 겪은 16세기에서 17세기 초를 살았던 던은 날카로운 역사의식을 가지고 자신을 고립되고 유동적이며 분열된 존재로 묘사하면서 불안정한 자아에 대한 새로운 인식을 보여주고 있다. 자아와 주체를 새롭게 발견한 이탈리아 르네상스의 영향을 받아 16세기 영국의 시들은 혼란스러우면서도 잠재적으로 무한한 다양성을 지닌 새로운 주체의 심리적 가능성을 다루고 있는데, 던의 텍스트는 과거를 혁신적으로 재건하려는 문화적 환경과 역사 속에서 고립되고 분열된 자아를 발견한 르네상스적 역사의식을 담고 있다.

지금까지 존 던을 비롯한 르네상스 시대 영국 시인에 대한 비평은 이들이 르네상스 시대라는 특정한 역사적 순간에 글을 쓴 작가들이라는 사실에 거의 주의를 기울이지 않았다고 할 수 있다. 이 시대에 유럽에서는 코페르니쿠스의 지동설 등 당시의 천문학을 비롯한 과학이 인간과 지구가 세계의 중심이라고 생각하던 확고한 믿음을 전복하여 인간을 탈중심화시킨 급격한 변화의 소용돌이가 일어나고 있었다. 이러한 공간적 전치(displacement)로 인하여 인간은 결국 영원한 진리나 초월성, 통합된 정체성이라는 영역에 더 이상 머물지 못하고, 시간과 변화 속에 살게 된 것이다. 이 시대의 문학 텍스트는 급격히 변화하는 궁정이라는 문화장치를 중심으로 생산되었으며, 그 시대인들은 현대인들과 마찬가지로 냉혹하고 불확정적인 세계에서 압박감을 느끼며 살아가고 있었다. 엘리자베스 여왕과 제임스 1세 시대에 조정에 발탁되어 출세하기를 원했던 야심 찬 시인 존 던의 텍스트는 그가 살았던 세계에서 느낀 욕망과 공포, 책략, 그리고 성공과 실패에 대해 생생하게 말해 주고 있다. 따라서 그의 텍스트는 극적이었던 당대의 문화적·정치적 변화를 고려하면서 읽어야 할 필요성이 있다. 던의 시와 산문을 분석하면서 필자는 튜더 왕조와 스튜어트 왕조의 국왕을 섬기던 한 시인과 우리 자신의 경험을 비교하는 한편, 문화적으로나 역사적으로 우리와 다른 타자성을 지닌 과거에 대하여 젠더와 권력과 욕망이라는 핵심적인 문제를 중심으로 새로운 읽기와 재해석을 시도하였다.

최근의 존 던 연구 역시 사랑의 시와 후원제 사이에, 그리고 사랑의 디스코스(discourse)와 야심 찬 남성들이 엘리자베스 여왕과 제임스 1세의 조정에서 출세를 모색하는 것 사이에 중요한 연관이 있음을 보여주는 등 던의 사랑의 시편들의 정치적 환경과 차원들을 분석하고 있다. 또한 『노래와 소네트』(*Songs and Sonnets*)나 『엘레지』(*Elegies*)가 창작된 시기가 엘리자베스 여왕이 통치하던 시기라는 사실에 주목하면서, 강한 가부장적·위계적 문화가 지배하던 사회에서 여성의 통치에 복종하는 데 대한 긴장이 시에 반영되어 있다는 사실을 지적하기도 한다. 즉 많은 시가 사랑에 있어서 여성의 우위를 공격하거나 거부하고 있으며 남성의 지배를 회복하려고 시도하고 있다는 것이다. 따라서 이들은 표면적으로 사랑을 노래하고 있는 던의 시가 동시에 암암리에 정치적인 성격도 띠고 있는 것으로 해석하고 있다. 이 책은 던의 텍스트를 그 시대의 사회적·정치적 사건이나 다른 텍스트와의 관련 속에서, 즉 역사적 문맥에서 읽음으로써 단순한 연애시의 차원 너머 존재하는 정치와 권력과 사랑을 둘러싼 복합적인 의미를 추적하는 것을 목표로 하였다. 그리하여 젠더와 권력의 문제를 다루고 있는 던의 텍스트에서 당시 영국의 제국주의와 팽창주의 그리고 식민주의적 관점에서 여성을 바라보는 시각이 강하게 드러나 있음을 밝히고자 하였다. 이러한 던 다시 읽기를 시도함으로써 식민주의적이고 여성 혐오적인 담론을 통해 드러나는 젠더와 식민주의에 관한 전복적이고 정치적인 텍스트의 성격도 아울러 규명하였다.

영국 르네상스기 텍스트를 읽는 방법론에 있어서 최근의 변화는 지금까지 소홀히 다루어지거나 과소평가되어 온 문학 작품에 대해서뿐만 아니라, 신비평의 영향을 크게 벗어나지 못하던 17세기 초 서정시와 서사시와 같은 텍스트 연구에 중대한 전기를 가져왔다. 1970년대까지만 하더라도 존 던 비평은 T. S. 엘리엇(Eliot)의 형이상학파 시인에 대한 재평가와 신비평적 글읽기 전략과 경향을 반영하는 범주를 크게 벗어나지 못하였다. 엘리엇과 모더니스트 시인과 비평가들은 던의 시에서 복잡성, 위트, 아이러니, 역설, 애매성 등을 발견하면서 던의 시야말로 자신들의 형식주의 비평 이론을 통해 분석할 수 있는 가장 완벽한 텍스트로 높이 평가했다. 1940년대 이후로 학자들은 던을 신비평의 영향으로부터 벗어나게 하려고 애썼는데, 이를 위해 그들은 전기적 연구로 돌아가고, 던의 회의주의를 재해석하고, 르네상스 시적 전통에서 던이 차지하는 위치를 연구하는 데 집중하는 경향을 보인다. 형식주의 비평이 쇠퇴되면서 이들 텍스트 가운데 상당수는 상대적으로 주변적인 작품 대접을 받아왔으며, 이는 존 던의 경우 특히 그러했다. 그러나 80년대에 들어서면서부터 신역사주의와 문화유물론, 페미니즘, 정신분석학, 해체주의 등을 통한 비평적 접근이 활발해지면서 텍스트성(textuality)과 문화, 문학 작품의 생산과 수용, 젠더에 대한 새로운 생각을 바탕으로 이 근대 초기 작가의 텍스트를 다시 정의하게 되었다. 따라서 젠더 개념이나 이데올로기, 권력, 르네상스기의 언어에 대한 탐구 등으로 인해 르네상스 시대 영국시 텍스트를 완전히 새로운 시각에서 읽고 이해하는 것이 가능하게 되었으며, 글읽기의 바탕이 되어 온 비평적·역사적·문화적 전제들에 대해 재검토하게 되었다.

엘리엇이 던과 형이상학파 시인들을 재발견한 때로부터 지금까지 던의 시와 이들 시가 불러일으킨 비평적 반향은 문학 비평사에서 중요한 위치를 차지하고 있다. 던의 시는 역사와 성(sexuality)과 지식 그리고 신앙 사이의 상호 관련성을 보여줌과 동시에, 이에 대한 깊은 명상과 이를 해석하고자 하는 강한 욕망을 드러내고 있다. 성적 욕망과 함께, 정신적이고 종교적인 욕망뿐 아니라 명예에 대한 욕망이 서로 얽힌 상태로 가득 차 있는 던의 텍스트는 이를 해석하려는 문학 비평가들의 욕구를 자극하면서 지금까지 많은 논쟁을 불러일으켜 왔다. 문학 비평은 역사적·문화적·제도적 맥락에 의해 형성된다고 할 수 있는데, 최근 신역사주의(Arthur Marotti, Jonathan Goldsberg)와 마르크시즘(David Aers, Gunther Kress, Richard Halpern), 해체주의(Thomas Docherty, Catherine Belsey, Claude Summers, Ted-Larry Pebworth), 정신분석비평(Ronald Corthell, Ben Saunders)과 페미니즘(Janel Mueller, Janet Halley, Elizabeth Harvey, Achsah Guibbory), 독자

반응비평(Stanley Fish) 등 다양한 비평적 방법이 저마다의 방식으로 텍스트를 해석하려는 시도를 하고 있다. 특히 던과 르네상스 텍스트를 정치적인 함의를 가득 담은 형태로 해석하는 신역사주의자와 문화유물론자들은 개별적인 작품에 대한 분석과 해석을 하던 이전의 경향에서 벗어나, 던의 작품 전체를 사회적·경제적·정치적인 문맥을 포함하는 하나의 사회문화적 모체(matrix)로 파악하는, 보다 포괄적인 비평적 시각을 소개하고 있다. 따라서 던의 텍스트를 해석하려는 시도는 문학과 비평, 정신분석학과 성의 역사 등을 넘나들면서 아우르는 작업이 될 것이다. 던과 던 비평에 의해 제기된 문제들은 후기구조주의 시대를 살아가는 우리들에게 문학 비평의 역할과 가치를 이해하는 데 큰 도움을 준다.

16세기와 17세기에 궁정을 중심으로 발표된 연애시들은 조신들의 자기선전 도구가 되었다. 또한 시적 재능의 과시는 정계에 입문하는 중요한 수단이 되는 경향이 있었다. 다양하고 복합적인 문학적·사회적 규범과 전통의 제약 속에서 창작된 이들 시 작품이 작가의 지위를 향상시키고 권력과 이익을 도모하는 데 이용되었던 것이다. 이는 던의 경우도 마찬가지여서 자신이 다니던 링컨 법학원(Lincoln's Inn) 시절 함께 공부하던 다른 부유한 귀족들과 유희의 수단으로 시를 썼으며, 시 작품을 통해 유력한 사람의 주목을 받아 출세하려 하였다. 이처럼 이 시대의 문학 텍스트는 급격히 변화하는 문화장치라고 할 수 있는 궁정을 중심으로 생산되었기 때문에 극적이었던 당대의 문화적·정치적 변화를 고려하면서 읽어야 할 필요가 있다. 그린블라트(Stephen Greenblatt)는 르네상스 텍스트가 궁정의 여러 제약 속에서 문학적·사회적 정체성을 형성해 가며 그 시대의 디스코스에 깊이 얽혀 있음을 밝힘으로써 신역사주의적이고 마르크시즘적인 연구의 효시가 되었다. 이를 전후한 캠홀츠(J. Z. Kamholtz)와 마로티(A. E. Marotti), 맥코이(R. McCoy), 벨지(C. Belsey), 도처티(T. Docherty), 힐(E. Heale), 에스트린(B. L. Estrin) 등의 연구 역시 이러한 시각에서 다양한 성과를 낳고 있다.

인간 정신에 큰 변화를 가져온 르네상스 시대에 생산된 영국 문학 작품에 나타난 젠더와 권력 그리고 욕망의 문제를 새롭게 조명한 본 연구는 기본적으로 이 시대의 텍스트를 사회적·정치적·문화적 역사의 한 양상으로 보는 비평적 방법론에 입각하여 접근하고자 하였다. 따라서 강한 정치적 함의를 담고 있는 던의 텍스트를 마르크시즘에 영향을 받은 신역사주의를 바탕으로 분석하였지만, 페미니즘과 정신분석비평의 시각 역시 도외시하지 않았다. 20세기에 들어 역사적·정치적 맥락에서의 문학 연구를 주도한 비평이론은 마르크시즘과 신역사주의이다. 마르크시스트 비평가들은 문학이 이데올로기라는 보다 넓은 개념에 속한 것으로 간주하면서, 언어로 쓰인 모든 디스코스가 당대의 역사를 반영하는 것으로 본다. 그리하여 정치·경제적 상황에 의해 영향을 받는 문학 텍스트가 생산된 역사적인 문맥을 살펴봄으로써, 겉으로 드러난 텍스트의 의미 너머에 있는 중요한 이데올로기적 의미를 밝혀내려고 하는 것이다. 이들은 특정한 역사적 시점에서 기록되거나 언술된 모든 것은 당대의 지배 이데올로기의 영향을 받으며 그 지역의 정치·경제적 상황을 반영한다고 본다. 튜더 왕조 시대와 17세기 초라는, 역사적·정치적 격변기를 살았던 던의 텍스트는 이러한 마르크시즘·신역사주의적 접근에 풍부한 자료를 제공하고 있다고 하겠다. 그러나 이러한 시각으로만 접근할 경우 비평적 균형을 상실할 위험이 있으므로, 본 연구는 최근 20여 년간 활발하게 진행되고 있는 젠더 개념이나 이데올로기, 권력, 욕망, 르네상스기의 언어에 대한 탐구 등 다양한 현대비평적 관점에서의 연구 성과를 바탕으로 르네상스 텍스트를 읽고자 하였다.

문학 텍스트를 생성한 르네상스라는 특별한 역사적 환경 속에서 젠더와 권력 그리고 이를 둘러싼 욕망의 문제를 다룬 본 연구는 다음과 같은 질문을 던지면서 던의 작품을 조명한다. 던의 텍스트는 그의 배교를 어떻게 드러내고 있으며, 배교에 얽힌 종교적인 신앙과 정치적 야망의 상관관계는 어떠한가? 던의 작품은 그의 여성 혐오적 경향을 드러내고 있는가? 그리고 젠더에 관한 그의 생각은 어떠한가? 던의 글쓰기는 정치적으로 전제주의에 대한 지지를 표명하고 있는가? 그렇다면 이는 권력과 어떤 관계성을 보여주는가? 그리고 이는 그의 정치적 야망의 표현으로 읽을 수 있는가? 필자는 이러한 존 던에 대한 핵심적인 비평 이슈들을 다루면서 최근 활발하게 전개되고 있는 다양하고 폭넓은 연구 성과를 함께 반영하며 던의 작품을 재점검하고자 하였다. 르네상스 시대 영문학 텍스트에 나타난 젠더와 권력, 욕망에 대해 규명하려는 본 연구는 존 던 시에 내재한 욕망의 정치학을 다룬 본인의 이전 연구를 보완함과 동시에 그동안 연구가 거의 이뤄지지 않았던 던의 산문까지 심도 있게 다룸으로써 존 던 연구의 영역을 확장하고, 400여 년에 걸쳐 행해져 온 존 던 비평과 해서의 역사를 바탕으로 하여 새롭게 존 던을 읽으려는 시도이다. 이러한 연구는 "영국 르네상스 텍스트의 여성의 목소리-존 던의 『엘레지』와 「사포가 필레니스에게」 읽기"와 "르네상스 시대 영국시의 젠더와 권력, 그리고 욕망: 와이어트와 서리, 던" 그리고 "존 던의 『노래와 소네트』에 그려진 현존과 부재, 그리고 재현의 문제" 등 기존의 연구를 확장하고 보완하는 성격을 띠고 있기도 하다.

책의 구성을 살펴보면 우선 제1장에서는 던의 작품이 여성 혐오적 경향을 드러내고 있는지, 그리고 젠더에 관한 그의 생각은 어떠한지와 같은 젠더 문제를 남녀 간의 사랑과 성의 문제가 중심 주제로 다뤄지고 있는 『엘레지』와 「사포가 필레니스에게」("Sappho to Philaenis"), 『노래와 소네트』 등을 중심으로 살펴볼 것이다. 그리고 제2장에서는 던의 텍스트가 그의 배교를 어떻게 드러내고 있으며, 배교에 얽힌 종교적인 신앙과 정치적 야망의 상관관계는 어떠한지를 다룬다. 또 그의 글쓰기는 정치적으로 전제주의에 대한 지지를 표현하고 있는지, 그렇다면 이것이 권력과 어떤 관련이 있는지, 그리고 이것을 그의 정치적 야망의 표현으로 읽을 수 있는지 등의 권력 문제를 『풍자시』(*Satires*)와 『가짜 순교자』(*Pseudo-Martyr*) 등을 중심으로 논할 것이다.

『노래와 소네트』는 던의 시 가운데서도 사랑에 대한 탐구를 담고 있는 가장 복잡한 작품으로, 성적인 사랑과 영적인 속성 그리고 이들 사이의 관계 등 인간의 삶과 경험에서 태동한 중요한 욕망들을 치열하게 다루고 있다. 또한 던의 텍스트는 젊은 날의 세속적이고 성적인 욕망뿐 아니라 성직자가 된 존 던의 종교적이고 영적인 욕망도 함께 보여준다. 제3장에서는 이러한 욕망들을 『노래와 소네트』, 『거룩한 소네트』(*Holy Sonnets*)를 비롯한 후기의 종교시, 『위급한 때의 기도문』(*Devotions upon Emergent Occasions*)과 설교 등의 산문을 중심으로 다루었다.

이 책은 2014년 이탈리아의 사피엔자 대학에서 보낸 연구년 기간에 상당 부분 집필되었는데, 당시 큰 딸 나은이와 가족의 도움이 컸다. 이 책의 원고를 꼼꼼히 읽고 교정을 본 대학원 박사과정의 이지원과 이지연, 그리고 경북대학교출판부 여러분에게도 감사의 마음을 표한다.

2017년 봄날에

복현 연구실에서

제 1 장

젠더

GENDER

우리 현대인들처럼 던에게도 젠더(gender)는 아주 의미가 깊고, 열정적이면서 또한 혼란스러운 문제였다. 던은 유추(analogy)와 은유를 통해 때로는 솔직하게, 때로는 간접적으로 여성과 성 역할에 관한 글을 지속적으로 썼다. 그러나 던은 시드니(Sidney)나 스펜서(Spenser) 그리고 셰익스피어(Shakespeare)와 같은 당대의 시인들이나 그 이전의 시인들과는 달리 여성의 신체적 외모에 대해 논하는 데서 그치지 않는다. 다양한 비평 이론과 이데올로기적인 이유 때문에, 20세기 비평가들은 일반적으로 던 시에 등장하는 여성을 "그림자 같은 인물로, 남성의 욕망에 대한 내상이나 반영물로, 자아정체성 확립의 구실로, 시인 본인의 직업적 열망에 대한 은유로, 그리고 던의 남성 동인(coterie) 모임에서 흥분과 유희를 위해 유통되던 성적 대상으로"(Bell 201) 추정한다. 지난 30여 년 동안 페미니스트 비평가들이 여성에 대한 던의 태도를 재조명하면서, 던의 시에서 여성을 육체에서 이탈시키고 무시한 것은 던이 아니라 바로 비평가들이었다는 사실이 명백해졌다.

지금까지 던에 대한 평가는 다양하게 이루어져 왔다. 즉 그는 여성의 신체를 혐오하고 여성의 정신을 조롱한 여성혐오주의자(misogynist)로,

감성보다는 지성에 더 관심을 가진 형이상학파(metaphysician) 시인으로, 자신의 이익을 위해 여성을 이용한 이기주의자이자 출세주의자(egoist/careerist)로, 자신의 시를 위해서라면 어떤 말도 기꺼이 하는 재사(wit)나 탁월한 언변을 가진 수사가(rhetorician)로, 그리고 여성의 관점에 아주 주의 깊고 세심한 시인이면서 연인(poet/lover)으로 불려진다. 던의 시와 산문은 다양한 장르와 시점 그리고 등장인물들을 포함하고 있고, 그의 언어는 매우 불가사의하고 형이상학적이다. 그리고 여성에 대한 그의 태도는 같은 시, 심지어는 같은 시행 안에서도 바뀔 때가 있다. 그래서 던 자신이 무엇을 생각하는지를 정확히 아는 것은 어렵고, 여성이나 젠더에 대한 지속적이거나 체계적인 관점을 찾아내는 것 또한 거의 불가능하다.

던의 시는 강박적이라 할 정도로 여성에 집착하면서 당대의 젠더에 대한 고정관념을 반영함과 동시에 도전하고 있다. 일부 『엘레지』와 『노래와 소네트』에서는 여성을 기만적이고 지조가 없으며, 추하고 비이성적이라며 조롱하거나 비난한다. 또 다른 시에서는 여성을 감성적이고 지적이며 영적인 활력을 가진 존재로 노래한다. 시 속에서 던은 수많은 여성들에게 초기에는 성적 파트너로, 그리고 이후에는 후원자로 구애를 했다. 그러나 그는 실제로는 앤 모어(Anne More) 한 여성만을 변함없이 열렬히 사랑했다. 던은 앤과 몰래 결혼함으로써 그가 처한 사회적·직업적·경제적 상황을 개선하기를 바랐을지도 모르겠다. 그러나 불행하게도 그 결혼은 앤의 아버지 조지 모어 경(Sir George More)을 격노하게 했고, 그녀의 삼촌이면서 던이 비서로 섬겼던 토마스 에거튼 경(Sir Thomas Egerton)과도 멀어지게 했다. 결국 변호사와 공직자가 되려던 던의 경력은 만신창이가 되고 만다.

피쉬(Stanley Fish) 같은 비평가는 많은 르네상스 시대 연애시가 독백(monology) 형식으로 되어 있고 화자는 연인인 남성 시인인 경우가 대부분이어서 이 남성 시인/연인이 불가피하게 여성을 자신의 말이 지닌 "남성의 설득하는 능력"(masculine persuasive force, "Elegy 16" 4)에 종속시킨다고 주장한다(161). 그러나 던은 시를 써내려 가면서 자신의 생각을 탐구하는 듯이 보일 때조차도 어떤 대상이 되는 인물과 대화를 나누는 경우가 일반적이다. 그 대화의 상대방은 남성 친구이거나 여성 후원자, 연인이나 신(God), 혹은 후손이 되기도 한다. 던은 아내의 죽음을 기리는 라틴어로 된 비문(epitaph)에서 그녀를 자기 시의 가장 중요한 주인공이며 독자라고 밝히고 있다. 그가 쓴 비문으로 미루어 본다면 많은 던의 연애시가 아내인 앤을 위해 쓰인 것일 가능성이 높다.

던의 시에서 남성 화자는 여성의 부정함에 대해 불평하고 있으며, 전통적인 젠더 구별이 뒤섞여 있어 혼란스럽다. 즉 변덕스러운 여인은 여성혐오주의자들이 비판하는 전형적인 여성의 모습을 하고 있으면서 적극적으로 남성의 자유를 침해하고 있다. 반면 남성 화자는 전통적으로 여성에게 부여되었던 수동적인 위치를 차지하고 있음을 볼 수 있다. 흔히 여성은 길들여지지 않은 난폭한 존재이면서, 동시에 이전의 낡은 기사도적인 덕목을 대체한 변덕스럽고 부도덕한 새로운 궁정의 행동 양식을 따르는 존재로 묘사되기도 한다. 이들 연애시에서 여성은 또한 남성을 유혹하는 주체인 동시에 관음증적인 응시(voyeuristic gaze)의 대상이 되기도 한다. 한편 남성 연인은 자신이 소유하고자 하는 욕망과 분노를 점잖고 부드러운 모습으로 가린 약탈자(predator)의 속성을 지니고 있기도 하다. 욕망의 대상이면서 동시에 두려운 존재인 여성은 매혹적이면서 길들여지지 않고, 미개하면서 지나치게 교양 있고, 유혹자이면서 동시에 유혹의 대상인 매우 복합적인 영역을 차지하고 있다.

던의 엘레지는 1980년대 들어서 마로티(Arthur Marotti)의 연구로 새로운 전기를 맞게 되고, 이후로 피쉬나 패터슨(Annabel Patterson), 귀보리(Achsah Guibbory) 등에 의해 다양한 연구들이 이어지게 된다. 이들은 『엘레지』에 등장하는 여성을 성애적 시각에서만 바라보지 않고, 던의 여성 혐오적 경향이나 남성과 여성 간의 권력 관계 등에 초점을 맞추어 조명하고 있다. 페미니스트 학자들과 영국 르네상스 시대를 연구하는 역사학자들은 여성들이 독립의식을 가지고 양성의 역할에 대해 큰 관심을 가지게 된 여러 요인이 16세기에서 17세기 사이에 발생한 것으로 보고 있다(Benet 19-20). 결혼을 동반자 관계로 여기고 여성의 가정에서의 도덕적 책임을 강조한 청교도적 이상도 큰 영향을 미쳤을 것이다. 또한 16세기 후반은 엘리자베스 여왕이 통치하던 시기라는 사실과 함께, 사회가 도시화되면서 여성이 이전보다 더 큰 자유를 누리게 된 것도 여성의 지위와 의식에 큰 변화를 초래한 요인이라고 짐작할 수 있겠다.

최근 비평가들은 던의 『엘레지』에 대해 해체주의와 페미니즘, 신역사주의 등 다양한 현대 비평적 방법론을 통하여 이전의 학자와 비평가들이 다루었던 문제들에 대한 논의를 지속적으로 탐구하고 다듬고 확장시켜 왔다. 이들 가운데 캐리(John Carey)의 전기적 접근은 『엘레지』가 던이 20대의 나이에 가톨릭을 버리고 개종함으로써 겪은 내면의 갈등을 반영하고 있다고 주장하는 반면, 마로티는 던이 이들 초기시를 썼던 당시의 사회·문화적 환경에 초점을 맞추고 있다. 전더(William Zunder)나 마로티 등은 이들 시편에 깔려 있는 사회·정치적 하부 텍스트를 분석하여 『엘레지』에 반영되어 있는 당대의 지리적 발견이나 탐험과 무역과 식민지 건설의 상관관계, 다양한 계층 사이의 사회·경제적인 관계 등을 규명하고 있다. 이와 함께 최근에는 젠더 문제가 시의 핵심적인 이슈로 다뤄지고 있다.

여성에 대한 던의 묘사는 전례(典禮)와 유형학, 신비철학 사상, 사도 바울의 교리가 그의 작품에 미친 영향뿐만 아니라, 던 자신의 성경 주석의 적용에 주목하면서 유대 기독교 신학의 관점에서 연구되어져 왔다. 던의 작품 속에 나타나는 여성 혐오의 문제에 대해 페미니스트 비평가들의 의견은 대체로 둘로 나뉘고 있다. 즉 벨(Ilona Bell)이나 에스트린(Babara Estrin) 같은 비평가는 던의 시가 복잡하고 때로는 강력한 힘을 지닌 여성의 이미지를 담고 있다고 본다. 또 뮐러(Janel Mueller)의 경우에는 여성에 대한 던의 접근 방식이 작품 장르에 따라 천차만별이라고 주장한다(Women 142-58). 한편 도처티(Thomas Docherty)나 홀스턴(James Holstun), 하비(Elizabeth Harvey)를 포함한 다른 페미니스트 비평가들은 던의 작품이 여성 타자(Other) 혹은 여성의 목소리를 침묵시키고, 제한하고, 복종시키며, 식민지화하고 착취하고 있음을 밝히는 작업을 수행해 왔다. 이들 학자들에게 던의 여성혐오는 두말할 나위 없이 명백한 것으로 간주되었다. 그들은 "분별력이 있는 남성으로서의 던의 아이콘을 부수고, 그의 산문과 시의 음험한 작업을 들추어 내려고" 한다(DiPasquale, Misogyny 689). 한편 귀보리 같은 비평가는『엘레지』와 같은 시들이 남성과 여성 사이의 관계뿐만 아니라 엘리자베스 여왕과 궁정에 대한 체제 전복적인 공격을 은연중 담고 있음을 규명하기도 하였다(최재헌, 여성의 목소리 305-6). 피쉬도 던을 자기 언어의 남성적인 힘에 병적으로 사로잡혀 있는 인물로 진단하면서 이러한 부정적 평가에 찬성하고 있다.

링컨 법학원(Lincoln's Inn)에서 공부하면서 에거튼 경(Sir Thomas Egerton)의 비서로 일하고 있을 때인 1590년대에 주로 쓴『엘레지』에서 던은 출세지향적이지만 원칙과 신조를 지닌 인물로, 그리고 때로는 유혹하고 설득하는 연인으로 등장한다. 그리고 일부 엘레지에서는 여성의 신체에 대한 혐오를 표현하는 반면, 다른 엘레지에서는 정신적인 영광과 지적인 기쁨을 느끼게 하는 친밀한 관계나 성적 쾌락에 빠져들기도 한다(Bell 205). 법학원 시절의 환경을 반영하면서 엘리자베스 시대의 사회·경제·정치적인 현실에 대해 비판하는 반권위적인 작품으로 『엘레지』를 해석하고 있는 마로티는 이들 시가 젊은 날의 우상파괴적이면서도 때로는 냉소적인 경향을 보여주고 있음을 지적한다. 즉 그의 『엘레지』는 1590년대의 런던을 젊은 남성들의 연애의 무대로 삼고 있으며, 현학적이고 재기 넘치는 스타일로 궁정을 중심으로 한 당대의 지배적인 사회적·문학적 양식에 맞선 작품이라는 것이다(Marotti, *Coterie* 44-45). 이들 시편에서 던은 정중한 어법 대신 솔직하고 직접적인 화법을 사용하고 있고, 여성을 이상화하면서도 굽실거리지 않는다. 그리고 궁극적으로는 성적 리얼리즘으로 공격적인 남성적 자기 확신을 드러내 보여주고 있다.

『엘레지』를 쓴 것으로 추정되는 1590년대에 던은 시와 여흥에 몰두하였지만, 신학도 깊이 탐구하고, 군대의 원정에도 참가하면서 출세를 모색하는 등 다채로운 삶을 살았다. 1635년 출판된 『시집』(*Poems*)에 실린 1591년 던이 18세가 되던 시기의 초상은 떡 벌어진 어깨에 손에는 칼을 들고 십자가 모양의 귀걸이를 뽐내는 모습이어서, 포스트(Jonathan Post)의 말처럼 학자보다는 군인과 같은 인상을 준다(3). 던은 실제로 1596년 6월부터 1597년 9월까지 에섹스(Essex) 백작이 이끈 카디즈(Cadiz)와 아조레스(Azores) 원정에 참여한 적이 있다. 이 당시 많은 사람들에게 군 복무는, 현실적으로 실현 가능성은 낮았지만 부와 승진과 명예를 얻는 수단으로 생각되었다. 실제로 에섹스와 같은 유력한 귀족의 눈에 들면 후원을 받게 되고 관직에 나아갈 기회를 얻는 경우가 있었다. 던이 어떤 이유로 이 스페인 공격작전에 가담했는지는 확실히 알 수 없지만 그가 군인의 삶과 전쟁에 상당한 매력과 관심을 가지고 있었음은 분명하다. 그의 작품 중 전쟁을 소재로 한 「엘레지 20: 사랑의 전쟁」("Elegy 20: Love's War")은 사랑의 전쟁을 실제 영국과 주변국의 정치적 상황에 빗대어 풀어나가고 있다.

여성과 성 역할에 대한 던의 태도는 그 시의 독자가 누구냐에 따라서, 그리고 시가 창작되던 상황에 따라 상당히 다양하다. 던의 시 가운데 더러는 그의 난해한 언어와 숨겨진 의미를 이해할 만큼 아주 박식하고 통찰력이 있는 친구나 후원자에게 보낸 운문 편지이다. 일부 엘레지 시편과 서정시도 편지 형식을 취한 것이 있기는 하지만, 대부분은 구어체로 된 대화형식의 극적인 작품들이다. 이 시들은 마치 던이 직접 암송하고 소리 내어 읽기 위해 쓴 것처럼 생각된다. 그러면 던의 초기작인 경구시(epigrams)와 『풍자시』로부터 『엘레지』와 『노래와 소네트』에 이르기까지 그의 시에 나타난 젠더와 성의 역할에 대한 던의 생각을 자세히 들여다보자.

세태에 대한 풍자와 기지: 경구시와 『풍자시』

던은 자신이 선택한 장르에 관해 글을 쓰기도 하고 때로는 그 문학적 유형(type)으로부터 거리를 두기도 하면서 형식에 많은 신경을 기울인 작가이다. 그는 경구시와 패러독스(paradox)를 비롯하여 풍자시와 산문, 엘레지, 연애시, 운문 편지, 소네트, 종교시, 논문, 에세이, 기념시, 애가와 추모시, 결혼축가, 기도문, 설교문, 산문 편지 등 다양한 장르의 작품을 남기고 있다. 그러나 던은 그 시대에 유행하던 다양한 장르를 택해 글쓰기를 하면서도 매번 기존의 장르에 새로운 실험을 시도하는 등 기존 장르에 혁신을 가하며 새로운 장르를 개척한 인물이기도 하다. 즉 그는 글을 쓰면서 기존 장르의 새로운 가능성을 끊임없이 모색하였던 인물이다. 장르는 우리가 세상을 이해하는 방식을 적극적으로 결정짓는 상징적 행위의 형식이다. 그렇다면 던은 장르를 선택하는 언어의 상징적 행위를 통해 세상의 모습을 결정지으려고 한 작가였다고 볼 수 있겠다.

보통 경구나 짧은 풍자시를 일컫는 에피그람(epigram)은 당대의 시대적 상황이나 사건과 깊은 관련이 있는데, 던의 작품 가운데 가장 초기작들이 이 형식을 취하고 있다. 던 연구에서 경구시라는 장르는 비교적 소홀히 다루어져 왔으나, 여기에는 던의 핵심적인 문체와 글쓰기 속성이 담겨 있어 이후 던의 시와 산문의 복잡함과 난해함을 해석하는 열쇠를 제공해 준다. 일반적으로 경구시는 짧은 글 속에 죽음과 관련된 내용을 담는 글을 지칭한다. 라틴어나 그리스어의 어원으로 "어디에"(upon) "쓰다"(to write)라는 뜻을 지니고 있는 에피그람은 무덤이나 건물에 새겨 넣은 찬사나 기념하는 내용을 의미하며, 경구시나 단시, 짧은 풍자시 등으로 번역된다. 이는 비문처럼 압축된 짧은 글 속에 기억에 남을 내용을 날카로운 위트로 표현한, 간결하면서도 균형 잡힌 시를 특징으로 한다. 고대 그리스와 로마에서 발달한 경구시는 사상을 위트 있게 표현함으로써 감동을 주는데, 신랄할 정도로 풍자적인 경구시의 모델을 확립한 이는 로마의 시인인 마르티알리스(Martial)이다. 이후 영국에서는 르네상스 시대, 특히 16세기 말에서 17세기 초에 존슨(Ben Jonson)과 던, 헤릭(Robert Herrick) 등 많은 시인들이 풍자적이고 유머가 넘치는 라틴 경구시 전통을 모방해서 시를 쓰면서 유행하게 되었다. 던 시대에 와서 에피그람은 묘비에 새겨진 정교한 유언뿐 아니라 문이나 담벼락 같은 데서 흔히 볼 수 있는 낙서와 같이 성적인 내용을 담고 있으면서 동시에 짧지만 짜릿한 내용의 수수께끼를 포함하는 의미로 확대되어 사용되었다. 말하자면 낙서(graffito)의 짧고 신랄하며 시적인 면을 지칭한다고 하겠다.

던의 경구시는 정확한 창작연도를 알 수 있는 것이 별로 없지만 그의 가장 초기시에 속한다. 그 가운데 몇몇 시는 1596년 던이 참여했던 스페인 카디즈 원정을 다루고 있으며, 다른 시들도 이를 전후한 몇 년 사이에 집필된 것으로 보인다. 던의 경구시가 비록 그의 가장 초기 작품이지만 이 속에는 던의 작품에 지속적으로 나타나는 문체적 특징과 함께 앞으로 그가 이룰 시적 성취를 예견하게 하는 요소가 담겨져 있다. 경구시는 흔히 날 선 농담과 독자의 기대를 뒤엎는 뜻밖의 결말과 반전으로 구성되어 있어서, 던이 쓴 모든 장르의 속성이 섞여 있다는 특징을 지니고 있다. 던은 동시대에는 존슨과 함께 16세기 말 영시를 경구처럼 변화시키는 데 기여한 인물로 일컬어졌으며, 존슨은 그를 영국 최고의 경구 시인으로 인정했다. 던의 대표작이라 할 수 있는 『노래와 소네트』에 수록된 많은 시도 단순히 남녀 간의 열정적인 사랑만 다루고 있는 것이 아니라, 신랄하고 재치 있는 경구시의 요소를 많이 포함하고 있다. 뿐만 아니라 헤스터(M. Thomas Hester)가 지적한 것처럼 많은 엘레지 시편들과 운문 편지, 장례용 추도시, 의사 영웅시(mock epic) 등 그가 쓴 거의 모든 장르의 작품에서 경구시적인 특징들을 찾아볼 수 있다(Epigram 106).

던의 경구시는 모티프나 비유를 정교하게 발전시키는 시들과 대조적으로 시인이 전달하려는 내용이나 감정을 가능한 한 짧은 공간에, 말하자면 거의 한 구절이나 심지어는 한 단어 속에 압축된 형태로 표현하는 경우가 많다. 이처럼 되도록 짧은 단어나 구절을 통해 표현의 가능성을 실험한 던은 종종 논리성이나 변증법적인 단계를 무시하거나 파괴하고 갑작스러운 결말이나 반전을 꾀하거나 의미를 모호하게 하는 경우가 많았다. 이러한 특징은 던의 대부분의 작품에서 찾아볼 수 있는 던의 형이상학적 기상(metaphysical conceit)이나 위트(wit)로 발전된다.

던은 특히 기존의 경구시의 전통을 빌려 와서 수정을 가한 혁신적인 시인이자 예술가이다. 그는 경구시를 수정하고 재배열하고 개정하여 이전 경구시와는 다른 새로운 시 세계를 개척했다. 16세기 영국에서는 고전적인 경구시 전통의 주된 흐름을 형성하는 그리스와 로마의 경구시가 널리 모방되었다. 던은 유년 시절 예수회 신부이면서 시인이자 번역가인 외삼촌 헤이우드(Jasper Heywood)로부터 개인교습을 받으며 많은 영향을 받았기 때문에 이들 경구시의 전통을 접했을 가능성이 크다. 그리고 아마 이러한 영향으로 던은 젊은 시절 라틴어로 경구시를 쓰기도 했으나 이 라틴어 원문 텍스트는 전해지지 않는다. 던은 문학적으로 외가의 영향을 많이 받았다. 그의 어머니는 600여 편의 경구시와 극작품을 남긴 작가인 존 헤이우드(John Heywood)의 막내딸이며 『유토피아』(*Utopia*)의 작가인 토마스 모어 경(Sir Thomas More)의 조카딸이었다. 모어는 1518년에 그리스 시 번역을 포함한 경구시집 『에피그라마타』(*Epigrammata*)를 라틴어로 출판하여 영국에 고전 경구시의 전통을 소개하고 접목시킨 바 있다. 이 모어의 시는 어린 시절 던에게 교본 역할을 했으며 이를 통해 던이 에피그람의 전통에 대해서도 알게 되었을 것으로 짐작된다.

모어는 『에피그라마타』에서 단순히 그리스 경구시를 모방하거나 번역하는 데 그치지 않고 로마의 카툴루스(Catullus)나 마르티알리스에 의해 확립된 라틴 경구시를 소개하여 이를 영국 르네상스 시대에 유행시켰다. 카툴루스는 고대 로마 공화정 말기의 서정시인으로 사랑과 실연의 감정을 슬픔과 유머로 노래한 시를 남겼고, 이는 훗날 남녀 간의 사랑을 다룬 던의 엘레지의 모델이 된다. 그리고 로마의 풍자 시인인 마르티알리스는 당시 사람들의 생활상을 생생하게 묘사하면서 현상의 배후에 있는 인간의 참된 모습을 잔인할 정도로 예리하게 파헤쳐 던의 풍자시에 영향을 끼치게 된다. 종종 풍자적인 반전이나 따끔하게 일침을 가하는 결말을 보여주는 카툴루스나 마르티알리스의 경구시는 지나치게 단호할 정도로 압축된 언어를 특징으로 한다.

던의 경구시 가운데는 용감하고 헌신적인 사랑으로 죽음을 넘어 승리를 쟁취한 연인들의 죽음을 기리는 작품이 몇 편 있는데, 그 가운데 하나가 「헤로와 레안드로스」("Hero and Leander")이다. 2행으로 된 이 짧은 시는 그리스 신화에 나오는 헤로와 레안드로스의 이야기를 담고 있다. 신화에 따르면 레안드로스라는 청년이 아비도스(Abydos)에 살고 있었다. 아비도스는 아시아와 유럽을 나누고 있는 헬레스폰트 해협[the Hellespont; 지금의 다아다넬즈 해협(Dardanelles)]의 아시아 쪽에 있는 도시였다. 해협 건너 유럽 쪽 세스토스(Sestos)에는 아프로디테(Aphrodite) 신전의 여사제인 헤로(Hero)라는 처녀가 살고 있었는데, 축제에서 만난 둘은 서로 사랑에 빠지게 된다. 헤로에게 반한 나머지 레안드로스는 매일 밤 헤로가 그를 위해 탑 꼭대기에 피워 놓은 불빛을 보고 바다를 헤엄쳐 건너가 그녀를 만나곤 했다. 그러나 폭풍이 치던 어느 겨울 밤 헤로가 피워 놓은 횃불이 바람에 꺼져 버리자 방향을 잃은 레안드로스는 바다를 건너다 사나운 풍랑에 휩쓸려 죽는다. 해안으로 밀려온 연인의 시체를 본 헤로는 절망감에 탑에서 뛰어내려 바다에 빠져 죽었다.

> 둘 다 공기를 빼앗겨, 우리 모두 같은 땅속에 누워 있네.
> 같은 불에 타고, 같은 물에 익사하여 둘 모두.
>
> Both robbed of air, we both lie in one ground,
> Both whom one fire had burnt, one water drowned.

이 시에는 연인들의 사랑의 행위가 갖는 보편성이 고대 그리스의 철학자 엠페도클레스(Empedocles)의 사상을 빌려 표현되고 있다. 즉 우주의 만물은 흙과 물, 공기, 불의 네 원소로 이루어져 있는데, 이것들이 사랑과 미움의 힘으로 결합하고 분리하여 여러 가지 사물이 태어나고 멸망하듯이 이 연인들의 사랑도 서로 원소를 달리하여 순환하며 하나로 결합되고 있다. 젊은 연인들의 열정적인 사랑과 비극적인 죽음을 통해 이들 네 원소는 하나가 되는 것이다. "both"와 "one"이라는 대조를 이루는 단어가 세 번 반복됨으로써 독자는 이들 불운한 연인들의 결합과 함께 공기와 흙, 불과 물이라는 상반되는 요소의 결합에 대해 생각하게 된다(DiPasquale, Epigrams 347). 사랑이라는 불로 타올랐던 두 연인은 같은 바닷물에 빠져 숨을 쉬지 못하고 죽어 땅 속에 묻혀서야 영원히 하나로 결합할 수 있게 된 것이다. 이처럼 이들의 사랑은 서로 분리되고 유동적인 상태에서 조화로운 상태로 변화된다. 그러나 비록 둘의 사랑이 하나로 결합되고 완성되기는 하지만 그것이 자신들의 죽음을 통해서만 이루어진다는 점에서 아이러니하다고 헤스터는 지적한다(Hester, Epigram 113). 이 연인들의 사랑이 단지 자신들의 파멸과 죽음을 통해 성취되고 있기 때문에 독자는 사랑의 영원함이라는 행복한 이미지보다는 슬픈 완성이라는 느낌을 떨쳐 버릴 수 없다. "공기를 빼앗긴" 이들은 정복자인 동시에 희생자이며, 사랑의 완성은 죽음을 통한 최종적인 결합을 통해서만 이뤄지고 있다. 이 헤로와 레안드로스의 이야기는 오비디우스(Ovid)와 바이런(Lord Byron)의 시에서도 다뤄지고 있고, 그림으로 그려지는 등 많은 예술가들에게 영감을 불어넣었다.

「헤로와 레안드로스」와 매우 유사한 상황과 연인의 죽음이라는 내용을 다룬 또 하나의 시가 「피라무스와 티스베」("Pyramus and Thisbe")이다.

오비디우스의 『변신』(*Metamorphoses*)에 따르면 피라무스와 티스베는 바빌론(Babylon)의 젊은 연인들이다. 이들의 집은 벽을 사이에 두고 나란히 있었는데, 이들은 서로 적대적이었던 부모의 반대를 무릅쓰고 벽의 갈라진 틈을 통해 몰래 밀어를 나누곤 했다. 이들의 비극적인 사랑을 다룬 던의 시 「피라무스와 티스베」를 읽어 보자.

> 스스로, 각사, 사랑과 두려움으로 죽임을 당한 둘을
> 잔인한 친구들이 떼어 놓음으로써 여기서 결합하도록 하였네.
>
> Two, by themselves, each other, love and fear
> Slain, cruel friends, by parting have joined here.

오비디우스의 이야기에 따르면 부모들이 그들을 떼어 놓으려 하자 이들은 함께 도망치기로 결심하였고, 니누스(Ninus)의 무덤 곁에 있는 뽕나무 아래에서 만나기로 한다. 그러나 그들이 만나기로 한 약속 장소에 방금 사냥감을 해치우고 나서 입이 피투성이가 된 사자가 나타나자 티스베는 겁을 먹고 자신의 베일을 떨어뜨리고는 그 자리에서 도망을 친다. 나중에 그 장소에 도착한 피라무스는 피가 묻어 있는 베일을 보고 티스베가 사자에게 물려 죽은 줄 알고 자살해 버린다. 그가 흘린 피가 흰 뽕나무 열매를 붉게 물들인다. 얼마 후 되돌아온 티스베는 뽕나무 아래에서 죽어 있는 피라무스를 보고는 잠시 흐느낀 뒤 뒤따라 자살한다. 이들의 부모는 그들을 함께 묻어 준다. 티스베의 슬픈 사연을 듣고 신들은 이들의 금지된 사랑을 기념하기 위해 뽕나무 열매의 색깔을 붉은 색으로 바꾸었다고 한다. 던의 시는 짧지만 다소 복잡한 구문으로 되어 있다. 주어는 "cruel friends"이고 주동사는 "Slain"과 "have joined"이다. 시에 묘사

된 연인들은 "스스로" "각자"에 의해, 그리고 두려움과 사랑에 의해 잔인한 친구들이 떼어 놓고 결합시킨 서로 모순되는 급박한 위기 상황에 처해 있다. 그러나 변치 않는 순수한 사랑으로 이러한 모순되는 상황을 극복하고 둘은 하나가 된다. 이들 두 편의 시는 촘촘하게 짜인 구문과 시어를 통해 둘이 하나가 된, 그리고 헤어짐으로써 역설적으로 하나로 결합된 두 연인의 호혜적인 사랑을 높이 기리고 있다. 이 짧은 사랑의 이야기들은 벨이 지적한 바와 같이 연인들이 처음에는 이 세상에서, 그 다음엔 죽음에서, 그리고 마침내는 시와 신화 속에서 영원한 사랑을 성취하였음을 그려내고 있다(204).

그러나 던의 많은 시들은 순수하고 헌신적인 연인들의 영원한 사랑을 노래한 앞의 시들과는 달리 방탕한 인물들의 부정한 사랑을 다루고 있다. 던은 기존의 라틴 경구시의 스타일에서 나아가 여러 장르적 특성을 결합시키고 기지에 넘치는 반전으로 끝을 맺음으로써 시를 한층 복잡하면서도 재미있게 발전시킨 것으로 평가받고 있다. 그 예로 「호색한」("A Licentious Person")과 같은 시는 매독에 걸려 머리가 다 빠진 것에 대해 과장된 어투로 유쾌한 농담을 던진다.

그대의 죄와 머리털은 어느 누구도 똑같이 부를 수 없으니
왜냐하면 그대의 죄가 많아질수록 머리털은 빠지기 때문이다.

Thy sins and hairs may no man equal call,
For, as thy sins increase, thy hairs do fall.

여기서 시인은 시편기자가 "죄가 나의 머리털보다 많으므로"라고 고백하는 시편 40편 12절의 구절을 비틀어서 아이러니를 창조한다. 이 풍자

적인 공격은 "hairs"와 "heirs", 나아가서 "whores"에 가해지는 펀(pun)에 의해 폭넓게 확장되고 있다. 즉 이 펀은 성병에 걸린 본인의 건강 상태를 위협하고 있음을 강조할 뿐 아니라, 재치 있는 로마의 경구시를 시편기자의 교훈과 아버지의 죄가 자식에게까지 영향을 미친다는 성경 잠언의 내용을 담은 한 편의 시로 변모시키고 있다(Hester, Epigram 114). 호색한의 성적 방탕함이 심해질수록 자식들에게까지 그 병이 감염되거나 재산을 탕진하여 그들의 삶을 파멸시킨다는 말이다.

「호색한」과 같이 성경의 인물을 일종의 모욕이나 공격으로 변형시킨 또 다른 예인 「골동품 연구가」("Antiquary")를 읽어 보자.

> 만약 그의 서재에 오래된 이상한 물건들을 모두
> 매달기 위해 걱정이 태산이라면, 그의 아내에게 조심하게 해라.
>
> If in his study he hath so much care
> To hang all old strange things, let his wife beware.

이 시에 등장하는 "he"는 다른 판본에서는 "하몬"(Hammon)으로 되어 있다. 이 하몬은 딘의 「풍자시 5」("Satire 5")의 결말 부분에도 나오는데 "자신이 가진 값진 골동품을 팔았을 때"(when he sold his Antiquities; 87) 모든 것을 잃어버린 자로 언급되며 조롱을 당하고 있다. 이 하몬은 에스더서에 나오는 하만(Haman)과 동일 인물로, 유대 민족을 멸절시키려고 자신의 보물을 왕에게 바친 자이다. 그렇지만 그는 아내의 충고에 따라 충신 모르드개(Mordecai)를 매달기 위해 높이 세웠던 교수대에 자신이 대신 달려 비극적인 죽음을 맞이한다. 하만은 자신의 모든 골동품, 즉 하나님의 백성과 그들의 종교의 지혜를 팔아 버림으로써 정작 자기 목숨을 잃게 되는 것이다. 그러나 던의 시 「골동품 연구가」에서 매단 물건이 떨어질 때 생명의 위협을 받는 자는 하만 자신이 아니라 그의 아내다. 던은 성경을 바탕으로 하면서도 그 내용을 풍자적으로 비틀고 있다. 시의 마지막 단어 "beware"는 여성을 그릇(ware)으로 여겨 온 전통적인 이미지를 연상시키면서 소박한 시에 입체적이고 다층적인 의미를 더하는 효과를 낸다. 그리어슨(Grierson)은 이 시가 악명 높은 고문으로 유명한 당시의 정치인이면서 변호사인 하몬드(John Hammond)라는 특정 인물에 대한 공격일 가능성이 있다고 주장한다(1912, 2.59). 하몬드는 반역 혐의가 있는 자나 국교 기피자인 예수회 교인들을 심문했던 인물이다. 만약 이 주장을 받아들인다면 헤스터의 지적처럼 "오래된"이나 "이상한", "물건들" 등은 당시에 모두 가톨릭 신자를 지칭하는 말이었기 때문에 이 시는 종교적이고 정치적인 빈정거림으로 가득한 텍스트가 된다(Hester, Epigram 114).

이처럼 던의 시 대부분은 한 특정한 경우와 독자를 염두에 두고 창작되었을 뿐만 아니라 시인과 독자들에게 알려져 있는 일련의 규칙을 가진 특정한 장르를 위해 쓰여졌다. 던의 경구시는 젠더 문제에 대한 유용한 자료를 제공해 주는데, 문학 관습에 따르면 경구 시인은 그가 비난하면서도 동시에 그 속에서 살고 있는 세상에 대해 자신의 목소리로 말하기 때문이다. 「자기 고발자」("A Self Accuser")는 창녀를 쫓아다닌 자신의 연인에게 잔소리를 하는 어느 정부(mistress)를 묘사하고 있다.

> 그대 애인은 그대가 창녀를 쫓아다닌다고 여전히 비난하고 있군.
> 비록 그게 사실일지라도 그녀 역시 그러하다고 고백해야 한다는
> 것은 이상하지.
>
> Your mistress, that you follow whores, still taxeth you:

'Tis strange she should confess it, though it be true.

던은 남녀 둘 모두가 숨기려는 부정(infidelity) 행위에 대해 제대로 대처하고 수습하지 못한 것에 관하여 남성을 풍자한다. 그는 또한 여성의 끊임없는 잔소리가 결국 그녀의 남편 또는 연인이 창녀를 찾아가도록 했다는 사실을 암시하고 있다. 마지막 풍자적 비틀기는 여기서 한층 더 나아가 아마 그녀 자신도 매춘부이고 위선자일 수 있다고 암시한다. 「클로키우스」("Klockius")에서도 유사한 점을 볼 수 있다.

클로키우스는 다시는 창녀촌에 더 오지 않겠노라고
깊이 맹세하였지만 그건 바로 집에 가지 않겠다는 말이라네.

Klockius so deeply hath sworn, ne'er more to come
In bawdy house, that he dares not go home.

클로키우스는 창녀를 끊겠다고 맹세를 하지만 결국 자신의 집이 매음굴과 다름없다는 것을 알게 된다.

문학적 전통에 따르면 경구시는 작가 자신의 관점을 직접적으로 표현한다. 그렇다면 던의 경구시는 여성과 젠더에 대한 그의 태도에 관해 무엇을 보여주고 있는가? 누가 음탕한 사람인가? 남자인가 여자인가? 누가 조롱당하고 있나? 클로키우스인가 그의 정부인가? 던은 전통적 윤리 규범을 지지하고 있는가? 순결과 부부의 정조를 역설하고 있는가? 그는 여성을 잔소리가 많고 기만적이고 정조 의식이 없는 존재로 경멸하는 반페미니스트들의 고정관념을 받아들이고 있는가? 그에 대한 대답은 남성들 역시 여성들만큼이나 경멸받을 만하기 때문에 아니라고 할 수 있다. 던의 경구시는 클로키우스와 같은 개인, 즉「호색한」에 나오는 인물과 같은 유형의 사람을 풍자하지만, 남성이나 여성을 어느 한쪽으로 일반화시키지는 않는다. 이들 경구시를 통해 독자들은 던이 허영과 자기기만, 적대감과 탐욕으로 가득 찬 런던이라는 성병이 만연한 도시의 환경 속에서 성적인 유혹을 받으며 젊은 날을 보냈다는 사실을 엿볼 수 있다.

경구시와 마찬가지로 『풍자시』 역시 던이 도시생활에 아주 깊이 빠졌고, 돈과 섹스와 권력의 유혹 앞에서 타협하며 살았음을 보여준다. 여성과 젠더에 대해 가장 분명한 선언을 한 시는 놀랍게도 참된 교회와 진리에 대한 탐구를 다룬「풍자시 3」("Satire 3")이다. "참된 종교를 찾아라"(Seek true religion; 43)라며 약 30행에 걸쳐 화자는 로마가톨릭과 제네바의 신교, 영국 국교 등 인간이 선택할 수 있는 다양한 기독교를 각각 다른 종류의 여성에 비유하면서, 그릇된 이유로 특정 종교(아내)를 선택하는 자들을 비판함과 동시에 이들 모두에 대해 회의적인 태도를 보이고 있다. 화자가 그 가운데 어떤 교회도 흔쾌히 받아들이지 않는다는 사실은 이 세상에서는 그에게 맞는 장소나 교회가 없다는 점을 시사한다. 참된 종교나 진리를 찾고 추구하라는 말은 당연하고 훌륭한 권고로 보이지만, 16세기 말 유럽이라는 상황에서 이는 이상한 말이라고 스트라이어(Richard Strier)는 주장한다. 왜냐하면 이 시기 대부분의 유럽인들에게 종교는 모색의 대상이 아니라, 태어날 때부터 이미 정해져 있어서 무조건 믿고 따라야 할 대상이었기 때문이다(Strier 292).

엘리자베스 여왕 당시 로마는 가톨릭의, 제네바는 신교 특히 칼뱅 장로교의 본산지였다. 진리를 추구하는 가상의 구도자들로 열거되고 있는 영국인 미레우스(Mirreus)와, 독일이나 네덜란드를 연상시키는 이름 크란츠(Crants), 그리스인 그라이우스(Graius), 프리지아인 프리기우스(Phrygius),

그리고 로마의 정치가였던 그라쿠스(Gracchus)는 모두 역사적인 인물로서 다양한 형태의 종교의 양태를 나타내기 위해 던이 사용한 일종의 인유이다. 먼저 영국에는 참된 종교가 없다며 이를 로마에서 찾으려 하는 미레우스는 로마가톨릭(Roman Catholicism)을, 그리고 제네바에 참된 종교가 있다고 생각하는 크란츠는 칼뱅주의(Cavlinism)를 상징한다. 이들은 각각 지나치게 의식적인(ceremonial) 면을 중시하거나 배격하는 입장을 취하고 있다. 한편 그라이우스는 어떤 변화도 바라지 않고 안주하려는 유형의 인간으로서, 영국 국교회주의(Anglicanism)를 대표한다. 그러면 이들 가운데 프리기우스와 그라쿠스에 관한 구절을 읽어 보자.

> 자유로운 프리기우스는 모두가 다 좋을 수는 없다며
> 이 모두를 혐오한다. 마치 어떤 여인들이 창녀임을 아는 자가
> 아무와도 결혼하지 않으려는 것처럼.
> 그라쿠스는 모든 것이 하나같이 좋다며 그렇게 생각한다.
> 마치 여인들이 여러 나라에서
> 다양한 의상을 입지만 여전히 여인이듯,
> 종교도 역시 그러하다고. 너무 많은 빛이
> 눈을 멀게 한다. 그러나 그대는 동요하지 말고
> 온 힘을 다해 하나의 종교만,
> 강요당하는 일이 있더라도 오직 하나의 종교만을 허용해야 한다.
> 더욱이 올바른 종교를.
>
> Careless Phrygius doth abhor
> All, because all cannot be good, as one
> Knowing some women whores, dares marry none.
> Gracchus loves all as one, and thinks that so

As women do in divers countries go
In divers habits, yet are still one kind,
So doth, so is religion; and this blind–
ness too much light breeds; but unmoved thou
Of force must one, and forced but one allow;
And the right; (62–71)

모든 선택의 가능성을 배제하지 않고 자유주의를 신봉하는 프리지아인인 프리기우스는 다양한 신들을 인정하지만, 신·구교 모두 창녀처럼 부정하고 불완전하다는 것을 알기에 어느 쪽도 믿을 수 없다는 자들을 가리킨다. 프리기우스에 대해 이야기하는 이 구절에서 "모두"(all)라는 말이 특별히 강조되고 있음을 알 수 있다. 여기서 "Careless"는 자유롭다는 뜻 이외에 조심성 없거나 무모하다는 의미도 물론 함께 지니고 있다. 너무 선택의 폭이 넓어서 차라리 참된 종교/배우자를 선택하지 않기로 성급하게 결정을 내리는 그는 앞서의 "무모한 겁쟁이"에 다름 아니다. 한편 그라쿠스는 진보적 자유주의로 유명한 로마 가문 출신의 개혁운동가로서, 어느 종교도 다 좋다는 입장을 대변한다. 마치 여러 나라의 여인들이 각국의 다양한 의상을 입지만 똑같은 여성들이듯, 종교도 나라마다 다양한 모습을 띠고 있지만 본질적으로는 하나이며 동일하다는 것이다. 이를 통해 던은 모든 종교가 진리의 빛을 가지고 있다고 생각하는 자는 거짓으로부터 진리를 구별해 내지 못하며, 참된 진리에 대해서는 눈이 멀게 된다는 사실을 강조하고 있다.

「풍자시 3」은 어떤 교회에 참된 진리가 있는지를 참된 신부감을 찾아 여러 나라의 여인들을 찾아가는 보다 쉽지 않은 방식을 통해 말하고 있다. "동요하지 말고 / 온 힘을 다해 하나의 종교만, 강요당하는 일이 있더라도 오직 하나의 종교만을 허용해야 한다"고 말하면서도 이 시는 결코 하나의 참된 교회를 결정하지는 않는다. 하지만 여성에 관한 두 가지 중요한 점에 대해서는 애매모호함이나 의심의 여지를 남기지 않는다. 첫째, 한 명의 참된 애인을 찾는 것이 정말 중요하다는 것이다. 둘째, 특정 여성으로 미루어 모든 여성을 일반화하는 것은 어리석으며 도덕적으로도 잘못되었다는 것이다. 자유분방하고 부주의한 프리기우스는 모든 여성을 혐오하기 때문에 풍자된다. 왜냐하면 자신이 아는 창녀 때문에 모든 여성이 다 창녀인 것처럼 생각하고 "이 모두를 혐오"하여 "아무와도 결혼하지 않으려는" 어리석음을 저지르고 있기 때문이다. 그라쿠스는 정반대 결정을 내리지만 그 역시 여성들을 제대로 분별하지 못한 것에 대해 조롱당한다. 그는 "마치 여인들이 여러 나라에서 / 다양한 의상을 입지만 여전히 여인이듯" 모든 여성은 똑같이 좋다는 어리석은 판단을 내리기 때문이다. 그라쿠스는 지적으로 세련되지 못하고 도덕적으로도 식별력이 없는 사람인 것을 스스로 보여준다.

여성의 몸과 성 역할: 『엘레지』

던의 『엘레지』에 담겨 있는 20편의 시는 오늘날의 애가나 비가의 성격을 크게 지니고 있지 않은 연애시들이다. 그리스와 로마 문학에서 '엘레지'란 용어는 6보격 행과 5보격 행이 번갈아 오는 소위 '엘레지 율격'(elegiac meter)으로 쓰인 시 모두를 지칭하였고, 이러한 시 형식을 빌려 표현된 변화와 상실, 특히 사랑에 대한 불평 같은 주제를 의미하는 데 사용되었다. 르네상스기 유럽과 영국에서 '엘레지'라는 용어는 던의 엘레지처럼 사랑의 시편을 지칭하기도 하는 등 다양한 용례로 사용되다가,

17세기에 들어서 오늘날과 같이 특정인의 죽음을 격식을 차려 다소 길게 노래하는 애가에 한정해서 사용되게 되었다(Abrams 72). 16세기 말에서 17세기 초에 걸쳐 창작된 던의 엘레지 시편들은 그중 많은 시가 사랑의 무상함과 상실을 강조하고 있다는 점에서 앞서 이야기한 엘레지적인 요소를 지니고 있기는 하지만, 그래도 연애시로 보는 것이 타당할 것이다.

던의 『엘레지』에 대한 연구는 80년대 들어서 마로티(Arthur Marotti)의 연구로 새로운 전기를 맞는다. 그의 새로운 접근 이후로 파핏(George Parfitt)과 피쉬(Stanley Fish), 영(R. V. Young), 패터슨(Annabel Patterson), 귀보리(Achsah Guibbory) 등에 의해 획기적이고 다양한 연구들이 이어지게 된다. 이들의 연구는 엘레지에 등장하는 여성을 기존의 성애적 시각에서만 바라보지 않는다. 이들은 오늘날의 현대비평을 바탕으로 한 다양한 관점에서 사랑의 정치학이나 던의 여성 혐오적 경향, 그리고 남성과 여성 간의 권력 관계 등 야망과 정치와 권력에 초점을 맞추어 던의 『엘레지』를 조명하고 있다. 페미니스트 학자들과 영국 르네상스 시대를 연구하는 역사학자들은 여성들이 독립의식을 가지고 양성의 역할에 대해 큰 관심을 가지게 된 여러 요인이 발생한 시기를 1540년에서 1640년 사이로 보고 있다(Benet 19-20). 시장 경제가 팽창함에 따라 목장일과 옷을 만드는 데 많은 여성들이 직접적으로 가담하게 되었으며, 그 결과 가정 밖에서 여성의 생산성이 증대된 것을 그 예로 들 수 있다. 거기다가 결혼을 동반자의 관계로 여기고 가정에서의 여성의 도덕적 책임을 강조한 청교도적 이상도 큰 영향을 미쳤을 것이다. 또한 16세기 후반은 엘리자베스 여왕이 통치하던 시기라는 사실과 함께, 도시화가 진전되면서 여성이 비교적 자유를 누리게 된 것도 여성의 사회적 지위와 의식에 큰 변화를 초래한 요인으로 짐작할 수 있다.

최근의 많은 연구는 『노래와 소네트』나 『엘레지』가 집필된 시기가 엘리자베스 여왕이 통치하던 시기라는 사실에 주목하면서, 많은 시가 사랑에 있어서 여성의 우위를 공격하거나 거부하고 있으며 남성의 지배를 회복하려고 시도하고 있음을 밝히고 있다. 던의 시들은 외견상으로는 사랑을 노래하면서 동시에 암암리에 정치적인 성격을 띠고 있는 경우가 많다(Guibbory 1999, 25-44; Marotti, *Coterie* 44-45). 가부장적 가치에 기초한 문학의 정전을 깨뜨려 보려는 페미니스트 비평가들에게 『노래와 소네트』에 실린 사랑의 시들은 새롭게 주목을 받고 있다. 이들 페미니스트 비평가들은 던이 한 남성으로서 글을 쓰고 있으며, 이전의 비평가들이 그의 시에 나타난 성 차별적 시각들을 발견하고 분석하는 데 실패하였음을 지적한다. 아울러 때때로 그가 만들어 내는 부도덕한 시 속에 미화된 남성성을 찬양하며, 그의 몇몇 작품 속에 담긴 더 실제적이고 매혹적인 주제는 도외시하였다고 비판하고 있다. 페미니스트 비평가들은 또한 여성 혐오적 경향을 보여주는 던의 시들은 여성을 비인간화하여 어떤 인격도 지니지 않은 육체적 존재로 간주하며, 여성의 감정은 전혀 고려하지 않는다고 주장한다. 데이비스(Stevie Davies)는 이러한 예를 남성들의 방탕한 행위와 성애적 장면이 적나라하게 묘사되고 있는 『엘레지』에서 찾고 있다(30-35). 이들은 기존의 체제와 사회에 저항하는 『엘레지』의 시들이 위트와 충격적인 전략을 사용하면서 남성적 시각에서 여성 혐오적이고 호색적인 경향을 적나라하게 드러내고 있다고 보는 것이다.

던의 연애시에서는 여성들이 흔히 부정하고 변덕이 심한 존재로 그려져 있다. 특히 그의 『엘레지』에서 여성은 남성이 근접할 수 없는 순결하고 이상적인 대상이 아니라, 천하고 부정하고 때로는 매우 혐오스럽기까지 한 존재로 묘사되고 있다. 이러한 경향은 여성의 몸을 순결하고 고상하고 완전한 것으로 이상화하고 있는 페트라르카풍의 연애시나 궁정식 사랑시의 전통과는 거리가 멀다. 던은 여성을 불쾌한 존재로 그림으로써 이들이 더 이상 숭배나 존중의 대상이 아니며, 나아가 이제까지 이상화되어 온 여성의 이미지는 깨뜨려져야 함을 주장한다. 던의 엘레지에서 여성의 부정함과 변덕(inconstancy)은 이러한 던의 혁명적인 글쓰기를 구성하는 핵심 요소이며, 이 변덕으로 인해 던의 시에 등장하는 자아는 끊임없이 전치(displacement)되는 경향을 보인다.

기존의 사회가 갖고 있는 제도와 관습에 대한 던의 저항과 도전은 그의 풍자시와 함께 『엘레지』에서 쉽게 찾아볼 수 있다. 이 『엘레지』에 실린 시들은 부정하거나 사회적으로 용인되지 않는 관계를 통해 부모나 아버지, 남편으로 대표되는 전통적인 권위에 맞서는 내용을 담고 있다. 예를 들어 「엘레지 4: 향수」("The Perfume")는 어린 소녀와의 관계를, 「엘레지 1: 질투」("Jealousy")와 「엘레지 7: 자연의 풋내기 바보」("Nature's Lay Idiot")는 유부녀와의 관계를, 그리고 「사포가 필레니스에게」("Sappho to Philaenis")는 레즈비언의 사랑을 다루고 있다. 또한 이들 관계는 종종 위험한 공적인 세계로부터 감추어진 은밀하고 사적인 것으로 그려지고 있음을 볼 수 있다(Guibbory 1993, 132).

영국 르네상스 시대의 연애시는 로마 시인 오비디우스(Ovid)와 이탈리아 시인 페트라르카(Petrarch)의 전통을 이어받고 있다. 페트라르카는 중세 시대의 기사도 전통에서 궁정의 기사가 귀부인에게 바치는 헌신과 흠모를 주제로 한 소네트를 발전시켰는데, 오비디우스의 『사랑의 기술』(*The Art of Love*)을 모델로 하여 이상화된 여성에 대한 남성들의 일방적이고도 맹목적인 사랑을 다루고 있다. 이상화된 여성의 아름다움과 냉혹함으로 인해 사랑에 빠진 남성이 잠 못 이루고 몸부림치는 상황을 다루는 소네트를 중심으로 한 연애시는 특히 영국에서 선풍을 일으키는데, 이는 아마도 엘리자베스 여왕에 대한 국민들의 왜곡된 갈망이 가장 큰 원인으로 생각된다. 페트라르카식 사랑법은 엘리자베스 여왕이 죽고 17세기 사실주의 문학의 선구자격인 존 던에 의해 철저히 부정될 때까지 이어진다.

여성을 욕망의 대상이 아니라 미학적인 아름다움과 종교적인 덕목과 순결함을 지닌 이상적인 존재로 그리고 있는 페트라르카의 전통과 달리, 오비디우스의 연애시는 여성을 성적인 욕망의 대상으로 보고 이 욕망을 충족시키는 것에서 사랑의 보답을 찾고 있다. 따라서 오비디우스는 여성의 도덕성이나 정절을 이야기하기보다는 감각을 자극시키거나 성애에 대한 사실적인 묘사로 상스럽기까지 한 사랑을 묘사한다. 던은 이러한 문학적 전통 속에서 자기 시의 모델을 페트라르카의 시에서보다는 오비디우스의 시에서 찾고 있다. 던은 『엘레지』와 『노래와 소네트』에 실린 초기시에서 오비디우스의 『아모레스』(*Amores*)에서 볼 수 있는 관능적이며 감각적 사랑에서 벌어지는 극적 요소들을 모방한다. 사랑에 대한 지나친 이상화를 거부하고 사실적인 분석을 행한 오비디우스처럼, 던은 인간이 동물과 공통된 본성과 육체를 지니고 있다는 생각에서 사랑을 거의 육체적인 것으로 다루고 있다. 이들 시에서 남성 화자는 남녀 관계에서 돈과 성 행위에 대한 자신들의 관심을 솔직히 인정하면서 이상이 아니라 실제적인 것에 따라 행동한다. 오비디우스가 사랑의 노예가 된 연인을 노래한 라틴 엘레지의 전통을 깎아 내리고 수정을 가하고 있듯이, 던 역시 페트라르카의 전통을 전복시키고 있는 것이다. 오비디우스는 사랑을 사랑하는 여인과 그녀에 대한 감정에 지배되는 것이 아니라, 연인 스스로가 조절하면서 행하는 일종의 기교로 보았다. 따라서 그의 시에 등장하는 연인은 세련된 위트와 자의식 그리고 합리성과 자기 통제력을 지닌 인물로 묘사되고 있다. 던의 엘레지가 이 오비디우스의 엘레지와 다른 점으로는, 귀보리가 지적한 바와 같이, 던의 경우 남성 화자의 우월성이 강조되면서 여성 혐오적 경향이 짙게 드러나는 등 젠더가 특별한 중요성을 띠고 있다는 사실을 들 수 있을 것이다(Guibbory 1990, 819-20). 또한 오비디우스가 성적 쾌락을 비교적 분명한 어조로 다루고 있는 반면, 던은 복잡한 수사적 기교를 구사하며 이 욕망의 문제를 직접적이라기보다는 비유적으로 다루고 있는 점에서도 뚜렷한 차이를 보여주고 있다(Belsey, Worlds 66-70).

남녀 간의 관계를 다룬 많은 『엘레지』 시편들은 두드러지게 여성 혐오적인 시각을 드러내고 있다. 지금까지 많은 비평가들이 던의 호혜적인 사랑의 시들은 시인의 진정한 감정을 담고 있다고 보는 반면, 여성 혐오적이고 냉소적인 시들은 청년 시절에 친구들끼리 돌려 읽기 위해 재치와 수사력을 마음껏 과시하여 재미 삼아 쓴 것이기에 시인의 실제 생각을 담은 것은 아니라고 보는 경향이 있었다. 그러나 귀보리는 이러한 비평적 태도가 일관성이 없고 편향적이라고 비판하며, 던의 『엘레지』를 비롯한 많은 시에서 여성 혐오적인 시각은 부인할 수 없을 정도로 지배적으로 드러나 있다고 주장한다(Guibbory 1990, 812). 그녀는 『노래와 소네트』에 실린 다수의 시에서는 『엘레지』와 전혀 다른 시인의 태도도 발견할 수 있지만, 그렇다고 해서 『엘레지』에 노골적으로 드러나 있는 여성 혐오적 경향을 부인하고 외면하는 것은 시인과 그의 시에 대한 올바른 태도가 아니라는 주장을 설득력 있게 펴고 있다. 엘리자베스 여왕이 다스리던 시대에 남녀 간의 연애 관계에서 여성의 지배를 공격하는 것은 바로 공적인 세계에서 여성의 통치를 간접적으로 공격하는 것으로 볼 수도 있다. 남녀 간의 사랑을 다룬 던의 엘레지는 정치적인 색채가 농후한 언어로 쓰여 있다. 많은 시들이 드러나게는 연애시의 모습을 하고 있으나 은연중에는 정치적인 성격도 지니고 있는 것이다. 따라서 이들 엘레지는 사랑하는 사람들 사이의 관계 역학을 탐구하면서 동시에 정치적으로 체제 전복적인 잠재성도 갖고 있다는 해석이 가능하다.

던은 『엘레지』를 포함한 자신의 시가 생전에 출판되는 것을 원하지 않았을 뿐만 아니라 만년에는 이러한 시를 쓴 것조차 후회했다고 전해진다. 1633년에 시집이 처음 출간되었을 때 5편의 엘레지를 포함해서 많은 시들이 출판 허가를 받지 못했다. 이는 이들 시가 지닌 지나치게 성애적인 경향 때문만은 아닐 것이다. 던의 『엘레지』는 엘리자베스 여왕이 통치하던 시기뿐만 아니라 그가 마침내 교회에서 높은 성직에 오르게 된 제임스 1세와 찰스 1세 시대에조차도 상당히 위험한 작품으로 간주되었던 것 같다.

던은 엘리자베스 시대에 유행한 기사도적인 사랑시를 쓰지 않고 항상 자신만의 독특하고 거친 목소리를 지니고 있었다. 그의 많은 연애시들이 유혹과 성에 관한 것이지만 관능적인 이미지나 육체에 대한 묘사는 의외로 찾아보기 어렵다. 이는 그의 시들이 단순히 유혹을 다루고 있는 것이 아니라 이를 넘어서 더 큰 다른 목적, 즉 독자들의 생각을 재검토하도록 요구하는 대담하고 독창적인 수준으로 시인 자신의 생각을 발전시킬 목적으로 쓰였음을 의미하는 것이기도 하다(최재헌, 여성의 목소리 308). 그러나 1590년대 당시 던이 엘리자베스 여왕 시대에 궁정 이데올로기의 핵심적인 부분이었던 궁정식 사랑의 전통을 거부하고, 이를 노래하는 소네트 양식 대신 남성 화자의 힘과 지배를 강조하고 여성 혐오적 경향이 두드러진 풍자시와 엘레지를 통해 궁정식 사랑의 전통을 전복시킨 행위는 다분히 정치적 함의를 지닌 것으로 생각될 여지가 있었다. 즉 페트라르카적 전통을 반대하고 여성을 비하하면서 여성에 의한 지배를 전복시키고 남성의 주권을 회복하려는 욕망을 드러내는 이들 시는 여성 군주에 의해 지배되는 정치 구조에 대한 불편한 심기가 반영된 것으로 볼 수 있으며, 나아가 이러한 상황을 전복시켜 남성의 우월성과 지배를 주장하려는 반동적인 성향을 지니고 있다고 할 수도 있다.

페트라르카의 전통을 패러디하거나 여성을 비하하고, 여성의 통치와 지배를 전복시키고, 거듭해서 남성의 주권을 강조하는 던의 시적 경향은 여성이 통치하던 당시 영국의 역사적 상황의 산물 내지는 그에 대한 반동의 결과라고 할 수 있을 것이다. 나아가 시인은 이러한 긴장을 통해 남성의 우월성과 지배권을 강하게 주장하면서 상대적으로 여성의 제멋대로 구는 성향과 남성의 지배를 벗어나고자 하는 속성 등을 부각시키고 있다. 결국 외견상으로는 사랑을 노래하면서 동시에 암암리에 정치적인 성격을 띠고 있는 것으로 해석할 수도 있는 것이다. 던은 안정되고 영원한 위계질서라고 여겨졌던 가부장제가 위협을 받는 당시의 정치적 상황에서 젠더와 성의 구별이 무너져 내리는 것 같은 당혹감을 느낀 것으로 보인다. 이는 그가 호색적이고 반역적이며 공격적인 여성뿐만 아니라 유약하고 여성적인 남성도 공격한 것을 보면 보다 분명히 알 수 있다. 던의 엘레지는 사적인 인간관계와 정치적인 인간관계 사이의 밀접한 연관성을 제시하면서 전통적인 성 역할과 질서가 흔들리고 전도되는 상황 속에서 시인이 느낀 갈등과 위기의식을 탁월하게 형상화해 내고 있는 것이다.

던의 엘레지는 동시대의 서정시와 비교해 볼 때 석(Richard Sugg)이 말한 것처럼 성적인 모험과 당시의 시대적 배경에 대해 정확하면서도 극적인 사실성으로 그려내고 있다는 점에서 예술성을 높이 평가할 수 있을 것이다(41). 던의 『엘레지』는 그의 『노래와 소네트』에 비해 당시의 사회상을 보다 많이 보여주고 있다. 이와 관련하여 리드(David Reid)는 『노래와 소네트』에서 사랑은 외부세계를 사라지게 하지만, 『엘레지』에서는 사회적 유대가 우리로 하여금 사랑을 외부의 시각으로 바라볼 수 있게 해 준다는 점을 지적하고 있다(53). 이들 엘레지의 화자는 극적 독백으로 자신의 불만을 이야기하는 경우가 많아서 『노래와 소네트』나 다른 시들에서보다 극적인 상황에 대한 풍부한 정보를 우리에게 제공한다. 그리고 『엘레지』에 등장하는 인물들은 앞서 다룬 엘레지의 화자들처럼 대개 매력적인 인물이 아니고 비열하기까지 하며, 이들이 처한 상황도 부도덕하고 추하며 수치스러운 경우가 많다. 이와 관련하여 마로티는 던의 엘레지에 그려진 매너와 소재가 그의 『풍자시』와 마찬가지로 그 시대의 특수한 사회문학적(socioliterary) 환경에 적합한 태도와 상황에 기초하고 있기 때문이라고 밝히고 있다. 그에 따르면 던은 엘레지에서 당시의 궁정을 중심으로 한 사회적·문학적 양식에 도전하여 정중한 찬사를 솔직하고 직접적인 말로, 이상적인 성애를 성적 사실주의로, 감상적인 신비화를 비판적인 논쟁으로, 공손하게 자신을 내세우지 않고 굽신거리던 태도를 공격적이고 남성적인 자기주장으로 대체시키고 있다는 것이다(Marotti, *Coterie* 45). 정치적 관점에서 접근하는 마로티의 연구와 시각을 같이하는 귀보리도 『엘레지』에 그려진 사랑이 남녀 간의 권력 관계를 다루고 있으며, 성애에 대한 묘사가 여성의 몸과 성 관계와 성차(sexual difference)를 재현하는 것으로 보고 있다(Guibbory 1990, 811).

물론 던의 엘레지에서 엿볼 수 있는 성 역할의 전도나 남성 지배적 사회 구조와 위계의 붕괴 조짐을 오늘날과 지나치게 동일선상에 놓고 보는 것은 르네상스 시대 사회 구조가 지닌 힘과 견고성과 지속성을 극단적으로 과소평가하는 우를 범하는 것일 수도 있다. 이 시대는 아직 집안에서 정한 나이 많은 부자에게 시집가지 않으려고 고집부리는 귀족 가문의 딸조차도 매를 맞거나 방안에 갇히는 일이 흔하던 때이기 때문이다. 실제로 던의 딸 콘스탄스(Constance)도 20살의 나이에 배우 겸 감독인 58세의 에드워드 앨린(Edward Alleyn)에게 시집을 갔다. 엄격한 가부장적 질서와 법이 지배하던 영국의 르네상스 가정에서 프로테스탄티즘은 가장에게 가족들에 대하여 사제와 같은 종교적 권위를 부여함으로써 16세기 초에 이미 절대적이라 할 만했던 아버지의 권위를 한층 강화시켜 주는 역할을 하였다. 이러한 상황을 고려할 때 엘레지 시편에서 접하게 되는 남성보다 더 적극적이고 힘 있고 수완 있는 여성들과 이들에 대한 여성 폄하적인 표현들은 여성의 사회적·경제적·문화적 지위와 신분이 향상되는 가운데 남성들이 여성에 대한 전통적 지배권을 잃게 되지 않을까 하는, 그리고 전도된 성 역할이 가족과 사회의 기초를 깨뜨리지는 않을까 하는 두려움과 사회적 위기감을 드러낸 것으로 보는 것이 타당할 것이다.

던의 『엘레지』는 남녀 간의 성적인 문제를 다루고 있지만 일반적인 의미에서의 연애시라고는 할 수 없다. 왜냐하면 이들 시가 어떤 특정한 관계나 연애 감정에 초점을 맞추고 있지 않기 때문이다. 대부분의 엘레지는 베넷(Diana Benet)이 말한 바와 같이 남성과 여성의 본성과 역할에 관한 시이면서 양성간의 가족 관계나 사회적 관계를 다루고 있다고 하겠다(Benet 19). 이들 가운데 특히 추하게 생긴 여성을 과장되게 묘사하고 있는 「엘레지 2: 철자 바꾸기」("The Anagram")와 「엘레지 8: 비교」("The Comparison")는 여성의 아름다움에 대한 정의와 가치를 주로 다루고 있다. 즉 전자는 아름다움과 추함의 요소들은 동일한 것이며 추함이 보다 바람직하다는 사실을 보여주고 있으며, 후자는 여성의 매력과 혐오스러움은 이들을 바라보는 남성의 시각에 전적으로 달려 있다고 주장하고 있다.

「엘레지 2: 철자 바꾸기」의 전반부는 극단적으로 추하게 생긴 여성을 아이러니한 어조로 찬양하고 있다. 따라서 시 전체가 역설적이며 냉소적인 어조로 되어 있다. 마로티가 말한 바와 같이 「엘레지 2」는 경쟁자에게 못생긴 여자 플라비아(Flavia)와 결혼하라고 익살맞게 권하는 형식으로 쓰인 역설적인 찬사라고 할 수 있다. 그는 이 시가 처음에는 독자들을 즐겁게 하고, 다음에는 잘못된 논리로 빠르게 주장을 늘어놓음으로써 당혹스럽게 하고, 마침내는 기존의 우아한 호색문학에 대한 전통을 뒤엎음으로써 독자로 하여금 혐오감을 느끼게 한다고 주장한다(Marotti, *Coterie* 45-47). 시의 시작 부분부터 던은 재치 있으면서도 조직적으로 여성의 아름다움에 대한 전통을 전복시키고, 그렇게 함으로써 금발과 작은 입과 흰 치아로 대표되는 여성의 미를 찬양한 페트라르카풍의 전통을 장난기 넘치게 조롱하고 있음을 볼 수 있다. 화자는 플라비아가 "눈은 작지만 입은 크고 / 눈은 아이보리 색이지만 치아는 칠흑 같고"(though her eyes be small, her mouth is great, / Though they be ivory, yet her teeth are jet; 3-4)라는 식으로, 잘못 배치되었을 따름이지 미의 요소는 다 갖고 있다고 주장한다. 화자는 논리가 빈약하기는 해도 분명 삼단논법에 근거하여 자신의 주장을 펼치고 있다. 여기서 우리는 플라비아의 작고 흐릿한 눈과 큰 입과 거무튀튀한 이와 붉은 머리가 늙어 가는 엘리자베스 여왕의 모습을 연상시킨다는 귀보리의 지적에 주목할 필요가 있다. 그녀가 언급한 바와 같이 던은 여성을 순결하고 범할 수 없는 이상적인 존재로 그리지 않고, 천하고 부정하며 때로는 혐오스럽기까지 한 존재로 묘사하고 있다(Guibbory 1990, 814). 던은 여성의 몸을 순수하고 고상하고 이상적인 것으로 묘사한 궁정시와 페트라르카풍 연애시의 전통을 거부하고 기괴하게 생긴 여성의 몸을 묘사하는 것을 즐겼다. 그는 『엘레지』에서 이처럼 이상화된 여성의 이미지를 깨뜨림으로써 여성은 불쾌할 수도 있으며, 적어도 더 이상 숭배할 대상은 아니라는 점을 주장하고 있는 것이다.

「엘레지 2」는 당시 유행하던 오비디우스풍의 호색문학뿐만 아니라 페트라르카의 궁정문학 전통에 의해 신비화되던 에로티시즘에 대해 점점 노골적으로 거부하는 방향으로 나아가면서 조직적으로 기존의 전통을 전복시키고 있다. 마로티의 주장처럼 이 시는 단순히 반여성주의만을 보여주는 것이 아니라 성애를 둘러싼 관습과 의식 전반에 대해 의문을 제기하고 있다. 또한 냉소적이면서도 재치에 넘치는 어조로 궁정 연애의 정중한 전통을 공격함과 동시에 던과 그의 친구들이 탐닉하던 성적 모험에 대해서도 공격하고 있다(Marotti, *Coterie* 48-50). 던이 구사하는 이미지는 처음에는 악의 없이 장난기 섞인 것에서 점차 잔혹하며 혐오스러운 것으로 옮아간다.

비록 모든 부분이 정상적인 위치에 있지 않다 해도
그녀는 아름다운 얼굴의 애너그램을 가졌으니.
만약 우리가 글자를 한 가지 방식으로만 배열한다면
단어가 턱없이 모자랄 때 무엇을 말할 수 있겠는가?
음계를 이용해 어떤 음악가들이 하나의 완전한 노래를 만들 때
다른 이들은 같은 음계를 바꿔서
똑같이 훌륭한 노래를 만드네.

Though all her parts be not in th' usual place,

She hath yet an anagram of a good face.
If we might put the letters but one way,
In the lean dearth of words, what could we say?
When by the gamut some musicians make
A perfect song, others will undertake,
By the same gamut changed, to equal it. (15-21)

동일한 알파벳을 다양하게 배열하여 풍부한 언어적 표현을 할 수 있고 같은 음계로 수많은 노래와 음악을 작곡하듯이, 플라비아의 얼굴과 정체성은 미를 구성하는 요소가 다양하게 배열된 결과물이라는 것이다. 플라비아의 얼굴과 정체성의 유일한 형식적 구성요인이 되는 전치는 바로 말과 음악의 근원이 되고 있다. 요컨대 이 전치야말로 시적 언어의 근원이라고 할 수 있는 것이다. 여기서 던은 역설적인 표현을 통해 여성의 아름다움에 대한 전통적인 생각을 해체시키면서 아름다움은 인위적으로 구축될 수 있다고 주장하고 있는 듯하다. 즉 인간이 마치 글자를 다르게 배열하여 하고 싶은 말을 다양하게 표현하듯이, 플라비아가 지니고 있는 미의 부분들을 재배열하여 그녀를 아름다운 여성으로 만들 수 있다고 보는 것이다.

이 「엘레지 2: 철자 바꾸기」는 못생긴 여성을 다룬 의사 연애시(mock love poem)인 「엘레지 8: 비교」와 여러 면에서 매우 유사하다. 던은 이 8번 엘레지에서 아름다운 여성의 몸과 추한 여성의 몸을 비교하는 형식을 취하고 있다. 여성의 몸을 순수하고 고상하고 이상적인 것으로 묘사한 궁정시와 페트라르카풍 연애시의 전통을 거부하고 기괴한 여성의 몸을 묘사하기를 즐겨했던 던은 엘레지 시편에서 양성간의 관계를 갈등이 일어나는 장소로 되풀이해서 그리고 있다. 그는 남녀 간의 관계를 탐구하면서 특히 여성의 몸에 초점을 맞추고 있는데, 던의 세계에서 인간의 몸은 사회 체제의 가치와 질서, 권력과 위험 등을 상징적으로 표현하는 사회에 대한 일종의 상징으로 읽을 수 있다. 던이 남녀 간의 성적 관계뿐만 아니라 여성의 몸을 사회적·정치적 중요성을 띠는 것으로 다루고 있음은 주목할 만하다.

「엘레지 8」 역시 「엘레지 2」처럼 생생하고 정교한 이미지로 독창적이면서도 듣기에 거북하고 심지어 구역질나기까지 하는 일련의 비유들을 통해 풍자만화같이 과장된 여인의 모습을 제시하고 있다. 피터슨(Douglas Peterson)은 이 시가 담고 있는 냉소주의와 환멸은 던 자신의 태도라기보다는 여성과 사랑에 대한 당대의 경향에 대해 던 자신의 입장을 드러낸 것으로 보고 있다(301). 시의 구조는 더할 나위 없이 단순한데, 화자는 자신의 애인을 그의 경쟁자의 애인과 조목조목 비교하며 결국 자기 애인이 훨씬 낫다고 선언하고 있다. 그러나 외견상 구별되는 두 여성은 둘 다 열려(?) 있고 땀을 흘리며 배설하며, 병에 걸린 것 같은 몸을 지녔다는 공통점이 있다. 시는 얼굴과 생식기를 섞어서 묘사하며, 여성의 몸을 해부하듯이 이마에서부터 머리와 얼굴을 묘사하는 데서 시작하여 가슴으로, 팔로, 피부로, 손으로, 그리고 성기를 묘사하다가 마지막으로 충격적인 이미지를 통해 격렬하면서도 병든 것 같은 성교에 대한 묘사로 이동하고 있다. 따라서 귀보리는 이 두 여성이 사실은 서로 다른 시각에서 바라본 한 여성일 수 있으며, 이를 통해 여성에 대한 이상화를 해체시키고 있다는 견해를 제시한다. 던은 그렇게 함으로써 남성이 여전히 우월하다는 위계질서를 확인하며 남성과 여성 사이의 관계를 시적으로 재구축하고 있다는 것이다(Guibbory 1990, 815-17).

페트라르카의 연애시에 대한 기괴한 패러디 형식을 취하고 있는 「엘레지 8」은 여성의 실체를 해부하며 여성이 지닌 육체적 아름다움에 대해 맹렬한 비난을 가함으로써, 덧없는 아름다움에 지나치게 집착하여 육욕적 사랑에서 헤어나지 못하는 남성으로 하여금 그 환상에서 깨어나도록 촉구하는 듯하다. "비교"라는 시의 제목에서 짐작할 수 있듯이 시의 화자는 처음부터 "as"나 "such", "like"로 시작되는 비교 구문을 통해 자신의 애인을 페트라르카의 시에 등장하는 여성들처럼 이상적인 여인으로 묘사하고 있다. 화자는 "이른 아침 동녘의 효능이 강한 향유처럼, / 그런 것이 내 연인의 가슴에 맺힌 땀방울이라네"(As the almighty balm of th' early east, / Such are the sweat drops of my mistress' breast; 3-4)라며 자기 애인의 가슴과 목에 맺힌 땀방울이 장미에서 추출한 향수나 사향 그리고 아침이슬처럼 싱그럽고 향긋하며 진주목걸이처럼 아름답게 보인다고 감각적으로 찬양하고 있다. 그러나 자신의 경쟁자로 추정되는 남자의 애인의 몸은 그로테스크한 것으로 대비시키면서, 그녀의 이마에 맺힌 땀에 대해서는 "더러운 땀의 거품이 그대 애인의 이마를 더럽힌다"(Rank sweaty froth thy mistress' brow defiles; 7)고 하며 이를 월경 때 흘러내리는 액이나 정액, 찌꺼기, 사마귀, 혹은 부스럼같이 혐오스러운 것들을 들어서 비교하고 있다.

이처럼 여성의 몸을 해부하듯이 이마와 머리와 얼굴을 묘사하는 데서 시작하여 가슴으로, 팔로, 피부로, 손으로 초점이 옮아가다가 이제 두 여인의 성기를 대조하며 묘사하기에 이른다. 그리고 "당신의 키스는 그렇다면 벌레가 독 있는 상처를 빠는 것처럼 / 더럽거나 그보다 더하지 않나요?"(Are not your kisses then as filthy, and more, / As a worm sucking an envenomed sore?; 43-44)라며 여성의 몸을 병들고 불결하고 오염된 것으로 정떨어지게 묘사함으로써 기존의 이상화된 여성상을 전복시키고 있으며, 경쟁자와 그의 애인이 나누는 성 관계 역시 "거칠고"(harsh) "폭력적이며"(violent) 병든 것처럼 묘사하고 있다(47). 사랑의 행위를 쟁기질에, 그리고 여성을 흙에 비유하면서 이들의 성 관계를 부드럽고 섬세한 과정이 아니라 "돌투성이 땅을 쟁기질 할 때처럼"(As when a plough a stony ground doth rent?; 48) 부자연스럽고 정신이 나간 행위로 표현하고 있다. 던은 처음부터 끝까지 듣기 거북하고 불쾌한 애인들 사이의 비교를 계속 해왔는데 이를 통해 여성을 이상화하여 품어 왔던 남성의 소망이 덧없음과 이 땅의 모든 것들이 무상하고 변하기 쉽다는 진실을 파헤치는 한편, 사랑을 오물이나 두려움, 질병 그리고 폭력과 같은 것으로 그리고 있다. 시 전체에 걸쳐 여성 혐오적인 감정이 두드러지게 드러나고 있기 때문에 이제 더 이상 여성을 숭배하거나 존경하는 것은 어렵게 된 듯이 보인다. 이처럼 던은 여성에 대한 이상화를 해체시킴으로써 남성과 여성 사이의 관계를 재구축하려고 시도하고 있다.

지난 몇 세기 동안 존 던의 『엘레지』를 읽는 독자들은 그가 여성을 다룬 방식에서 당혹감과 불편함을 느껴왔다. 던의 엘레지는 보다 많은 자유와 존중을 요구하는 17세기 영국의 여성들과, 반면에 자신들의 기득권과 정체성 상실을 염려하는 남성들의 성적·사회적 불안감을 반영하고 있다. 이 당시 영국에서는 경제적·문화적 요인들과 맞물려 변하고 있던 성 역할에 대한 논쟁과 재평가가 일어나고 있었다. 남성들은 전통적으로 여성 위에 군림하였던 자신들의 지위를 잃어버리는 데 대해 두려움을 느끼면서 변하는 성 역할이 가정과 사회의 해체를 초래할까 걱정하였던 것이다.

베넷이 파악한 것처럼 던의 엘레지 대부분은 마음속의 감정의 세계보다는 사회적인 관계의 상호작용이라는 외부 세계에 더 큰 관심을 보이고 있다. 또한 던은 남성과 여성의 본성을 각각, 혹은 다양한 사회적·가족적 관계 속에서 함께 탐구하고 있다(14-15). 특이한 것은 던의 엘레지에는 남성 같은 여성과 여성 같은 남성이 많이 등장하여 전통적인 성의 구분을 허물어뜨림으로써 성 정체성을 유동적으로 다루고 있다는 점이다. 던은 이러한 현상을 기존의 가치관이 흔들리고 사회가 불안정해지는 조짐으로 보는 한편, 정체되고 구속적인 사회적 조건에 저항하는 매력적이고 활기찬 현상으로도 보는 듯하다.

여성들이 어느 정도 경제적·사회적 자유를 획득하게 됨으로써 전통적인 젠더의 구별이 희미해지거나 무너지게 되고, 이는 사회의 붕괴와 성적 혼란을 야기할 수 있다는 두려움을 불러일으키게 된다. 따라서 이 시기의 소설과 설교, 팸플릿, 시, 연극, 수필 등은 여성의 본성이 어떠하며, 남성과 여성을 구별 짓는 진정한 차이는 어디에 있는가 하는 근본적인 질문들을 많이 다루고 있다. 이러한 물음에서 생겨나는 주제는 일반적으로 바로 성 역할의 전도와 관련된다. 즉 남성적인 여성과 여성적인 남성들이 사회적 불안과 혼란을 초래하며, 여러 방식으로 성적 일탈을 보인다는 것이다. 던의 엘레지 시편들도 몇 편을 제외하고는 시대적 이슈였던 여성 문제와 관련된 내용을 다루고 있다.

「엘레지 3: 변화」("The Change")는 제목이 암시하듯이 부정한 여인의 사생활을 다루고 있다. 이 시는 마치 남녀 관계에서 부정함과 변화가 정절보다 나으며, 변화는 자연의 법칙이라며 자유연애를 옹호하는 듯하다. 사랑의 자유를 주창하는 이 여성과 사랑에 빠진 한 남성 화자의 독백 형식으로 되어 있는 시는 따라서 냉소적이면서 환멸에 찬 어조가 지배적이다. 페트라르카풍의 시들이 여성을 고귀하고 숭배받는 인물로 이상화한 것과 대조적으로, 던은 여성을 성적으로 난잡하고 정절을 하찮게 여기는 인물로 그리고 있다.

그 어떤 것도 풀 수 없는 당신의 사랑을
그대의 손과 믿음과 선행이 봉인했다 하더라도,
실로 그대가 뒤로 드러눕고 그 배교가
그대 사랑을 확인해 주어도, 그만큼 더 나는 그대를 두려워하오.
여성들은 예술과 같아, 아무에게도 강제로 속하지 않고
찾는 모든 이에게 열려있으나, 미지의 상태에선 그 가치를 알 수 없지.
만일 내가 새 한 마리를 잡았다가 날려 보낸다면
다른 새잡이도 내가 한 방법을 그대로 써서
그 새를 다시 잡을 수도 있소. 이 새들과 마찬가지로
여자들도 그나 나를 위해서가 아니라 남자들을 위해서 만들어졌지.
여우와 염소, 모든 짐승들이 제 좋을 대로 변하는데
이들보다 더 뜨겁고 교활하고 야성적인 여인들이
한 남자에게 매여 있을까?

Although thy hand and faith, and good works too,
Have sealed thy love which nothing should undo,
Yea though thou fall back, that apostasy
Confirm thy love; yet much, much I fear thee.
Women are like the arts, forced unto none,
Open to all searchers, unprized, if unknown.
If I have caught a bird, and let him fly,
Another fowler using these means, as I,
May catch the same bird; and, as these things be,
Women are made for men, not him, nor me.

Foxes and goats, all beasts change when they please,
Shall women, more hot, wily, wild than these,
Be bound to one man. (1-13)

시작 부분에서부터 여성에 대한 화자의 의심이 강하게 드러나 있으며, 곧이어 여성과 예술 사이의 관계에 대한 탐구를 시작하고 있다. 일반적으로 손과 믿음과 선행은 종교적인 헌신의 증기들이지만 이 작품에서 "손"은 애무의 수단을, "믿음"은 변치 않겠다는 사랑의 맹세를, "선행"은 사랑을 확인하는 성적인 행위를 연상시킨다. 즉 캐리(John Carey)가 말했듯이 "믿음"과 "선행"은 프로테스탄트와 가톨릭 교도가 논쟁을 벌이고 있는 쟁점 사항, 즉 구원의 조건에 관한 것이지만, 여기서는 세속적인 믿음과 성적인 행위를 각각 의미하고 있는 것이다. 그리고 참된 믿음에서 벗어나 타락하는 "배교"도 여기서는 이 여성이 말 그대로 뒤로 드러눕는(fall back) 것을 의미하면서 성 행위 때 상대에게 자신의 몸을 허락한다는 사랑의 표현으로 그려지고 있다. 따라서 그녀의 배교는 그녀의 사랑이 그만큼 믿을 만하다는 것을 입증하는 것이라고 할 수 있다(Carey 24-25).

이어서 화자는 여성들이 누구나 감상하고 즐길 수 있는 예술과 마찬가지로 어느 한 남성에게 억지로 속해질 수 없으며, 원하면 누구든 즐거움을 누릴 수 있는 존재라고 주장한다. 이는 마치 자신이 잡았다가 놓아준 새를 다른 남자가 똑같이 잡을 수 있는 것과 마찬가지라는 것이다. 그렇다면 여성은 한 남자만을 위한 소유물이 아니라 만인을 위한 공공의 자산이 되는 셈이다. 한 걸음 더 나아가 화자는 여우나 염소 같은 짐승들도 제 좋을 대로 파트너를 바꾸는데, 이들보다 성적으로 더 뜨겁고 교활한 여성들이 한 남자에게 묶여 있겠는가라고 묻는다. 즉 여성은 천성적으로 욕정적이고 난잡하며, 이런 성적 자유분방함은 자연이 여성에게 준 속성이기 때문에 당연한 것으로 받아들여야 한다고 말하고 있는 듯하다. 여성을 유혹하는 데 성공한 것 같았던 남성 화자의 우월적 지위는 예술과 자연을 언급하는 이 지점에서 완전히 뒤집어지고 있다. 비록 지금 그가 이 여성의 마음을 사로잡게 되었다 하더라도 그녀의 마음은 모든 남성에게 열려 있으며, 욕망을 채우려고 하는 것은 그녀의 본성이라는 것이다. 그러므로 화자는 언젠가 배신을 당할지도 모른다는 불안감과 두려움에 사로잡혀 있다. 여성 앞에서 힘 있는 존재로 보였던 남성 화자는 여성의 욕망의 대상에 불과한 무력한 존재로 전락하고, 여성은 강력한 힘을 소유하게 되는 역전이 일어나고 있다. 그러기에 화자는 여성이 자신에게 몸과 마음을 열고 "그대 사랑을 확인해 주어도", 그녀가 원래 헤픈 여자여서 곧 배신하지나 않을까 하는 마음에 "그만큼 더 나는 그대를 두려워하오"라고 말하고 있는 것이다.

이어지는 구절은 남성과 여성의 변화된 성적 역할과 상황을 보다 실감나게 전달하고 있다.

경작지가 있는 자는 모든 곡물 씨앗을 거기 뿌리지만
뿌린 씨앗 이외의 곡물이 열려도 상관하지 않지.
다뉴브 강은 바다로 흘러가야 하지만
바다는 라인 강도, 볼가 강도, 포 강도 받아들인다네.
자연이 내려 준 이 자유를
그대는 사랑하네. 그러나 아! 자유와 나를 그댄 사랑할 수 있을까?

Who hath a plough-land, casts all his seed corn there,
And yet allows his ground more corn should bear;

Though Danuby into the sea must flow,
The sea receives the Rhine, Volga, and Po.
By nature, which gave it, this liberty
Thou lov'st, but Oh! canst thou love it and me? (17–22)

마치 농부가 자신이 뿌린 씨앗 외에 바람에 날아오거나 새들에 의해 날아온 씨에서 싹튼 곡물이 밭에서 수확이 되더라도 개의치 않듯이, 또한 바다가 여러 강물을 다 받아주듯이, 남성은 아내의 자유분방한 생활의 결과로 다른 남자의 자식이 태어나더라도 이를 받아들여야 한다고 주장하는 듯하다. 즉 여성들은 한 남자로 만족하지 못하고 다른 남자와의 사이에서 자식을 낳을 수도 있으니 남편들은 체념하고 이러한 부정과 변심을 자연스러운 것으로 용납해야 한다는 말이다. 귀보리는 여성을 땅이나 물에 비교하는 이러한 전통적인 비유는 경계나 한계를 거부하는 여성의 본질적인 개방성을 표현하고 있으며, 모든 것을 받아들이는 여성의 몸이 지닌 '수용성'(receptiveness)으로 인해 여성은 한 남자에게 충실하지 못하고 흘러 들어오는 강줄기처럼 그녀에게 오는 모든 남성들을 받아들이는 것으로 흥미롭게 해석하고 있다(Guibbory 1990, 823-24). 이러한 구절은 견고한 가부장제의 틀을 허물어뜨리면서 남성을 한없이 나약하고 미미한 존재로 전락시키고 만다. 이제 화자는 여성에게 성적 자유를 부여한 자연을 원망하는 어투로, 여성이 자신의 성적 자유를 마음껏 즐기면서 동시에 자신도 사랑할 수 있겠는지 혼자말로 묻고 있을 따름이다.

여성의 부정함과 변심을 비판하는 듯했던 시의 화자가 여기서는 변화야말로 "음악과 기쁨, 삶과 영원의 온상"(the nursery / Of music, joy, life and eternity; 35-36)이라고 여성의 입장에 동조할 뿐만 아니라 찬양하고 있다.

이렇게 볼 때 "변화"라는 시의 제목은 여성에 대해 가부장적 시각이라고 할 수 있는 여성의 불안정성과 가변성을 의미하는 한편, 여성에 대한 화자의 인식 변화를 의미하는 것으로도 이해할 수 있을 것이다. 화자는 물이 한곳에 머물러 있지 않고 자유롭게 흐를 때 가장 맑은 것처럼, 여성도 남성에게 속박되어 지배당하는 수동적 입장에서 주체적으로 생각하고 움직이는 존재가 될 때 가장 고결하다는 역설적인 주장을 펴고 있다. 이러한 주장의 이면에는 정체성을 잃어버린 자아처럼 이 여자에게서 저 여자에게로 떠돌아다니며 성적 쾌락을 추구하고 싶어 하는 그의 욕망이 드러나 있다고 볼 수 있을 것이다. 나아가 그는 자연의 일부분인 인간이 순수해지려면 자연의 속성인 변화를 닮아 인간의 성적인 관계도 끊임없이 변화해야 하며, 그러기에 성적으로 난잡할 때 자신들이 오히려 가장 순수하다고 말하고 있는 것이다. 물론 「엘레지 3」이 존 던 자신의 성 윤리를 보여주거나 그의 경험을 그리고 있다고 단정할 수는 없지만, 르네상스 시대의 자유사상의 큰 흐름을 반영하면서 성적인 부정을 재치 있게 정당화하고 있는 것만은 분명하다.

던의 많은 엘레지 시편들은 기존에 누려온 가부장적 권위를 가지고 여성을 정복하고 다스리려는 남성과 이에 저항하는 여성 사이의 긴장을 다루고 있다. 「엘레지 7: 자연의 풋내기 바보」 역시 이러한 긴장을 보여주면서, 자신에게 사랑의 기술을 가르쳐 준 남성을 배반하고 다른 남자와 놀아나기까지 하는 여성에 대해 이 남성이 화가 나서 경멸 어린 어조로 불평하는 극적 독백 형식을 취하고 있다.

자연의 풋내기 바보여, 내가 그대에게 사랑을 가르쳤는데,

아, 그대는 그 능란한 기술에 너무나 교활함을
입증해 보이는구나. 바보, 그대는 눈이나 손의
신비한 언어를 이해하지 못했고,
이건 거짓이고 이건 절망의 소리라며
한숨의 차이를 판단하지도 못했지.
눈물로 미루어 그 병이
불타는 열정인지 지나가는 열병인지도 분간 못했지.

Nature's lay idiot, I taught thee to love,
And in that sophistry, oh, thou dost prove
Too subtle: Fool, thou didst not understand
The mystic language of the eye nor hand:
Nor couldst thou judge the difference of the air
Of sighs, and say, this lies, this sounds despair:
Nor by the eye's water call a malady
Desperately hot, or changing feverously. (1–8)

"자연의 풋내기 바보"라고 한 것은 애인이 사랑의 경험에 무지하다는 사실을 경멸 조로 표현함과 동시에, "풋내기"(lay)라는 단어를 사용함으로써 그녀가 성적 사랑의 신비를 종교적 신비에 견주면서 성직자와 달리 이에 대해 무지한 평민이라는 사실을 말하고 있다. 이 여성이 남녀 간의 성적인 경험에 대해 알지 못하였다는 사실은 "lay"라는 단어가 성적 경험이 없는 애인을 뜻하는 편으로 사용된 것을 보아서도 분명해 보인다. 그러나 만약 뷸러(Lois Bueler)가 주장한 바와 같이 "자연의 풋내기 바보"라는 말이 화자가 자신에게 한 것일 수도 있다고 가정하면 시 읽기는 처음부터 한층 복잡한 양상을 띠게 된다(Bueler 72-73).

화자가 사랑의 기술을 가르치고 훈련시키기 전에 이 여성은 성적 쾌락에 대해 무지하였을 뿐 아니라 판단력이나 분별력도 없는 둔한 여자였는데, 이제는 교만해져서 더 이상 그를 상대해 주지 않고 다른 남자와 놀아나며 화자를 배신하고 있다. 이러한 상황에 대해 화자는 사랑의 씨를 뿌린 자신이 그 사랑의 열매를 거둬야 하는 것이 마땅하다며, 그 여인이 누구의 아내이든 간에 자신의 여자가 되어야 한다고 강변한다. 즉 화자는 자신이 사랑의 기술을 가르쳐서 완전히 새로운 여성으로 창조했기 때문에 그녀는 남편에게 속할 것이 아니라 자신의 여자가 되어야 마땅하다는 것이다.

　　그댄 내가 사랑의 진미를 가지고
축복의 낙원으로 다듬어 놓았으니 내 것이오.
그대의 우아함과 훌륭한 말은 나의 창조물이야.
나는 그대 안에 지식과 생명의 나무를 심었지,
그걸 아, 낯선 놈들이 맛본단 말인가?

　　who have with amorous delicacies
Refined thee into a blissful paradise.
Thy graces and good works my creatures be;
I planted knowledge and life's tree in thee,
Which oh, shall strangers taste? (23-27)

화자는 "Refined", "planted"같이 농사와 관련된 단어들을 통해 땅과 같은 이 여인에 대한 소유권을 강조하고 있다. 그는 이 여인이 대충 울타리만 쳐서 소유권을 주장하고 있는 남편의 여자가 아니라, "내가 사랑의 진미를 가지고 / 축복의 낙원으로 다듬어 놓았으니 내 것"이라고 주장하고 있다. 자신은 그녀를 온갖 기이하고 오묘한 사랑의 즐거움으로 다듬어 성적으로 "축복의 낙원"으로 만든 점에서 마치 낙원을 창조한 신과 같다는 것이다. 여기서 "다듬어"(Refined)라는 표현은 연금술에서 따온 이미지로 어떤 사물을 정제하고 속성을 변형시켜 완전히 새로운 것으로 만들었다는 의미도 함축하고 있다. 계속해서 화자는 "그대의 우아함과 훌륭한 말은 나의 창조물이야. / 나는 그대 안에 지식과 생명의 나무를 심었지"라고 말한다. 종교적인 용어인 "우아함과 훌륭한 말"이 여기서는 성적인 매력과 성적 환심을 사기 위해 늘어놓는 번드르르한 말이라는 뜻으로 사용되고 있다. 던은 성 행위를 선과 악에 대한 지식과 같은 것으로 보고, 이를 "나무를 심었지"라는 성적 이미지를 사용하여 표현하고 있다. 신이 에덴동산에 선과 악을 알게 하는 지식의 나무와 생명의 나무를 심은 것처럼 화자는 자신이 그녀에게 성(性)과 악에 대한 지식을 가르쳐 주고 새로운 쾌락의 삶을 맛보게 하여 그녀를 완전히 새로운 여자로 창조하였다고 말하고 있는 것이다. 그러나 그는 자신이 즐기기 위해 그녀에게 공들여 성적인 기술에 눈뜨게 해놓았더니 "그걸 아, 낯선 놈들이 맛본단 말인가?"라며 그 나무의 열매를 엉뚱한 남자들이 맛보는 것에 분해한다. 이제 성적인 쾌락에 눈을 뜬 이 여인은 남편도, 화자인 정부도 배반하고 다른 남성들과 놀아나고 있는 상황이 참으로 아이러니하다.

「엘레지 7」은 남성 화자가 지적으로 우월한 선생의 입장에서 여성을 가르치며, 그에게 부여된 교육이라는 특권으로 그녀를 자연스럽게 종속의 위치에 묶어 두고 있는 상황을 보여주고 있다. 애인을 "탈 수 있는 말"(a ready horse; 30)로 만들었다는 화자의 말에서 그가 여성을 자신의 성욕을 채우기 위한 대상으로, 그리고 조종하고 통제해야 할 열등한 동물로 여기고 있었음을 알 수 있다. 그러나 화자의 가르침은 실패로 끝나고 여성은 남성의 통제와 영향력에서 완전히 벗어나 자유를 누림으로써, 여성을 지적으로 열등한 대상으로 보면서 남성의 지배를 정당화하려는 시도는 실패로 돌아간다. 결국 화자는 여성의 잠재된 힘에 두려움과 불안감을 드러내기에 이른다.

자신의 가르침을 받아 "축복의 낙원"이 된 그녀는 더 이상 화자에게 낙원이 아니다. 그녀는 순결과 순수성을 잃고 새로운 지식을 얻고 악을 경험했으며, 이제는 새로운 방식으로 자신에게 사랑을 가르쳐 준 '창조주'와 같은 화자를 배반할 능력을 소유하게 된 것이다. 애인에게 신과 같이 행세하던 화자는 자신을 위해 창조한 낙원을 결국 다른 남자들이 마음껏 즐기도록 좋은 일만 한 꼴이 되고 만다. 이렇게 볼 때 "자연의 풋내기 바보야"라는 말은 화자 자신을 자조적이고 냉소적으로 일컫는 말이라고 할 수 있다. 이처럼 던의 엘레지 시편에는 여성을 정복하고 다스리려는 남성과 사랑에서 주도권을 회복하려는 남성의 시도에 저항하는 여성 사이에 반복적으로 나타나는 긴장이 있는데, 이 엘레지 역시 이러한 긴장을 보여주고 있다. 남편이 이 여인을 집에 가둬 두려는 시도도 헛되이 그녀가 다른 애인을 찾아 나서는 것에서 볼 수 있듯이, 애인을 자신의 뜻대로 조종하고 통제하려는 화자를 포함한 남성의 모든 시도는 실패로 돌아간다. 이와 관련하여 귀보리는 여성의 몸이 타자에게 열려 있다는 사실은 오랫동안 지속되어 온 여성을 지배하려는 남성의 모든 시도를 전복시키는 것이며, 동시에 이러한 지배가 항상 불안정하고 위태로울 수 있다는 사실을 확인해 주는 것이라고 말하고 있다(Guibbory 1990, 823).

던의 『엘레지』는 남녀 간의 성적인 문제를 다루고 있지만 어떤 특정한 연애 감정이나 관계에 초점을 맞추고 있지 않고 보편적인 야망과 정치와 권력의 세계를 다루는 경향이 있다. 따라서 이들 시는 남성과 여성의 본성과 역할에 관한 시이면서 동시에 양성간의 가족 관계나 사회적 관계를 다루고 있다. 따라서 던의 『엘레지』에서는 남녀 간의 성 역할과 정체성, 양성 관계 등 사회와 가정이라는 공간에서 일어난 변화를 비롯하여 17세기를 전후한 시기에 영국에서 일어난 이런 변화의 조짐들을 엿볼 수 있다. 당시 영국에서는 여성들이 어느 정도 경제적·사회적 자유를 획득하게 됨으로써 전통적인 젠더의 구별이 희미해지거나 무너지게 되고, 이는 사회의 붕괴와 성적 혼란을 야기할 수 있다는 두려움을 불러일으키게 된다. 던의 엘레지 시편들에 등장하는 여성은 때로 남성보다 더 대담하고 호색적이고 신의가 없는 인물로 묘사되며, 전통적으로 남성들이 지녔던 자질과 행동을 보여주고 있다.

법학원에서 공부하고 에거튼 경의 비서로 일하고 있던 1590년대에 쓴 『엘레지』에서 던은 출세지향적이지만 원칙과 신조를 가진 변호사이자 공무원, 여성을 유혹하는 설득력이 있는 연인, 그리고 점점 권위를 더해 가는 시인의 모습을 보이고 있다. 『엘레지』의 어떤 시에서는 여성의 몸에 대한 혐오를 표현하는 반면, 다른 시에서는 영적인 영광과 지적인 기쁨을 가진 여성의 몸에 대해 친밀감을 느끼며 성적 쾌락에 기뻐한다. 당시 던에게 젠더 문제는 아주 복잡하고 혼란스러운 문제였으며, 여성과 성 역할에 대한 그의 태도는 상황과 청중에 따라 다양한 입장을 취하고 있다. 그는 아날로지와 은유를 통해서 솔직하게, 때로는 간접적으로 여성과 남녀 간의 성 역할에 관하여 지속적으로 글을 남기고 있다(Bell 201-2). 그러나 던은 동시대나 이전의 시인들과 달리 좀처럼 여성의 신체적 외모를 묘사하는 데 머물지 않는다. 많은 비평가들이 일반적으로 던의 시에 등장하는 여성은 남성 욕망의 대상이나 반영으로서 자기 목소리를 가지지 않는 그림자 같은 인물로 평가해 왔다. 그러나 이런 평가에 대해 최근의 페미니스트 비평가들은 여성에 대한 던의 태도를 재조명하면서 던의 시에서 여성을 무시하거나 육체도 없는 존재로 만든 것은 던이 아니라 바로 비평가들이었음을 지적하고 있다.

여성의 목소리와 레즈비언의 사랑: 「사포가 필레니스에게」

던의 시 가운데는 특이하게 레즈비언의 사랑을 노래하고 있는 「사포가 필레니스에게」("Sappho to Philaenis")라는 시가 있다. 던의 많은 작품 가운데서뿐만 아니라 르네상스 시대 문학 전체에서도 매우 특이한 자리를 차지하고 있는 이 시는 그동안 비평가들에게서 무시를 당해 왔다. 그러다가 최근 20여 년을 전후하여 이 시에 대한 본격적인 연구가 활발히 이루어지고 있는데, 이는 젠더에 대한 높아진 비평적 관심과 무관하지 않은 것으로 보인다. 지금까지의 연구들은 주로 던의 시와 현존하는 사포의 시를 비교하여 연구하거나, 던이 사포를 오비디우스식으로 모방하거나 복화술(ventriloquism)을 쓰듯이 사포를 사용하고 있는 점을 설명하는 등 상호텍스트성의 관점에서 행해져 왔다. 그러나 여기에서는 「사포가 필레니스에게」를 통해 남성 시인 던이 여성을 대변하면서 동시에 여성으로서 말하는 시에서 여성의 목소리와 성을 어떻게 재현하고 이용하고 있는가 하는 문제를 중심으로 살펴보기로 하자.

그리어슨(Grierson)은 자신이 편집한 존 던 시집에서 「사포가 필레니스에게」를 '영웅체적 서간'(Heroical Epistle)이라고 부르며 『엘레지』 시편 바로 뒤에 두었고, 스미스(Smith) 역시 이 시를 「엘레지 20: 사랑의 전쟁」("Elegy 20: Love's War") 다음에 두어 마치 엘레지 21번처럼 취급하고 있다. 그러나 헬렌 가드너(Helen Gardner)를 비롯한 많은 비평가와 편집자들은 이 시가 다른 몇 편의 시와 함께 과연 던의 시인지 의문을 제기하기도 한다. 이들은 그 근거로서 문체가 단조롭고 주제가 상이하다는 등 텍스트상의 증거를 내세우지만, 사실은 이 시가 다루고 있는 레즈비언 사랑이라는 주제에 대한 도덕적인 거부감이 보다 크게 작용한 것으로 보인다.

작품의 진위조차 의심받으며 소홀히 다루어지던 이 시가 다양한 관점에서 주목받고 연구되기 시작한 것은 최근의 일이다. 캐리가 "여성 동성애를 다룬 영어로 쓰여진 최초의 시"(Carey 270-71)라고 일컬은 「사포가 필레니스에게」는 그리스 레스보스(Lesbos) 출신의 저명한 여류시인 사포(Sappho, b. 612 BC)가 그녀의 레즈비언 연인에게 보내는 편지 형식의 시다. 이 편지는 여성들 사이의 성적인 결합과, 남성들을 배제한 그들 간의 사랑으로 창조되는 이상적인 세계를 묘사하고 있다. 사포가 다른 여성들에 대해 쓴 시들 때문에 '사피즘'(Sapphism)이라는 단어가 '레즈비언'(lesbian)이라는 단어와 함께 여성의 동성애를 일컫게 되었다(Smith 452). 레즈비언 연인에 대한 이 편지는 유명한 연인들이 주고받은 편지로서 성애를 다룬 재치 있는 시들인 오비디우스의 영웅적인 서간 『헤로이즈』(*Heroides*)를 모델로 하고 있다. '용감한 여인들'이라는 뜻을 지닌 이 책은 서사시의 영웅들을 사랑했으나 버림받은 여성들에 의해 쓰인 다소 성애적인 사랑을 내용으로 하는 편지모음집으로서, 편지를 쓴 가상의 주인공들은 사포를 제외하고는 모두 신화상의 여성들이다. 이들 여성들 가운데서 사포는 플라톤(Plato)이 10번째 뮤즈라고 일컬었을 정도로 뛰어난 시인으로, 롱기누스(Longinus)는 그녀의 문체의 숭고함을 찬양했으며 호라티우스(Horace) 역시 그녀의 시를 높이 평가했다. 오늘날에도 에이미 로웰(Amy Lowell)과 에이치 디(H. D.) 같은 많은 시인들이 사포가 자신들의 시에 큰 영향을 미쳤다고 이야기하고 있다.

이 오비디우스의 서간집은 이후 사포의 이미지에 결정적인 역할을 끼치게 된다. 솔직하고 열정이 넘치는 사포의 시는 중세와 르네상스 시대에 이르기까지 많은 극작가들의 조롱의 대상이 되었으며, 부도덕하고 음탕한 사랑을 풍자하는 데 이용되곤 하였다. 오비디우스의 『헤로이즈』 15번째 편지에 따르면 사포는 아름다운 소년 파온(Phaon)을 사랑하였으나 그 사랑이 받아들여지지 않자 절망하여 절벽에서 자신의 몸을 던져 바다에 빠져 죽은 것으로 되어 있다. 이 이야기는 여러 시인들에 의해 다루어졌으나 자서전적인 서사의 목소리로 비교적 상세하게 들려주는 오비디우스가 쓴 사포의 이야기만이 현재 남아 있다. 오비디우스의 사포 편은 파온이 자신을 무시하는 상황에서 열정적이고도 굴욕적으로 보이기까지 하는 사랑의 갈망을 표현하고 있다.

그러면 여기서 사포가 어떤 인물이었는지에 대해 잠시 살펴보기로 하자. 사포는 명문 귀족 출신으로 부유한 상인과 결혼하여 클레이스(Cleis)라는 딸 등을 두었다는 것 이외에는 생애에 대해서 별로 알려진 것이 없다. 유복했던 그녀는 문학과 예술을 공부하며 지낼 수 있었는데, 그녀가 태어나고 자란 에게 해 동부 소아시아 연안의 큰 섬 레스보스는 기원전 7세기 당시 문화의 중심지였다. 사포는 그리스의 여러 지역을 여행하였으며 정치적 분쟁을 피하여 한때 시칠리아에서 살기도 했으나 생애의 대부분을 이 레스보스에서 지냈다고 한다. 그녀의 작품 가운데 현존하는 것은 몇 개의 단편밖에 없다. 사포는 길고 짧은 아이올리스풍 시형을 사용하여 사랑의 여신 아프로디테와 결혼의 여신 헤라 등 여러 신에 대한 제사와 기도의 시를 남겼다. 그리고 사포 자신의 사랑과 이별을 포함한 사랑에 빠진 영혼의 아픔과 하소연 등 개인적인 정서를 노래한 시나, 신랑과 신부를 칭송하는 결혼 축하의 노래 등 주로 젊은 여성의 체험에서 나온 시를 썼다. 간결하고 세련된 어휘와 레스보스의 독특한 방언으로 쓴 이들 시 가운데 다수는 놀랄 만큼 대담한 동성 사이의 사랑과 욕망을 표현하고 있다.

그 시대의 관습에 따라 여류시인인 사포는 수금(lyre)이라는 현악기의 반주에 맞춰 자신의 시를 노래했기 때문에 서정시인(lyrist)으로 불렸다. 사포는 당대에 유행하던 서정시의 기법과 문체에 혁신을 가하여 보다 세련된 '사포 시체'(sapphic)를 창조했는데, 신과 뮤즈의 관점에서 쓰이던 시를 시인 개인의 시각에서 노래함으로써 그리스 서정시에 새로운 물결을 일으켰다고 한다. 사포는 말하자면 사랑과 상실의 아픔을 일인칭으로, 개인적인 관점에서 노래한 최초의 시인이었다고 할 수 있다. 사포의 문체는 선율이 아름답고 육감적이었으며 사랑이나 동경과 회상 같은 내용을 담고 있는데, 그녀가 사랑한 대상은 주로 자신에게 예술을 배우러 왔던 여성들이었다는 점이 특이하다. 그러나 동성애를 노래한 그녀의 시가 그 당대에는 별로 비난을 받지 않았다는 사실로 미루어 볼 때, 여성들 사이의 사랑을 욕하거나 박해하기 시작한 것은 훨씬 후대의 일이었음을 짐작할 수 있다.

사포의 시는 기원전 2세기 무렵 알렉산드리아의 학자들에 의해 내용과는 상관없이 시형별로 묶여 9권의 시집으로 출판되었다. 이후 그녀의 시는 로마 시인 카툴루스와 호라티우스 등에 의해 번역되기도 하고 시형이 라틴 시에 도입되는 등 로마시풍에 큰 영향을 끼쳤으나, 이들 중 완전한 형태로 남아 있는 원작은 한 편밖에 없고 그 외에는 모두 단편 형태로만 존재한다. 그 원인은 그동안 원고가 소홀히 취급되었거나 자연 재해 때문이기도 하겠지만, 편협한 학자들에 의한 검열이 큰 역할을 했을 것으로 추정할 수 있다. 그러나 19세기 말부터 나일 계곡에서 발굴된 유적과 이집트의 파피루스 문서에서 사포의 단편이 다수 발견되어 그녀의 언어와 시작법 등에 관한 특징들이 밝혀지게 되었다. 소실된 부분에 대한 추측과 원고 내용을 보는 관점에 따라 번역자별로 다양한 모습을 띠기는 하지만, 이런 노력 덕분에 오늘날 우리는 사포의 시 세계를 보다 자세히 알게 되었다.

사포는 자신의 여러 시에서 소녀들에 대한 열렬한 사랑의 감정을 밝히고 있으나, 오비디우스는 사포가 자신을 무시하고 경멸하는 남성 파온을 사랑하는 것으로 그림으로써 사랑의 대상을 동성에서 이성으로 돌려놓고 있다는 사실이 흥미롭다. 즉 사포가 자신의 사랑을 받아 주지 않는 파온을 위해 이전의 매혹적인 레즈비언 소녀들을 경멸하도록 하며, 이성에 대한 사랑을 더 좋아하여 이전의 동성애를 억제하도록 하고 있는 것이다. 이렇게 해서 사포의 노래는 오비디우스가 창조한 파온의 이야기를 통해 침묵당함으로써 사포는 성적으로 그리고 시적으로 남성에게 종속을 당한다고 할 수 있다. 다시 말해서 사포는 파온의 성적 매력 앞에 굴복당하고 오비디우스의 시적 권위에도 정복되는 것이다. 이 오비디우스의 이야기에서 우리는 사포라는 여성의 목소리를 사용하여 연애시인으로서 자신의 입지를 굳히려는 오비디우스의 욕망과, 이 내러티브 속에 실제 사포의 목소리에 반하는 오비디우스가 꾸며 낸 목소리가 존재한다는 사실에 유의할 필요가 있다.

오비디우스는 파온에게 무시당하고 버림받은 사포의 슬픔을 표현하기 위해 원래 '사포 시체'라고 불리는 서정시의 양식으로 되어 있던 사포의 시를 엘레지 형식으로 바꾸고 있다. 그는 사포의 입을 통해 이야기하면서 엘레지 형식의 2행 연구(couplet)를 선호하여 원래 시의 사포풍의 운율과 시체를 바꾸고, 그리스어를 라틴어로 번역하여, 여성 시인에서 남성 시인으로 젠더에 변화를 주고 있는 것이다. 이러한 과정을 겪었기 때문에 시에서 말하고 있는 화자는 과연 누구인지의 문제가 제기될 수밖에 없다. 엄밀히 말하자면 시의 화자는 사포도 오비디우스도 아니고, 사포와 오비디우스의 목소리가 양피지(palimpsest) 위에 겹쳐서 씌어진 것과 같다고 할 수 있을 것이다. 오비디우스는 여성 인물을 통해 침묵하는 여성의 위치에서 이야기하지만, 여성의 욕망이 뒤틀리고 희화화되어 표현되면서 그 목소리는 진정한 여성의 목소리라기보다는 양성일체(hermaphrodite)의 성격을 띠고 있다. 그는 사포의 목소리를 자신의 목소리에 종속시키면서 그녀를 자신의 시적 목적을 위해 이용하는 것이다.

던의 『엘레지』 시편들의 저작 연대는 대략 1590년대 중엽에서 말로 보이는데, 이 16세기 말에는 던의 「사포가 필레니스에게」처럼 남성 작가들에 의해 여성들의 사랑의 하소연이나 불평이 쓰인 예가 많다. 이 경우 매개로 사용된 여성 인물 속에 남성 작가 자신의 목소리와 그 시대의 남성중심적 전통이 스며들기 마련이며, 여성 인물은 침묵하는 대상으로 전락하고 단지 남성 작가의 시학과 이데올로기를 대변하는 역할만을 수행할 가능성이 많다. 인펜티(Cecilia Infante)는 「사포가 필레니스에게」에서 사포라는 인물이 마치 작가가 이전에 쓰여 있던 글자를 지우고 그 위에 자신의 목소리를 새로 적는 양피지 기능을 하고 있음을 밝히고 있다. 그리고 이러한 방식을 통해 던이 그 시대에 여성 작가들이 일반적으로 당하던 무시와 사포 같은 레즈비언에게 가해질 검열의 위험을 무릅쓰고 여성의 목소리를 선택하여 이야기하고 있음을 추적하고 있다(Infante 93-94).

이 시의 형식과 사포의 목소리는 던이 창조한 것이라기보다는 오비디우스의 『헤로이즈』 15번째 편지인 「사포가 파온에게」에서 빌려 온 것이다. 오비디우스는 사포가 편지를 쓰는 형식을 빌려 자신의 입은 움직이지 않고 마치 복화술을 써서 꼭두각시가 말하는 것처럼 그녀의 목소리를 이용하고 있다. 이렇게 오비디우스가 그려 내는 사포의 편지는 어느 것이 진짜 사포의 글이며 어느 것이 꾸며 낸 디스코스인지 경계를 흐리게 하면서 사포 자신의 말에 대한 진실성과 권위를 약화시키고 있다. 앞서 언급한 바와 같이 오비디우스의 『헤로이즈』에서 사포는 미소년 파온[던의 시에서는 파오(Phao)]의 사랑을 얻지 못하자 자살하지만, 던은 이 이야기를 그대로 따르지 않고 있다. 즉 던은 사포가 파온을 사랑하는 것으로 만들어 놓은 오비디우스의 이야기에서 레즈비언으로서의 사포의 정체성을 회복시키면서 동시에 자신의 목소리를 그 속에 담고 있는 것이다.

남성 작가가 여성의 목소리를 통해 말한다는 사실은 젠더 문제와 밀접하게 관련되어 있으며, 여성이 글을 쓰고 말하는 데 대한 시대적 인식이나 분위기와도 관계가 있다. 더욱이 텍스트가 사포와 연관이 있다는 사실로 인해 이 문제는 한층 복잡하고 깊어지게 된다. 왜냐하면 서구 문학에서 여성의 동성애를 다룬다는 것은 바로 검열의 대상이 됨을 의미하기 때문이다. 근대 초기 영국의 문학 작품에 나타나는 레즈비어니즘에 관한 연구에서 홀스턴(James Holstun)은 문학 작품뿐만 아니라 법정의 기록이나 철학 책자에서조차 여성 동성애에 관한 자료가 거의 존재하지 않는다는 사실에 주목하면서, 그 예외적인 작품 가운데 하나로 던의 엘레지 「사포가 필레니스에게」를 들고 있다. 그는 남성 동성애에 관해서는 많은 자료가 있음에도 불구하고 여성 동성애에 대한 언급은 찾아보기 힘든 현상의 이면에는 그 당시 사회에서 레즈비언들이 함께 모일 자유가 주어지지 않았다는 사실과 함께, 여성의 목소리를 없애고 여성 동성애에 관한 담론 자체를 억누르며 의도적으로 침묵시키려는 전략이 존재했던 것으로 파악하고 있다(Holstun 835-36). 더욱이 던이 살았던 근대 초기 영국에서는 '레즈비언'이라는 단어 자체가 아직 통용되지 않았다는 사실은 시사하는 바가 크다.

던은 자신의 시에 제목을 붙인 경우가 극소수에 불과하며, 「사포가 필레니스에게」라는 제목도 던이 아니라 필사자가 붙였을 가능성이 높은 것으로 연구가들은 보고 있다. 이 시에서는 시의 화자가 사포임을 언급하는 부분이 없으며, 그가 여성임을 밝힌 구절도 찾아볼 수 없다. 다만 화자가 동성의 연인과 사랑에 빠졌다는 사실은 분명하게 말하고 있다. 그럼에도 불구하고 만약 시로 쓴 편지글인 「사포가 필레니스에게」의 화자가 사포라고 인정한다면 오비디우스가 말하는 전설에 조정을 가하는 것이 불가피해진다. 즉 던의 시의 화자는 파오와 헤어진 것을 다행으로 여기는데, 이것은 지금 같은 여성인 필레니스에게서 영원한 사랑을 발견한 기쁨에 잠겨 있기 때문이다.

그렇다면 던은 왜 이 시를 가상적인 사랑의 편지 형식으로 썼을까? 더 나아가 왜 이 시가 던의 다른 시들에 비해 문체가 상이하며, 남성으로서의 시인 자신의 목소리를 드러내지 않은 채 레즈비언이었던 그리스 여성 시인의 목소리로 말하고 있을까? 왜 던은 일반적으로 여성 작가들이 무시를 당하던 시대에, 그것도 레즈비언이기 때문에 검열에 걸릴 위험이 높은 사포라는 여성의 목소리로 말하기를 선택해야 했을까? 이에 대해 많은 비평가들은 사포가 파온을 사랑하는 것으로 만들어 놓은 오비디우스의 이야기에서 던이 레즈비언으로서의 사포의 정체성을 회복시키면서 동시에 자신의 목소리를 그 속에 담으려고 한 것으로 분석하고 있다. 즉 오비디우스의 시를 모방하면서 사포를 재발견한 던이 진부한 르네상스 시대 사랑시의 전통을 새롭게 하고 성애 문학의 서정적 목소리를 회복하려 했다는 것이다(Infante 94-5; Harvey 118-19; Mueller, Lesbian Erotics 113).

던도 오비디우스와 마찬가지로 사포의 목소리를 빌려 엘레지라는 장르를 통해 이야기하고 있으나, 이러한 공통점 이면에는 간과할 수 없는 큰 차이가 존재함을 알 수 있다. 즉 사포가 파온을 사랑하는 것으로 되어 있던 오비디우스의 이야기를 원래 사포의 시에서 그려진 대로 레즈비언의 사랑 이야기로 다시 바꿈으로써, 던은 사포라는 여성이 남성에게 성적으로 종속되는 관계를 해체시킴과 동시에 연애시라는 분야에서 오비디우스의 시적 권위에 도전하고 있다고 볼 수 있다. 던이 말하는 사포의 편지는 그리스의 섬 류카스(Leucas) 출신의 무명작가인 필레니스에게 쓴 것인데, 이 연인이 오비디우스의 경우와 다르게 남성이 아닌 여성으로 되어 있다. 따라서 던은 오비디우스의 시에 수정을 가해 여성이 여성에게 말하게 함으로써 시에서 여성의 목소리를 회복시키고 있다. 그러나 정작 사포나 오비디우스 그 누구도 필레니스에 대해 언급하고 있는 부분이 없으며 이에 대한 자료도 거의 존재하지 않는다. 다만 제한된 자료를 통해 우리가 알 수 있는 것은 필레니스와 사포 둘 다 성적인 사랑을 다룬 책을 썼다는 사실과, 이로 인해 이들이 부도덕하고 방탕한 여성으로 인식되었다는 사실 정도이다.

「사포가 필레니스에게」는 먼저 필레니스의 부재에 대한 슬픔을 토로하는 것에서 시작하여 사포가 시적 언어로써 기억을 통해 부재를 현존으로 전환시키는 것으로 나아가고 있다. 그리고 결국은 사랑의 대상이 타자에서 자신으로 판명되면서 나르시시즘과 유아론(solipsism)을 극화하는 것으로 마무리된다. 역사적 인물 사포에 대한 던의 관심은 사포가 시인이었으며, 더욱이 그것도 시적인 위기를 경험한 인물이었다는 점에서 출발하고 있음은 의심할 여지가 없다. 그래서 던의 편지는 사랑하는 필레니스가 곁에 없음에 대한 한탄과 함께, 사포가 자신의 시적 능력이 쇠퇴한 것을 한탄하는 것으로 시작하고 있다.

저 성스러운 불은 어디에 있나, 시가
　가지고 있다는? 그 매혹적인 힘은 쇠해 버렸나?
자연의 법칙에서 자연의 작품들을 끌어당기는 시는
　자연의 최상의 작품인 그대를 자연의 작품에게로 끌지 못하네.

Where is that holy fire, which verse is said
　To have? is that enchanting force decayed?
Verse, that draws Nature's works, from Nature's law,
　Thee, her best work, to her work cannot draw. (1-4)

이는 던이 사포를 레즈비언의 사랑을 갈구하는 상상의 인물로뿐만 아니라 자신의 시적인 능력의 쇠퇴를 표상하는 인물로 그리고 있다는 해석을 가능하게 하는 부분이다. 자신에게 가해진 심적 고통으로 인해 언어적 표현력과 시적 능력도 줄어들게 되었음을 한탄한 오비디우스의 사포처럼, 이 작품에서도 사포는 자신이 "매혹적인 힘"이 쇠해 버리지나 않았는지 의심스러워한다. 시를 쓸 능력을 잃어버린 데 대한 한탄은 르네상스 시대 서정시에서 가장 흔하게 접하는 내용으로, 시드니(Sidney)나 스펜서(Spenser), 셰익스피어(Shakespeare) 등의 세속시나, 밀턴(Milton)과 허버트(Herbert)의 종교시 등에서 그 예를 찾아볼 수 있다. 3행의 "자연의 법칙에서 자연의 작품들을 끌어당기는 시"는 원형적인 시인이라고 할 수 있는 오르페우스(Orpheus)의 시에 대한 언급이다. 그의 시는 너무나 매혹적이어서 동물은 물론이고 나무나 바위 같은 무생물도 경의를 표하고 그의 음악을 듣기 위해 자연이 정해준 법칙도 어기면서 뒤따랐다고 전해진다. 그러나 시의 화자는 이러한 오르페우스의 능력을 가진 시도 "자연의 최상의 작품"인 필레니스를 시인 앞에 존재하도록 회복시킬 수 없음을 슬퍼하고 있는 것이다. 필레니스가 자신에게 돌아오고 시적 능력이 회복되기를 바라는 사포의 욕망은 3행과 4행에서 동어반복적으로 표현되고 있는데, 이는 시의 후반부에 등장하는 동어반복과 함께 주목할 필요가 있다.

던의 사포는 시적 영감을 발견하기 위해 몸부림치지만 단지 녹아내리는 이미지만 발견할 따름이다.

내 눈물이 나의 이전의 시적 열정을 잠재워 버렸나.
  왜 눈물이 욕망의 열정도 잠재우지 못했나?
내 마음의 산물인 생각은 종종 그대와 함께 있으나
  그 생각을 만들어 낸 나는 생각의 자유를 원한다.
내 마음속에 그대 형상만이 자리 잡고 있으나
  그것은 밀랍이고 불길이 그를 둘러싸고 있다.
내 불길은 당신의 형상을 몰아내고, 그대 불길은 여기 당신의 형상을 끌어당겼다.
  나는 영상도 마음도 감각도 다 빼앗겨 버렸네.
그대에 대한 지루한 기억이 아직 내게 머물고
  간직하기도 잃어버리기도 하는 기억은 똑같이 슬퍼하네.
기억은 당신이 얼마나 아름다운지를 말해 주노라. 그대는 너무나 아름다워
  내가 당신을 신에 비긴다면 신은 이로 인해 영광이 되는 것.
눈먼 사람들을 볼 수 있게 하려고,
  이건 신들이 하는 일이지만, 나는 신들이 그대를 닮았다고 말하오.

Have my tears quenched my old poetic fire;
  Why quenched they not as well, that of desire?
Thoughts, my mind's creatures, often are with thee,
  But I, their maker, want their liberty.
Only thine image, in my heart, doth sit,
  But that is wax, and fires environ it.
My fires have driven, thine have drawn it hence;
  And I am robbed of picture, heart, and sense.
Dwells with me still mine irksome memory,
  Which, both to keep, and lose, grieves equally.
That tells me how fair thou art: thou art so fair,
  As, gods, when gods to thee I do compare,
Are graced thereby; and to make blind men see,
  What things gods are, I say they are like to thee. (5–18)

시들어 버린 거룩한 시의 불길과 열정은 시인의 마음속에 자리 잡고 있는 하나의 이미지를 파괴하는 세속적인 불길이 되어 내면에서 타오르고 있다. 즉 사포의 마음속에는 시적인 불길보다 성적인 욕망이 더 뜨겁게 불타서, 자신의 가슴속 밀랍에 찍혀 있는 것 같은 사랑하는 자의 형상이 이내 녹아 버리는 것이다. 지금 자신의 곁에 없는 필레니스 때문에 눈물을 흘리는 사포는 성적 욕망이 너무 강렬하여 그녀에 대한 기억조차 흐릿해지고 있다. 이제 녹아 버린 형상 같은 필레니스의 모습은 자신의 감각도 마음도 빼앗지 못하는 무디고 "지루한 기억"으로밖에는 남아 있지 못한다. 다만 꿈결 같은 기억 속에서 그녀는 신보다 더 아름다웠다고 찬양할 따름인데, 그는 필레니스의 아름다움이 너무나 신성해서 눈먼 사람도 볼 수 있게 할 정도라고 말하고 있다.

이어서 사포는 "만약 우리가 평범한 남자들을 각각 작은 세계라고 의당 부른다면 / 그대를 어떻게 불러야 할까?"(For, if we justly call each silly man / A little world, what shall we call thee then?; 19-20)라고 물으며 여성 주체(female subject)를 부를 적절한 표현 혹은 수사법을 모색한다. 그녀는 인문주의 철학이 여성 주체에게는 부적절한 수사학인 것으로 간주하여 버리고, 그렇다면 "그대를 어떻게 불러야 할까?"라며 남성 주체의 특권인 언어 체계 밖에서 여성을 표현해 보려고 시도한다. 사포는 "그대는 솜털처럼, 별처럼, 삼나무처럼, 백합처럼, / 부드럽지도, 밝지도, 바르지도, 아름답지도 않아"(Thou art not soft, and clear, and straight, and fair, / As down, as stars, cedars, and lilies are; 21-22)라며 전형적인 페트라르카식 미학의 언어도 배격하면서, "그러나 그대의 오른 손과 뺨과 눈은 단지 / 그대의 다른 손과 뺨과 눈을 닮았다"(But thy right hand, and cheek, and eye, only / Are like thy other hand, and cheek, and eye; 23-24)며 여성의 몸을 해부하는 수사로 필레니스를 그려내고 있다. 말하자면 필레니스의 몸이 그녀의 수사학이자 사포의 수사학인 셈이다. 왜냐하면 "나의 두 입술, 눈, 허벅다리는 당신 것과 달라요. / 하지만 이는 당신 것도 서로 다른 것과 마찬가지지요"(My two lips, eyes, thighs, differ from thy two, / But so, as thine from one another do; 45-46)라고 말하고 있기 때문이다. 남성 중심적인 전통으로부터 여성을 회복시켜 여성의 성애적 경험에 어울리는 언어를 빚어내려는 몸부림 속에서 던의 사포는 여성의 몸을 언어와 같은 상징 체계로 보고 있는 것이다.

연인의 몸의 각 부분을 외부 세계에서 빌려온 과장된 일련의 비교를 통하여 찬양하던 페트라르카풍의 표현은 레즈비언의 세계에서는 더 이상 충분하거나 정확한 칭찬의 양식이 되지 못한다. 사포는 필레니스가 "솜털처럼, 별처럼, 삼나무처럼, 백합처럼" "부드럽지도, 밝지도, 바르지도, 아름답지도 않다"고 한다. 필레니스가 더 이상 다른 무엇에 비길 만큼 아름답다고 말하는 것이 아니라, "그대의 오른 손과 뺨과 눈은 단지 / 그대의 다른 손과 뺨과 눈을 닮았다"며 그녀가 이미 완전하고 충족된 존재라고 주장하고 있는 것이다. 사포는 외부의 어떤 것과의 비교나 유추도 거부하는, 스스로 충족되고 완전히 독립된 의미 체계를 생성하려고 시도하고 있다. 이 체계는 소우주도 대우주도 아닌, 홀스턴이 말한 바와 같이 "자신들만의 세계"(autocosm)라고 할 수 있을 것이다. 이 세계는 위계 질서가 존재하지 않는 완벽한 균형의 세계이다. 필레니스의 오른쪽 반이 사포의 왼쪽 반과 완전히 같아질 때 사포는 기표와 기의 사이의 모든 거리가 사라지고 언어가 바로 실체가 되는, 차이도 의미화도 존재하지 않는 언어 이전의 세계로 들어가는 것으로 홀스턴은 보고 있다(Holstun 840).

이처럼 사포가 사용하고 있는 언어는 대상이 이미 언급된 바 있는 2행 연구적이고 상호 대칭적인 표현이다. 즉 필레니스는 별이나 꽃이 가지고 있는 속성을 소유하고 있어서 아름다운 것이 아니라, 한쪽이 다른 한쪽을 닮아서, 즉 그 자체로 완벽하게 균형이 잡혀 아름답다는 것이다. 여기서 사포는 자아와 타자 사이의 신체적인 유사성으로 인해 몸의 오른쪽과 왼쪽 사이의 완벽한 균형과 대칭성을 발견하고 있다. 가드너 같은 비평가는 던이 다른 시에서는 동성애에 관해 전혀 관심을 보이지 않았고 시에 사용된 운율도 무디고 어휘도 빈약하다는 점과 함께, 하나의 2행 연구에서 같은 단어를 두세 번 반복해서 사용함으로써 시가 단조로워졌다는 점을 들어 「사포가 필레니스에게」는 던의 작품이 아니거나 적어도 작품성이 크게 떨어진다고 주장하고 있다(Gardner 1965, xlvi). 즉 나르시스적인 동어 반복(narcissistic tautology)은 레즈비언의 사랑을 그려 낼 시인의 시적 능력이 고갈되었음을 보여주며, 따라서 이 시는 실패작이라고 생각하는 것이다. 그러나 이와 달리 하비는 이 2행 연구와 같은 대칭성이 사포로 하여금 필레니스를 묘사할 때 새로운 언어적 표현을 가능하게 하는 것으로 보고 있다. 이 특별한 균형과 대칭성은 레즈비언 세계가 지닌 특징 가운데 하나라고 할 수 있다는 것이다. 이러한 맥락에서 그는 「사포가 필레니스에게」는 여성들이 단순히 이성애적 관계를 모방하거나 남성의 역할을 흉내 내려고 하는 것이 아니라, 남성을 배제한 채 자신들의 새로운 이데올로기를 반영하는 새로운 언어를 만들어 내기 위하여 유토피아적인 세계 속에서 여성들 간의 성적 결합을 발전시키고 있다고 주장한다(Harvey 128-30).

이 부분에서 던은 오비디우스의 15번째 편지에 주목할 만한 수정을 가하는데, 그 가운데 하나가 바로 사포의 유명한 레즈비언적 성애를 회복시킨 것이라고 할 수 있다. 던의 사포는 파온이 성장하여 남성적 특징을 보이기 시작할 무렵 그를 버리고 같은 여성에게서 욕망의 대상을 찾는 레즈비언적 성애를 추구하고 있다.

내 사랑 파오가 잠시 그러했으나, 앞으로는 절대 그렇지 않아,
 그대가 그러했고, 그렇고, 오, 앞으로도 영원히 그럴 것처럼은.
여기 연인들은 서로를 숭배하며 맹세를 하네.
 나도 그렇게 하지만 슬픔이 내 안색을 바래게 하네.
그러나 슬픔이 내 아름다움을 없애 버리지 않도록,
 그래서 그대 사랑 받을 가치 없게 만들지 않도록 난 덜 슬퍼하노라.
그대 나긋한 소년과도 놀아보지만, 오, 달콤하게 해주는
 주고받는 느낌이 여전히 부족하네.
그의 뺨, 가시같이 들쑥날쑥한 수염은
 위협하며 일상의 변화를 가져오네.

Such was my Phao awhile, but shall be never,
  As thou wast, art, and, oh, mayst thou be ever.
Here lovers swear in their idolatry,
  That I am such; but grief discolours me.
And yet I grieve the less, lest grief remove
  My beauty, and make me unworthy of thy love.
Plays some soft boy with thee, oh there wants yet
  A mutual feeling which should sweeten it.
His chin, a thorny hairy unevenness
  Doth threaten, and some daily change possess. (25-34)

사포는 성적인 취향이 바뀌어서라기보다는 자기가 사랑했던 소년 파온이 청년으로 성장하면서 여성과 같은 특성을 상실했기 때문에 그를 버렸다는 사실을 알 수 있다. 사포의 희망과는 달리 파온은 영원히 변하지 않고 소년의 상태로 머물 수 없었던 것이다. "주고받는 느낌"이란 서로 간에 느끼는 공감과 성적인 사랑 둘 모두를 의미하는 것 같다. 여성이 남성의 수염이 상징하는 세계와 접한다는 것은 다른 성에 대해 눈뜨는 사춘기의 임신과 출산이라는 엄청난 변화를 가져오는 새로운 세계와 만난다는 것을 뜻한다.

이제 사포는 여성들 간의 사랑을 소유하지 않고도 사랑할 수 있고 상대를 침범하지 않고도 즐거움을 취할 수 있는 유토피아적인 결합으로 찬양한다. 그녀는 레즈비언의 성애를 인간이 타락하기 전 상태처럼 아름답게 레즈비언 목가시(lesbian pastoral)로 이야기하면서, 완전하고 변하지 않는 여성의 성애를 변덕스럽고 타락한 남성의 육욕적 사랑과 대조시키고 있다.

그대의 몸은 타고난 낙원,
  그 자신 속에 가꾸지 않은 모든 쾌락이 있어서.
완벽할 필요 없어요. 그렇다면 왜 그대는
  거칠고 거센 남성의 경작을 인정해야 한단 말이죠?
남자들은 그들 뒤에 자신의 죄의 흔적을 남겨
  눈 내릴 때 강도질 한 도둑들처럼 추적당하죠.
그러나 우리들의 사랑의 유희는 시내의 물고기나
  공중의 새들처럼 어떤 흔적도 남기지 않아.
우리 사이에 온갖 달콤함을 다 누릴 수 있어,
  자연이 생산하고 기교가 더할 수 있는 모든 것을.

Thy body is a natural paradise,
  In whose self, unmanured, all pleasure lies,
Nor needs perfection; why shouldst thou then
  Admit the tillage of a harsh rough man?
Men leave behind them that which their sin shows,
  And are as thieves traced, which rob when it snows.
But of our dalliance no more signs there are,
  Than fishes leave in streams, or birds in air.
And between us all sweetness may be had;
  All, all that Nature yields, or Art can add. (35–44)

사포는 필레니스의 육체가 지닌 완전함을 보존하고 시간과 인간의 파괴로부터 보호하기 위해 그녀를 낙원에 두고 있다. 사포의 반영이라고 할 수 있는 필레니스는 "가꾸지 않은" 흠 없는 처녀성의 상태로 완전하며, 죄의 흔적을 남기는 남성들과는 달리 레즈비언의 사랑의 유희는 자식을 낳는 것과 같은 흔적을 남기지 않기에 그만큼 더 자유롭고 완전하다고 말한다. 던은 오비디우스가 사포에게서 빼앗았던 언어와 독립성을 그녀에게 후하게 부여하고 있는 것처럼 보이지만, 여기서도 "왜 그대는 / 거칠고 거센 남성의 경작을 인정해야 한단 말이죠?"라고 말함으로써 「엘레지 19」에서 볼 수 있었던 것과 같이 여성의 몸을 남성의 탐험과 소유를 기다리는 신세계나 식민지화할 대상으로 묘사하고 있음을 알 수 있다.

사포는 남성들이 이 레즈비언의 세계에 침입해 들어오는 것을 자신의 이익을 얻기 위해 땅을 경작하는 농사나, 남의 것을 빼앗는 도둑질에 비유하고 있다. 이와 달리 레즈비언들 사이의 사랑의 유희는 "시내의 물고기나 / 공중의 새들처럼" 어떤 흔적도 남기지 않으면서 소유권도 수반하지 않는다는 이유로 칭송되고 있다. 사포는 필레니스의 몸이야말로 땅이 가꾸지 않아도 풍성하게 먹을 것을 생산하고 사람들이 자신의 권리와 재산을 보호하기 위한 법 없이도 조화롭게 살았던 황금시대의 이미지를 지닌, 그 자체로 이미 완전함을 품고 있는 "타고난 낙원"이라고 주장하고 있는 것이다. 그렇다면 왜 그녀는 "거칠고 거센 남성"의 "경작"을 인정해야 하는가? 이 "경작"한다는 표현에는 인간이 자신의 욕심을 채우고 이익을 얻어 내기 위해 땅을 멋대로 이용한다는 사실과 함께, 가부장적인 세계에서 흔히 그러하듯이 여성의 몸을 성적으로 "경작"한다는 사실이 동시에 내포되어 있다. 레즈비언의 사랑과 달리 이성 간의 성적 결합에는 소유의 개념이 내포되어 있어서, "남자들은 그들 뒤에 자신의 죄의 흔적을 남겨 / 눈 내릴 때 강도질 한 도둑들처럼 추적"당한다고 함으로써 지울 수 없는 흔적을 남기는 것으로 그려져 있다. 여기서 말하는 죄의 흔적은 여러 가지가 있을 수 있겠으나 성 행위 때의 정액이나 임신하여 낳게 되는 아이 등을 의미하는 것으로 보인다. 이처럼 남성의 사랑은 그가 부재할 때도 자신이 뿌린 씨인 자손을 통해 흔적을 남긴다. 그러나 레즈비언의 사랑은 흔적을 남기지 않는다는 점에서는 편리할지 모르나, 아무런 의미나 흔적도 남기지 못하기에 존재할 때조차도 부재한다는 홀스턴의 주장은 상당히 흥미롭다(Holstun 842-43). 코렐이 말한 바와 같이 던은 이 시를 통해서 아무런 차이나 상실도 생겨나지 않으며, 마치 아무 일도 일어나지 않는 것 같은 매우 역설적인 성애를 다루는 영시 사상 전례가 없는 실험을 하고 있는 것이다(Correll 495).

그러다가 시의 후반부에서 사포가 거울을 바라볼 때 부재했던 연인인 필레니스가 재창조되는 반전이 일어난다. 그녀는 자신의 몸을 애무하면서 자신과 필레니스가 서로 한 몸의 두 반쪽처럼 닮았다는 사실을 깨닫는다. 부재하는 필레니스가 사포의 생각 속에서 밀랍 이미지(wax image)로 재창조되는데, 이때 극단적인 유아론과 나르시시즘이 등장하고 있다. 상상 속에서 그려 보는 필레니스에 대한 사포의 시적 판타지가 아무리 생생하고 구체적이라 하더라도, 결국 거울 속에 비치는 상은 "거울 속에 비친 나를 당신이라 불러요"(55)라고 한 구절에서도 알 수 있듯이 사포 자신의 것일 뿐이다. 사포가 생각하는 필레니스는 결국 거울 속에서 바라보는 사포 자신의 상에 다름이 없다.

나의 두 입술, 눈, 허벅다리는 당신 것과 달라요.
  하지만 이는 당신 것도 서로 다른 것과 마찬가지지요.
그리고, 오, 그 더 이상은 아니에요. 닮은 것이 이 정도인데
  왜 이들 서로 닮은 각 부분이 접촉해서는 안 된다는 것이죠?
손이 낯선 손에, 입술이 입술에 어느 누구도 마다 않네.
  그렇다면 가슴과 가슴, 허벅지와 허벅지를 맞닿은들 어떠랴?
닮음은 이토록 이상한 자화자찬을 낳아,
  나 자신을 만지는 일이 모두 그대에게 행해진 듯하오.

나는 내 자신을 포옹하고, 내 자신의 손에 입맞춤하고,
이에 대해 내 자신에게 사랑스레 감사해요.
거울 속에 비친 나를 당신이라 불러요. 그러나 아!
내가 입 맞추려 할 때 눈물이 내 눈과 거울을 흐리게 하네요.
오 이 사랑의 광증을 고쳐 주세요, 나를 나로 회복시켜 줘요,
내 반쪽인 그대, 내 모든 것, 내 전부보다 더한 당신.

My two lips, eyes, thighs, differ from thy two,
But so, as thine from one another do;
And, oh, no more; the likeness being such,
Why should they not alike in all parts touch?
Hand to strange hand, lip to lip none denies;
Why should they breast to breast, or thighs to thighs?
Likeness begets such strange self flattery,
That touching myself, all seems done to thee.
Myself I embrace, and mine own hands I kiss,
And amorously thank myself for this.
Me, in my glass, I call thee; but alas,
When I would kiss, tears dim mine eyes, and glass.
O cure this loving madness, and restore
Me to me, thee, my half, my all, my more. (45–58)

여기서 주목할 사실은 "나를 나로 회복시켜 줘요"라고 말하는 것에서도 알 수 있듯이 이 시에서 사포의 욕망은 동성애적(homoerotic)이라기보다는 결국 자기애적(autoerotic)이라는 것이다(Infante 98-99). "거울 속에 비친 나를 당신이라 불러요"라는 구절은 필레니스에 대한 사포의 시적 판타지가 그녀의 상상 속에서 아무리 구체적으로 생겨난다 하더라도 결국

사포 자신의 상만 거울에 반영된다는 것을 의미한다. 시인 사포는 거울에 비친 자신의 이미지 앞에서 성애적 상상에 빠져 매혹되고 있는 것이다. 앞서 자신의 시적 능력이 쇠퇴하였음을 슬퍼하고 그녀의 마음속에 지니고 있는 필레니스에 대한 밀랍 이미지가 깨어져 버리지 않을까 염려했던 사포는, 지금 자신이 빚어낸 필레니스의 시적 이미지에 만족하고 있는 모습을 보여주고 있다.

이 구절에서 몸과 거울에 비친 반영 사이의, 혹은 이미지와 그 모사 사이의 동일시는 이들 사이의 차이를 흐리게 하면서 경계를 해체시키고 있다. 손으로 잡힐 듯한 이미지로 가득한 구절은 오비디우스의 나르시스를 연상시키는데, 사포는 일반적으로 남성의 욕망으로 바라보던 관찰자의 위치를 대신하여 거울에 비친 자신의 판타지를 바라본다. 자신의 욕망의 불길이 자기 마음속에 있던 필레니스의 이미지를 녹여 버린 것처럼, 사포는 "그러나 아! / 내가 입 맞추려 할 때 눈물이 내 눈과 거울을 흐리게 하네요"라며 눈물이 자신의 형상을 흐리게 하고 자기애적 환상을 깨뜨리고 있음을 말하고 있다. 사포의 자기애는 그녀를 보다 깊은 절망으로 이끌고 있을 따름이다. 더욱이 사포의 나르시시즘도 욕망의 대상이 자기 자신이 아니라 자신을 닮은 다른 존재라는 사실을 어렴풋하게 인식하기 때문에 전통적인 의미의 나르시시즘이 아니라고 할 수 있다(Blank 363).

우리는 여기서 많은 던의 시에서 찾아볼 수 있는 것처럼, 시인이 자신과 아내인 앤 모어의 이름을 가지고 말장난을 하고 있는 것을 발견하게 된다. 사포는 필레니스와 나르시시즘적으로 하나가 되는데, "나 자신을 만지는 일이 모두 그대에게 행해진 듯하오"(That touching myself, all seems done to thee)라고 말할 때 복화술적인 목소리와 진짜 목소리 사이의 구별이 무너지고 있다. 여기서 던은 "thee"와 자신의 이름을 연상시키는 "done" 사이에 펀을 함으로써 오비디우스와 사포의 관계에 자신도 끼어드는 복잡한 구도를 창조하면서, 유혹할 때 사용하는 시인 특유의 수사적 전략을 구사하고 있다. 이는 "나를 나로 회복시켜 줘요, / 내 반쪽인 그대, 내 모든 것, 내 전부보다 더한 당신"(restore / Me to me; thee, my half, my all, my more)이라고 아내 앤 모어(Anne More)의 이름을 언급하는 데 이르러서는 사포가 던 자신으로, 필레니스가 앤 모어로 변하는 듯한 묘한 느낌을 창조한다. 그녀와 그녀가 사랑하는 자가 닮았다는 점에서 흥분을 느끼며 이 사랑이 자신을 만족시켜 줄 것으로 희망하지만, 사포는 여전히 만족하지 못한 상태로 또 다른 대상을 욕망하고 있음을 볼 수 있다.

던은 사포가 그녀 자신을 바라보고 만지는 것을 지켜보면서 이처럼 목소리를 전위시킴을 통해, 관음증자이면서 동시에 복화술사로서의 자신의 모습을 드러내고 있다. 관음증이나 남의 나체나 외설 사진을 보고 쾌감을 느끼는 절시증(scopophilia)과 타인의 목소리를 빌리는 복화술은 모두 자신의 모습을 드러내거나 직접 개입하지 않으면서 상대방을 조절하고 지배하는 역할을 한다. 자신의 모습은 보이지 않은 채 타인의 모습을 몰래 엿보려는 소망인 관음증이 응시를 통해 대상을 소유하고 지배하듯이, 여성의 목소리를 이용하는 복화술도 자신의 목소리를 드러내지 않은 채 자신과 다른 목소리에 검열을 가하면서 타자를 지배하게 된다. 복화술은 실제 여성 화자의 목소리를 억압하면서 허구의 다른 여성의 목소리를 구축하고, 이를 통해 보다 넓은 문화적 맥락에서 검열의 기제 역할을 수행하는 것이다. 남성 시인이 사포의 목소리를 차용할 경우 그는 그녀의 젠더의 타자성과 성적인 선호는 물론이고 사포가 지니고 있는 전설적인 명성에 직면해야 한다. 던은 사포의 원래 목소리를 침묵하게 하거나 고침으로써 자신이 그녀의 디스코스에 들어가는 전략을 사용하고 있는 것이다.

여성과 사랑에 대한 다양한 시각과 그 재현: 『노래와 소네트』

던의 시 가운데 여성과 젠더 그리고 사랑에 대해 가장 다양한 시각을 보여주는 작품은 『노래와 소네트』이다. 이 시집에 실려 있는 55편의 시는 순수하고 변하지 않는 아름다운 사랑의 대상인 여성에서부터, 연인을 배신하고 육체적 욕망에 사로잡혀 살아가는 기만적이고 추하고 부정한 여성, 그리고 자신의 목소리를 가지지 못하고 침묵하면서 한갓 남성의 욕망의 대상에 불과한 그림자 같은 여성 등 다양한 여성을 다루고 있다. 따라서 이들 여성에 대한 시각 역시 어떤 시에서는 여성을 지배와 소유의 대상으로 보는 여성 혐오적인 생각을 강하게 드러내는가 하면, 어떤 시에서는 지적이고 감성적이며 적극적인 생명력을 가진 이상적인 여성상을 제시하면서 가부장적인 사회의 권위에 억눌린 세상에서 평등한 사회를 꿈꾸기도 하고, 더러는 여성을 단순히 남성의 성적 욕망의 대상이나 후원자로 바라보는 시각을 담고 있다. 이처럼 『노래와 소네트』에는 다양한 사랑의 양상과 여성의 모습을 다루고 있기 때문에 여성과 사랑에 대한 일관된 시각을 규명하는 것은 무리가 있다. 여성과 젠더에 대한 던의 태도는 시가 염두에 두고 예상하는 독자와 시가 처해 있는 상황, 또는 추구하는 상황에 따라 상당히 다양하다. 우리가 던의 시에서 애매하고 수수께끼 같은 언어에만 천착한다면 여성과 성, 젠더에 대한 그의 태도는 훨씬 다면적이고 복잡하여 예측하기가 쉽지 않을 것이다. 그러므로 던의 어떤 시나 시행을 인용하느냐에 따라, 또한 어떻게 해석하고 평가하느냐에 따라 독자는 던을 지독한 여성 혐오주의자로 여길 수도 있고, 성(sex)에 집착한 가부장적 남성, 혹은 사랑하는 여성을 위해 어떠한 위험도 무릅쓰는 열정적인 연인으로도 볼 수가 있다.

『노래와 소네트』에는 풍자적인 성격의 시가 많이 포함되어 있는데「노래: 가서 별똥별을 잡아라」("Song: Go, and Catch a Falling Star")는 여성에 대한 간결하면서도 단순한 풍자의 특징을 잘 보여준다. 난해한 단어와 심상이 많이 나오는 이 시에서 우리는 여성 혐오적인 성향을 분명하게 느낄 수 있다.

가서 별똥별을 잡아라.
  맨드레이크 뿌리에 아이를 배게 하라.
지나간 모든 세월이 어디 있는지 말해 다오.
  악마의 발을 갈라놓은 자가 누군지를.
인어의 노래를 듣는 법을 가르쳐 다오.
  질투의 가시를 피하는 법을,
        그리고 찾아보라
        어떤 바람이 불면
정직한 사람이 출세를 할 수 있는지를.

Go, and catch a falling star,
  Get with child a mandrake root,
Tell me, where all past years are,
  Or who cleft the Devil's foot,
Teach me to hear mermaids singing,
  Or to keep off envy's stinging,
        And find
        What wind
Serves to advance an honest mind. (1-9)

첫 연에서는 시인은 페트라르카풍의 사랑시에서 흔히 볼 수 있는 과장법을 써서 불가능한 일들을 나열하고 있는데 2행의 맨드레이크 뿌리에 대해서는 엘리자베스 시대의 문화에 대한 이해가 필요하다. 이 식물뿌리의 갈라진 모양은 인체를 닮았으며 뿌리째 뽑힐 때 비명소리를 낸다고 알려져 있다. 또한 최음제로 사용되어 임신에 도움을 준다고 생각되었다. 그래서 던은 순결하고 아름다운 여인을 찾는 것은 식물인 맨드레이크 뿌리에 아이를 배게 하는 것과 같이 불가능한 것이라는 단정을 내리고 있다. 6행부터의 내용에는 정직하고 능력 있는 사람이 주변의 추천을 받아 성공하기는커녕 질투를 받는 불합리한 현실에 의해 출세의 길이 막혀 버린 야심 찬 시인 자신의 상태가 냉소적인 어조로 잘 반영되어 있다. 마로티가 지적한 바처럼 "어떤 바람이 불면 / 정직한 사람이 출세를 할 수 있는지를"이라는 구절로 미루어 볼 때 던과 이 시를 돌려 읽는 법학원 친구들의 진정한 관심사는 여성의 정절에 관한 것이라기보다는 출세에 관한 것이었을 가능성이 높다(*Coterie* 80).

시인은 이러한 불가능한 상황들을 나열함으로써 결국 독자들로 하여금 순결하고 아름다우며 정직하고 존경받을 만한 여인은 신화나 전설에나 존재하는 것이라고 말하고 있다.

만일 네가 보이지 않는 것을 볼 수 있는
  기이한 시력을 가지고 태어났다면
천만 날 밤낮을 말 타고 달려 보라.
  세월의 흰 눈발이 머리 위에 덮일 때까지.
돌아와서는 내게 말하리라.
네게 일어난 모든 이상하고 신기한 일들을,

그리고 맹세하리라
세상 어디에도
참되고 아름다운 여자는 살고 있지 않다고.

만일 네가 그런 여자를 찾거든, 내게 알려주렴.
그런 순례는 즐거우리니
그래도 말하지 말게나, 나는 가지 않을 것이니.
비록 옆집에서 우리가 만날 수 있다 해도,
네가 만나고 있을 때는 진실했을지 모르나,
또 편지를 쓰는 동안에도 진실했을지라도,
그녀는
내가 가기 전에
두세 명의 남자에게 정조를 바쳤을 테니까.

If thou be'est born to strange sights,
Things invisible to see,
Ride ten thousand days and nights,
Till age snow white hairs on thee,
Thou, when thou return'st, wilt tell me
All strange wonders that befell thee,
And swear,
No where
Lives a woman true, and fair.

If thou find'st one, let me know,
Such a pilgrimage were sweet,
Yet do not, I would not go,
Though at next door we might meet,
Though she were true, when you met her,

And last, till you write your letter,
Yet she
Will be
False, ere I come, to two, or three. (10–27)

던은 모든 여성은 이중적이고 신뢰할 수 없는 존재라는 말로 끝을 맺으면서, 순례 여행의 유일한 목적인 참되고 아름다운 여인을 찾는 것은 불가능하다며 여성에 대해 남성이 가진 냉소적인 시각을 드러낸다. 마지막 연에서 시인은 독자들에게 혹 그런 여인을 찾거든 알려 달라며 "그런 순례는 즐거우리니"라고 말한다. 그러나 편지가 도착하기 전에 그 여인은 이미 신뢰를 저버릴 것이라며 즉시 이를 부인함으로써 여성에 대해 불신하는 마음을 다시 한번 드러낸다.

그렇다면 우리는 이 시를 단순히 풍자적이고 직설적인 냉소를 담은 시라고 무미건조하게 결론짓고 말 것인가? 이에 대해 너트(Joe Nutt)는 이 시의 어조에서 그 해답을 찾고 있는데, 그의 읽기를 잠시 따라가 보자. 급하게 전환되는 리듬과 각 연 마지막 3행의 각운이 어딘가 부드럽고도 애처로운 느낌을 창조하며, 시인은 그러한 여인을 찾는 것이 불가능하다는 사실에 한숨짓다가 마지막 연의 마지막 세 행에서는 완전한 체념으로 젖어 든다고 너트는 읽고 있다. 또 던은 종교적인 심상과 성적인 것을 결합시키는 데 주저하지 않는데, 종교가 매우 중요한 문제로 여겨지던 당대의 사회 환경에서 이 종교문제와 충돌하고 있었던 던은 그의 시에서 종교적인 이미저리를 그의 방식대로 시에 내비치지 않을 수 없었다. 특히 시를 마무리 짓는 3행에서는 새벽닭이 울기 전 유다가 예수를 세 번 부인한다는 예수의 겟세마네 정원에서의 예언이 실행되어 그가 십자가에 못 박히는 고난을 당했듯이, 여인도 이같이 그를 세 번 배신하리라는 것을 암시한다. 이 시 제20행에 나오는 "순례"라는 시어가 이러한 추측을 뒷받침해 준다. 던에게 있어 순결하고 아름다운 여인을 찾는 것은 단순한 탐험 여행이나 여정이 아니라 뭔가 더 의미 있는 것을 찾고자 하는 노력이었다. 이처럼 시의 애조 띤 어조는 뻔뻔스럽고 여성 혐오적이라는 비판에서 이 시를 구해 내는 한편, 던이 여성들을 비난하고 있음에도 불구하고 종교적인 강렬한 심상을 통해 실상은 한없는 존경심으로 여성들을 다루며 여성 독자들을 안심시키고 있다는 너트의 주장은 상당히 흥미롭고 설득력 있다(Nutt 30-31).

다음에 읽을 「유산」("The Legacy")은 처음 한두 번 읽어서는 그 의미를 제대로 파악하기 힘들지만 마지막 2행 연구의 아이러니를 이해한다면 앞서 읽은 「노래: 가서 별똥별을 잡아라」와 비슷한 정서를 담고 있다는 것을 알아차리게 된다. 이 시에서 던은 자신의 연인이 한 남자만을 사랑할 수는 없는 마음을 가진 신의 없는 여자라고 여긴다. 그러나 여기서 그친다면 엘리자베스 시대 연애시의 아름다운 전형이라고 할 수 있는 이 시의 신랄하면서도 재기 넘치는 결말을 너무나 피상적이고 무미건조하게 읽고 미는 것이라고 하지 않을 수 없다. 재기발랄한 위트와 독창적인 표현이 형식의 아름다움과 조화를 이루고 있는 이 시에서 그 어느 것도 연인들 사이에 흐르는 중요한 인간적 감정으로부터 조금도 벗어나지 않는다. 그러면 "내가 지난번 죽었을 때"라는 당혹스러우면서도 기지에 넘치는 역설적 표현으로 시작하는 시의 첫 연을 읽어보자.

내가 지난번 죽었을 때, 그대여, 나는
　그대에게서 떠날 때마다 죽는다오,

비록 그것이 한 시간 전이라 해도,
또 연인들의 시간이 영원으로 가득 차 있다 해도,
나는 아직 생생하게 기억하고 있다오, 내가
무엇을 말했으며, 또 무엇을 주었는가를.
나를 그대에게 보낸 나는 죽었지만, 나는 내 자신이
유언집행인이면서 유산이 되어야 했소.

When I died last, and dear, I die
As often as from thee I go,
Though it be an hour ago,
And lovers' hours be full eternity,
I can remember yet, that I
Something did say, and something did bestow;
Though I be dead, which sent me, I should be
Mine own executor and legacy. (1-8)

화자는 연인과 헤어질 때마다 죽는다며 죽는 것이 그가 늘 경험하는 일이라고 말함으로써 역설에 대해 설명하고 있다. 이는 사랑하는 이와 잠시 헤어지는 것도 죽는 것처럼 힘들게 느껴진다는 사실을 과장해서 표현한 것임과 동시에 "죽는다"라는 말에 어느 정도 성적 의미가 포함되어 있다고 볼 수도 있다. 그러나 던은 너트의 주장처럼 유서를 남긴다는 생각, 즉 지정 유언집행인인 동시에 자신이 유산이 된다는 생각을 가능하게 하기 위해 죽음을 이용하는 데 훨씬 더 관심이 있는 것 같다(Nutt 42). 시의 화자는 연인에게 매번 그녀와 헤어지는 것은 일종의 죽음이라는 사실을 상기시킨다. 비록 그가 그녀와 한 시간 전에 헤어졌더라도 연인들의 시간은 영원이어서 그 시간이 영원처럼 느껴지기 때문이다. 7행은 애매하기는 하지만 애인과 헤어짐으로써 죽었던 그를 두 번 죽게 만든 것은 레이(Robert Ray)의 주장처럼 바로 애인의 변덕과 부정 때문이라는 사실을 암시하고 있는 것으로 보인다(200).

난 내가 말하는 걸 들었지요. "그녀에게 곧 알리시오,
 내 자신이 (그건 당신이지 내가 아니오)
 나를 죽였다"고, 그리고 내가 죽는 길 느꼈을 때,
죽은 후 내 심장을 보내도록 내게 명했다오.
그러나 내가 심장을 찾으려고 가슴을 갈라도
 거기 있어야 심장을 발견할 수 없었다오.
살아서 항상 정직했던 내가 마지막 유언에서
당신을 속이게 된다는 사실이 나를 또다시 죽였다오.

I heard me say, 'Tell her anon,
 That my self', that is you, not I,
 'Did kill me,' and when I felt me die,
I bid me send my heart, when I was gone;
But I alas could there find none,
 When I had ripped me, and searched where hearts should lie;
It killed me again, that I who still was true,
In life, in my last will should cozen you. (9–16)

둘째 연에서 화자는 자신이 "그녀에게 곧 알리시오, / 내 자신이 나를 죽였다고"라며 유언을 하는 소리를 들었다고 말한다. 죽어 가는 자신이 유언집행인인 자신에게 자기가 자기 자신을 죽였다고 그녀에게 즉시 알리도록 명령하는 유언을 들었다는 것이다. 그러면서 "내 자신"은 내가 아

니고 당신이라고 덧붙임으로써 매우 자의식적이면서 복잡하게 뒤얽힌 상황을 창조하고 있는데, 혼란스럽게 보이는 이 행들은 사실 매우 신중하고 치밀하게 의도된 것이다. 그렇다면 어떻게 나 자신이 당신이 될 수 있는가? 던은 연인들이 사랑에 빠질 때 흔히 겪게 되는 새로운 감정과 각자의 정체성을 잃고 하나가 되는 경험을 탐구하고 있다. 사랑을 함으로써 다른 사람이 되고 하나의 정체성을 가진 새로운 존재가 되는 것을 마치 서로의 심장을 교환하여 가지는 것으로 묘사하고 있는 것이다. 화자는 아마 애인의 변덕스러움이나 부정함으로 인해 죽게 되는 것으로 보인다. 그는 죽으면서 그녀에게 자신의 심장을 남기는데 여기서 수수께끼 같은 상황은 한층 더해진다. 자신의 가슴을 찢어 마땅히 있어야 할 곳에서 심장을 찾아 더듬지만 결국 아무것도 찾지 못하고 만다. 하지만 그는 애인을 질책하면서도 여전히 사랑의 힘을 선언하는 또 다른 방법을 가지고 있다. 그녀에게 한 번 죽임을 당한 그는 그녀에게 자신의 심장을 남기고 죽고자 하는 소망이 성취될 수 없으며 그녀를 속여야 한다는 사실을 깨달을 때 두 번째로 죽는다. 그는 자신이 얼마나 형편없는 취급을 받았든지 간에 여전히 그녀를 사랑한다고 힘주어 말함으로써 애인의 죄책감을 부채질하려고 하는 것이다.

마지막 연에서 던은 심장같이 생긴 무언가를 발견하는데 그것에 대한 묘사가 우리의 호기심을 자극한다.

> 그렇지만 난 심장 같은 것을 찾아냈는데
>   색깔이 있고 모가 나 있었소.
>   그건 선하지도 않고, 악하지도 않았지요.
> 아무에게도 통째로 바쳐진 적 없고, 아무도 나누어 갖지도 못했소.

마치 인공적으로 만들어진 심장 같아 보였기에
  우리들의 상실을 슬퍼하며
나는 이걸 내 심장 대신에 보내기로 마음먹었지만,
그러나 아, 어떤 남자도 그걸 차지할 수 없었지요, 그건 당신 것이었기에.

Yet I found something like a heart,
  But colours it, and corners had,
  It was not good, it was not bad,
It was entire to none, and few had part.
As good as could be made by art
  It seemed; and therefore for our losses sad,
I meant to send this heart instead of mine,
But oh, no man could hold it, for 'twas thine. (17–24)

그것은 색깔이 있고 각진 모양을 하고 있는데 좋지도 나쁘지도 않았다고 말한다. 채색된 심장이란 진실하지 못한 위선적인 심장으로 물론 애인의 심장을 말하는 것이다. 모가 나 있다는 것은 가장 완전한 형태인 원과 대조된다는 것을 보여준다. 그녀에 대한 공격을 너무 심하게 해서 혹시 그녀의 마음을 되찾으려는 시도가 물거품이 되지 않도록 던은 그녀의 심장을 도덕적으로 중립적인 것으로 다루지만, 그것이 난잡하지는 않지만 그렇다고 남자에 대한 경험이 없는 것도 아니라며 절묘하게 지적하고 있다. 이 이상한 심장은 매우 그럴싸하게 생겼다. 여기서 "art"는 오늘날 우리가 생각하기 쉬운 것처럼 단순히 그림을 지칭하는 것이 아니라 창조적인 행위를 의미한다. 이에 화자는 이것을 그녀에게 자신의 유산으로 보내기로 결정한다. 이제 결정적인 반전과 승리는 던의 시가 자주 그려하듯이 "어떤 남자도 그걸 차지할 수 없었지요, 그건 당신 것이었기에"라고 한 이 시의 마지막 순간에 이루어진다. 왜냐하면 그녀의 심장은 너무 미끄러워 아무도 잡을 수 없으며, 은유적으로 그녀는 사랑할 수 없으며 사랑받을 수도 없다는 이 재기 넘치는 아이디어는 너트의 평가처럼 대단한 시적 성취라고 할 것이다(43-44). 의도적으로 혼란스럽고 복잡한 표현 뒤에 마지막 행을 위해 아껴 둔 이 기발한 생각은 그 단순함으로 인해 훨씬 강력한 효과를 거두고 있다.

한편, 「여자의 정절」("Woman's Constancy")과 같이 정교하게 혼란을 주도록 만들어진 던의 시를 처음 읽을 때 독자들은 특별히 애매하거나 혼란스러운 감정을 느끼지 못할 수도 있다. 이 시에서 여성과 하룻밤을 보내고 헤어진 남성 화자는 그 여성에게 냉소적이고 빈정대는 어투로 말하거나 편지를 보내고 있는데, 편지 수령인과 독자에게 대답을 재촉하는 수사적 질문들을 많이 사용하고 있다.

> 당신은 오늘 하루 온종일 나를 사랑해 주었는데
> 내일 당신이 떠날 때 뭐라고 말할 건가요?
> 새로 한 맹세를 지나간 일이라고 할 건가요?
> 　　　아니면 지금 우리
> 이전의 우리와 다른 사람들이라 말할 건가요?
> 아니면, 사랑의 신이 두려워 한 맹세 따위는
> 어느 것이든 깨뜨려도 좋다고 할 것이오?
> 아니, 진짜 죽음이 진정한 결혼에서 풀어주듯이,
> 결혼의 그림자인 연인들의 서약은,
> 죽음의 그림자인 잠을 자고 나면 풀려난단 말이오?

아니, 애인을 바꿔 치우고 거짓을 일삼는
당신의 목적을 정당화하려니, 당신은
거짓에 충실할 방법밖에 다른 도리가 없단 말이오?
허영에 찬 미치광이여, 이런 핑계들에 맞서서, 내가 하려면,
논쟁하고 이길 수도 있지만,
그렇게 안 할 뿐이오,
내일이면 나 역시 그런 생각을 할지 모르기 때문이오.

Now thou hast loved me one whole day,
Tomorrow when thou leav'st, what wilt thou say?
Wilt thou then antedate some new made vow?
Or say that now
We are not just those persons, which we were?
Or, that oaths made in reverential fear
Of Love, and his wrath, any may forswear?
Or, as true deaths, true marriages untie,
So lovers' contracts, images of those,
Bind but till sleep, death's image, them unloose?
Or, your own end to justify,
For having purposed change, and falsehood, you
Can have no way but falsehood to be true?
Vain lunatic, against these 'scapes I could
Dispute, and conquer, if I would,
Which I abstain to do,
For by tomorrow, I may think so too. (1–17)

시의 제목은 "여자의 정절"이지만 본문은 남성을 배신한 한 여성의 부정에 대한 이야기를 다루고 있다. 시의 화자가 만일 남성이라면 그는 여

성의 지조 없음을 불평하고 있는 것이지만, 화자가 남성이라는 가정은 이 시를 쓴 시인이 던이라는 사실을 알기 때문에 내린 결론일 뿐이다. 이 시를 여성의 목소리로 읽어도 남성의 목소리로 읽는 경우와 마찬가지로 완벽하게 자연스럽다는 것을 알게 된다. 너트의 말처럼 어떻게 보면 여성의 목소리로 읽을 때 시의 제목이 훨씬 더 자연스럽게 느껴지기도 한다. 화자가 여성이라면 시는 여성과 그들의 정절에 대한 찬사가 되고, 화자가 남자라면 여성 혐오적인 통렬한 비난이 될 것이다(Nutt 81-82).

6행 이하를 보면 이들 연인이 결혼한 사이는 아니지만 성적으로 깊은 관계를 맺고 있다는 사실을 알 수 있다. 떠나는 연인의 변덕스러움을 강조하려고 세 음절 모두에 강세가 오도록 사용된 "하루 온종일"(one whole day)이라는 시간은 마치 그것이 오랫동안 관계가 지속된 긴 세월을 뜻하는 듯한 아이러니한 효과를 자아낸다(Ray 362). 왜냐하면 하룻밤을 보낸 바로 다음 날인 "내일" 이들은 헤어지려는 상황에 있기 때문이다. 만일 하룻밤 사랑을 나누고 헤어지려는 상대에게 이야기하고 있는 화자를 남성이라고 본다면 이는 너무 흔한 상황이 된다. 시의 시작 부분이 처음으로 육체적 관계를 맺은 연인을 강조하고 있다고 한다면 길고 끈질긴 구애 끝에 마침내 몸을 허락한 아가씨가 느낄 버림받는 자의 절박감을 표현한 시로 보는 것이 더 타당해 보이기도 한다. 그러나 화자가 남자이든 여자이든 버림받을 처지에 놓인 연인은 상대방이 자신을 합리화할 다섯 가지 대답을 예상한다. 즉 그들이 나눈 맹세는 이미 과거에 한 것이라거나, 서로에게 사랑을 맹세하던 그들과 지금의 그들은 시간이 흘렀으므로 서로 다른 사람이라고 할 것이냐고 묻는다. 혹은 사랑의 신인 큐피드가 두려워 강제적으로 맺은 맹세는 어겨도 상관없다고 할 것인지, 아니면 죽음으로 결혼 관계가 끝나듯이 실제 결혼의 표상인 사랑의 맹세도 죽음의 그림자인 잠을 자고 났으니 더 이상 유효하지 않다고 말한 것인지를 묻는다. 여기 "죽음"이라는 말에는 물론 성적으로 황홀한 순간을 의미하는 말장난이 내포되어 있다. 마지막으로 변덕스럽고 거짓된 행동만 일삼아 온 상대가 취할 진실한 행동은 변심과 거짓뿐이라고 할 것이냐고 묻는다. "거짓에 충실할 방법밖에 다른 도리가 없단 말이오"라는 역설적인 표현은 이 말을 하는 화자의 성별이 무엇이든 간에 자신의 뻔뻔스러운 배신에 대해 능란하게 변명을 일삼는 인간 행동에 대한 날기로운 통찰의 결과이다. 이 지점에 이르면 여자의 "정절"이라는 시의 제목은 실제로는 "부정"을 이야기하고 있음이 분명해지며, 그녀의 정절(constancy)은 그녀가 평소에 늘 거짓되고 부정하게 행동해 온 것처럼 이 순간에도 일관되게 상대를 배신하고 있다는 점에서만 타당한 제목이라고 할 수 있다.

마지막 네 행은 화자의 반박으로 "허영에 찬 미치광이여"라고 부른 후, 강한 휴지를 둔 다음 어조를 바꾸어 신랄한 불평으로 결론을 내림으로써 그/그녀의 헛된 주장에 대해 승리를 거두고 있다. "lunatic"이라고 한 것은 그녀가 약간 미쳤거나 제정신이 아니라는 사실과 함께 변덕스러운 여성이라는 점을 말하고 있다. 그는 마음만 먹으면 그녀가 하는 공허한 핑계나 구실에 대해 따지고 논쟁해서 이길 수도 있지만 그런 쓸데없는 수고를 하지 않겠다고 한다. 던은 가장 강력한 생각을 마지막까지 남겨두었는데, 잠자리에서 사랑을 나눈 다음 날이면 그 역시 더 이상 사랑에 빠져 있지 않을지도 모르기 때문이라는 것이다. 그렇다면 여기서 반전이 일어나는데 시에서 그녀가 한 주장과 행태는 바로 자신의 것일 수도 있다는 것이다. 허영심이라는 것이 여성만의 약점은 아니기 때문에 "허영에 찬 미치광이여"라고 한숨을 쉬는 화자는 너트의 주장처럼 남성일 수도 있고 여성일 수도 있다(83). 남성이나 여성, 어느 쪽의 관점으로 읽는다 하더라도 이 시는 한 연인이 사랑이 끝났음을 깨닫고 곧 다가올 쓸쓸한 미래를 떠올리는 순간을 아름다울 정도로 슬프게 포착하고 있다. 화자가 하는 말은 남성이든 여성이든 어느 쪽으로 읽어도 가능한데, 이처럼 시의 화자가 남성인지 여성인지 불확실한 것은 던이 의도적으로 애매하게 처리하여 의도한 효과를 노린 때문일 가능성을 배제할 수 없다.

반면 「애인의 무한성」("Lovers' Infiniteness")을 읽고 나면 시에 담긴 정서가 여성을 혐오하는 경향을 보이는 던의 다른 시의 정서와 놀랍도록 달라서 이 시들이 과연 같은 시인의 시가 맞는지 의심이 들 수도 있다. 이 시에는 구어체에 가까운 단순한 표현들과 놀랍도록 숙련된 시의 형태가 결합되어 있는데, 소박한 시어로 상대방을 직접 부르면서 시작하는 시작 부분에서 시의 화자는 개방적이고 매우 개인적인 목소리를 가진다. 애인의 사랑을 모두 차지하면서 앞으로 생겨날 사랑도 소유하려는 연인의 바람을 역설적인 언어로 표현하고 있다.

> 내가 아직도 그대의 사랑을 전부 가지지 못했다면,
> 그대여, 난 결코 그 전부를 가지지 못할 것이요.
> 그대 마음을 움직일 또 다른 한숨도 쉴 수 없고,
> 또 다른 눈물로 애원할 수도 없으니.
> 그대 마음 살 수 있는 내 모든 보물인
> 한숨과 눈물, 맹세와 편지를 모두 소진해버려,
> 사랑의 흥정에서 그대가 내게 주려 했던 것보다
> 더 큰 것을 기대할 수 없는 것.
> 만약 그때 그대 사랑의 선물이 일부여서
> 더러는 내게, 더러는 다른 이들에게 갔다면,

그대여, 난 결코 그대 전부를 가지지 못할 것이요.

If yet I have not all thy love,
Dear, I shall never have it all,
I cannot breathe one other sigh, to move,
Nor can entreat one other tear to fall.
All my treasure, which should purchase thee,
Sighs, tears, and oaths, and letters I have spent,
Yet no more can be due to me,
Than at the bargain made was meant.
If then thy gift of love were partial,
That some to me, some should to others fall,
  Dear, I shall never have thee all. (1–11)

시작하는 첫 두 행에서는 화자는 그녀가 가진 사랑의 수용력에 의심을 표현하고 있다. 화자는 다음 네 행에서 그가 그녀의 사랑을 얻기 위해 기울였던 노력들이 좌절되어 왔음을 설명한다. 전통적인 구애자들의 공식적인 무기인 "한숨과 눈물, 맹세와 편지"는 그녀의 모든 사랑을 끌어내는 데 실패했다. 던은 "보물"이나 "사다"와 같은 경제와 관련된 표현을 사용함으로써 자신이 소진되었음을 암시한다. 그러나 우수에 잠긴 이 불행한 연인은 비통해 하거나 화를 내지 않는다. 계속해서 던은 그들 사이에 체결된 "흥정"이나 계약이 무엇이든지 간에 애초에 그들의 사랑에는 한계가 있으므로 더 많은 것을 원하는 이러한 기대가 완전히 비현실적이라는 점을 상기시킨다. 던은 아내의 이름에 대한 펀인 "more"라는 표현을 통해 사랑의 흥정에서 예의 바른 구애의 의식이나 경제적인 상황보다는 감정적으로나 도덕적으로 얼마나 상대방에 충실한지가 훨씬 중요함을 말하려고 하는 것 같다. 시의 화자는 그녀가 원래 가지고 있던 사랑의 선물이 완전하지 못했다는 것과 그녀는 언제나 자신의 사랑을 여러 남자들과 나누기를 원했다고 가정한다. 이런 논리에 따르자면 그는 슬프게도 그녀의 사랑을 전부 얻지는 못할 것이다. 마로티의 주장과 같이 경제적인 틀 속에서 사랑은 "흥정하고 사고팔고 취하고 소비하는 체계에 도덕적으로 반대되는 것이 아니라 그 한 부분"임을 역설적으로 말하고 있다(Marotti, *Coterie* 144-45). 시 전체에서 다양한 울림으로 다가오는 "all"이란 단어가 사랑의 양을 한정할 수 있다는 가정이 그릇된 것임을 암시하고 있다.

이제 그는 앞서와 달리 그녀가 흥정할 때 이미 그에게 사랑을 전부 주었을 경우를 가정한다. "전부"는 시간에 속해 있으며 성장능력을 막지 못하기에 그녀의 사랑 능력은 그들이 원래 계약을 체결했을 때보다 더 커져 있는 것이 당연하다.

또 만약 그때 나에게 그대 전부를 주었다 해도,
그 전부는 그때 그대가 가지고 있었던 전부일 뿐.
만일 그대 마음속에 그 후로 새로운 사랑이
다른 남자들로 인해 생기거나 생겨난다면,
그들은 완전한 재물을 가지고 있어, 눈물과
한숨, 맹세와 편지가 나를 능가하여,
이 새로운 사랑은 새 두려움을 낳게 되리,
왜냐하면 이 사랑은 그대가 맹세하지 않았던 것이므로.
그래도 그것은 서약된 것, 그대 선물은 보편적인 것이었기에,
그 밭인 그대 마음은 곧 내 것이니. 거기서
  자라는 것은 무엇이건, 그대여, 내가 모두 가져야 하리.

Or if then thou gavest me all,
All was but all, which thou hadst then;
But if in thy heart, since, there be or shall
New love created be, by other men,
Which have their stocks entire, and can in tears,
In sighs, in oaths, and letters outbid me,
This new love may beget new fears,
For, this love was not vowed by thee.
And yet it was, thy gift being general,
The ground, thy heart is mine; whatever shall
Grow there, dear, I should have it all. (12–22)

따라서 그때의 전부는 현재의 부분일 수 있다는 그의 사고는 점점 부정적이 되면서 그녀의 마음속에 새로운 사랑이 생겨나서 다른 남자와 연인관계를 맺을 가능성이 있을 뿐 아니라, 새 연인이 될 그 남자들의 무기가 자신의 것보다 더 온전하고 효과적이므로 그들이 그녀에게서 사랑을 불러일으키는 것이 당연할지도 모른다고 상상한다. 흥미로운 점은 사랑의 경쟁에서 상대방이 동원하는 힘이 사회·경제적인 상황의 실제 세계에서 흔히 보는 부나 사회적 지위 같은 것이 아니라 페트라르카풍의 시에서 볼 수 있는 한숨이나 맹세나 편지 같은 것들이라는 점이다. 던은 이 과정을 묘사하면서 지속적으로 상업과 관련된 용어를 사용하여 냉혹한 현실감을 느끼게 한다. 이에 대해 마로티는 던의 연애시에서 연적은 경제적인 경쟁자라는 사실을 비유적으로 말하고 있음을 지적하고 있다 (Marotti, *Coterie* 146). 화자는 이 상황이 그의 걱정을 더 심하게 만들 것임을 알고 있다. 그러나 그는 이 새롭게 생겨난 사랑은 이전에 "맹세"한 적이 없는 사랑이므로 그와 그녀의 사랑보다는 덜 유효할 것이라고 추측

한다. 그러나 그렇기 때문에 그 사랑에 대해서 자신은 아무런 권리를 주장할 수 없기도 하다. 그러나 마지막 세 행에서 다른 생각이 도입된다. 즉 그녀가 그에게 준 사랑의 선물이 예외가 없는 "보편적"인 것이기 때문에 그녀의 심장은 그의 것이며, 땅에서 자라는 것은 무엇이든 주인의 것이 되듯이 그 마음에서 생겨난 사랑은 예외 없이 모두 자신의 것이라며 법의 원칙에 근거한 새로운 주장을 편다. 화자는 그녀의 사랑을 모두 가지는 것이 불가능하다는 점을 받아들이는 데서 시작하여 그녀의 사랑이 권리 면에서 자신의 것이라고 주장하는 견해로 옮겨 가고 있다.

그러나 시는 여기서 멈추지 않는다. "그러나"(Yet)로 시작하는 마지막 연이 사랑의 성장을 이야기함으로써 독자를 한 번 더 불확실성으로 끌어들인다.

> 그러나 난 아직은 전부를 가지지 않겠어요.
> 전부를 가지고 나면 더 이상 가질 수 없으며,
> 또 나의 사랑은 날마다 새롭게 자라고 있으니
> 그대도 새로 보답할 사랑을 준비해야 하오.
> 그대는 날마다 그대 마음을 내게 줄 리가 없지만.
> 그걸 만약 줄 수 있다면 그건 이전에 준 적이 없었던 거지요.
> 사랑의 수수께끼는, 비록 그대의 마음이 떠난다 해도
> 집에 그대로 머물고, 그대는 잃으면서 얻게 되는 것이라오.
> 허나 우린 보다 자유로운 방법을 찾을 것이니
> 마음을 교환하기보다 두 마음을 합쳐서
> 　우리는 하나가 되고, 서로에게 전부가 될 것이오.

> Yet I would not have all yet,
> He that hath all can have no more,

And since my love doth every day admit
New growth, thou shouldst have new rewards in store;
Thou canst not every day give me thy heart,
If thou canst give it, then thou never gav'st it:
Love's riddles are, that though thy heart depart,
It stays at home, and thou with losing sav'st it:
But we will have a way more liberal,
Than changing hearts, to join them, so we shall
  Be one, and one another's all. (23-33)

지금까지 사랑하는 여인의 사랑을 모두 소유하고 싶어 했던 화자는 갑자기 역설적이게도 그녀의 모든 사랑을 이제 원하지 않겠다고 한다. 그가 이미 그녀의 모든 사랑을 가졌다면 논리적으로 그는 더 많은 사랑을 가질 수가 없기 때문이다. 그는 본질적으로 정체되고 변하지 않는 관계에 매여 있는 사랑보다는 미래에도 계속 새롭게 자라날 사랑을 꿈꾸고 있는 것이다. 화자는 그녀에 대한 그의 사랑이 날마다 자라고 있으므로 그녀는 그에게서 더 큰 보상을 기대한다. 그는 자신들이 매일 서로에 대한 새로운 사랑이 자라나고 서로 주고받게 되기를 바란다고 말하는데 이런 무한한 기대와 무한한 사랑의 용량이야말로 "애인의 무한성"이라고 할 수 있을 것이다. 그러나 그녀가 매일 그에게 자신의 심장을 줄 수 없으며, 만일 줄 수 있다면 그건 이전에 준 적이 없는 것이 되며, 이 경우 이전 사랑의 맹세와 계약은 유효하지 않은 것이 되어 버린다.

재치 있는 역설과 놀림조로 가득 차 있지만 매우 진지한 분위기가 바탕에 깔려 있는 다음 행의 "사랑의 수수께끼"와 관련된 구절들은 그 의미가 분명하지 않고 다양한 해석이 가능하다. 화자는 그녀의 심장이 그녀를 떠나도 그 심장은 그와 함께 집에 머문다고 말한다. 그러면 그녀는 자신의 심장을 잃을 때 그가 그것을 지켜줄 것이니 결과적으로는 잘 보존하는 것이 된다. 이즈음 시의 앞부분의 슬픈 목소리는 갈수록 현저하게 낙관적으로 바뀌고 있다. "허나 우린 보다 자유로운 방법을 찾을 것이니"라는 문장은 대담하고 단호한 어조를 지닌다. 이들은 다른 남자들로부터 위협을 받는 사랑을 초월하여 보다 뛰어나고 관대하고 "자유로운" 사랑법을 찾을 것이 확실하다. 시는 단순히 심장/마음을 주고받는 사랑이 아니라 더 관대하고 자신의 것을 주는 "자유로운" 사랑에서, 그리고 둘이 결합하여 하나가 되는 방식에서 답을 찾는다. 그럴 때 이들의 삶은 무한히 일치하게 되며 영원히 하나가 됨으로써 주는 것과 가지는 것에 대한 걱정도 사라지게 된다. 끝까지 도발적이고 불확실한 목소리가 완전히 사라지는 것은 아니지만 "우리는 하나가 되고, 서로에게 전부가 될 것이오"라는 마지막 행에는 힘차고 분명한 자신감과 믿음과 함께 자신의 소망이 소박하면서도 아름답게 표현되어 있다. 이렇게 볼 때 겉으로는 여성 혐오적이고 모진 주장을 하는 것처럼 보이는 이 시가 근본적으로는 사랑하는 사람을 유혹하고 찬양하며 자신의 사랑을 힘차게 표현하고 있음을 알 수 있다. 코믹하게 다뤄진 시의 경제적 상황은 성적 결합에 대한 주장으로 확대되고 사랑하는 사람들의 사랑이 새롭게 자라남에 따라 호혜적인 사랑을 나누자는 시의 내용으로 미루어 볼 때, 이 시는 아마 던이 자신의 아내 앤 모어를 위해 썼을 가능성이 높아 보인다.

「일주년 기념일」("The Anniversary")은 3연으로 이루어진 구조가 「애인의 무한성」과 유사하지만 구조적 유사성은 제한되어 있다. 「애인의 무한성」이 기본적인 ababcdcd 패턴을 사용하면서 각 연의 마지막 3개의 행은 내

내 같은 운율을 사용하여 "전부"(all)를 강조하는 반면에, 「일주년 기념일」은 대체로 2행연구로 운율을 맞추지만 각 연의 마지막은 4행연구를 이루고 있다.

  모든 왕들과 그들의 총신들도,
  고관과 미녀와 재사들의 모든 영광도,
시간을 만드는 태양까지도, 시간이 지남에 따라
지금 한 살씩 나이가 더 먹었소,
그대와 내가 처음 서로 만났을 적보다.
다른 모든 것들은 파멸의 길로 다가가지만
  오직 우리들의 사랑만은 시들지 않네.
이 사랑엔 내일도 어제도 없으며,
달음질치지만 결코 우리에게서 달아나지 않고
처음과 나중과 영원에 이르도록 변함없다오.

  All kings, and all their favourites,
  All glory of honours, beauties, wits,
The sun itself, which makes times, as they pass,
Is elder by a year, now, than it was
When thou and I first one anther saw:
All other things, to their destruction draw,
  Only our love hath no decay;
This, no tomorrow hath, nor yesterday,
Running it never run from us away,
But truly keeps his first, last, everlasting day. (1–10)

사랑하는 사람을 만난 지 일 년이 지난 시간을 자축하며 사랑의 기쁨을 노래한 이 시의 시작 부분에서 연인들은 "모든" 세속적인 가치와 권력을 대표하는 "왕들과 그들의 총신들", "고관과 미녀와 재사들", 그리고 심지어는 "태양"보다도 우월하다고 말한다. 이 둘 모두 처음 만났던 해보다는 나이가 한 살씩 더 들었지만, 자신들은 시간을 초월하여 이 노화과정에서 벗어나 있다며 "다른 모든 것들은 파멸의 길로 다가가지만 / 오직 우리들의 사랑만은 시들지 않네"라고 노래한다. 자신들의 사랑은 무시간적이며 시간의 파괴적인 힘에 전혀 영향을 받지 않는다는 과장된 주장인데, 이 과정에서 열거된 내용을 통해 우리는 궁정을 싫어하는 던의 전형적인 모습을 확인할 수 있다. 죽음의 영향으로 쇠퇴해 가는 것들 가운데 대표적으로 꼽은 것이 유독 궁정 세계에 속한 것들이라는 사실이 이를 반증한다. 그러면서 자신들의 사랑은 과거도 미래도 없이 영원한 현재의 순간에 거하면서 시간의 영향에서 벗어나 있으므로 성장은 하되, 변하지도 약해지지도 않는다고 주장한다. 첫 번째 기념일에 이들은 흔들림 없는 사랑과 하나됨을 노래하고 있다.

  두 무덤이 그대와 나의 시체를 숨기겠지만
  만일 한 무덤에 묻힌다면 죽음도 이혼이 될 수 없소.
아, 세상의 다른 왕들처럼 우리도
(우린 서로에게 왕이나 다름없으니)
자주 참된 맹세로 채우고, 달콤하고 짠 눈물에 젖은
이 눈과 귀를 결국엔 죽음에게 맡겨야 하다니!
  그러나 사랑만이 살고 있는 영혼들은
(다른 모든 생각은 동거인일 뿐) 보여줄 것이오,
육체가 무덤으로 가고 영혼이 무덤에서 떠날 때.
이 사랑이 하늘에서 승화된 사랑이란 것을.

Two graves must hide thine and my corse,
If one might, death were no divorce,
Alas, as well as other princes, we,
(Who prince enough in one anther be,)
Must leave at last in death, these eyes, and ears,
Oft fed with true oaths, and with sweet salt tears;
But souls where nothing dwells but love
(All other thoughts being inmates) then shall prove
This, or a love increased there above,
When bodies to their graves, souls from their graves remove.
(11–20)

2연에서 이들은 죽음이 서로를 갈라놓을 때까지 사랑하겠다는 결혼식 서약을 뒤집듯이 "만일 한 무덤에 묻힌다면 죽음도 이혼이 될 수 없소"라며 자신들이 절대 헤어지지 않을 것이라고 주장한다. 그러나 시간의 영향은 궁극적으로 피할 수 없으므로 두 개의 무덤에 묻히는 자신들을 상상하면서 미래에 다가올 필연적 죽음을 떠올린다. 그는 죽음으로 인해 자신들의 사랑을 소통시켜 주던 눈과 귀를 잃어버리게 될 것을 슬퍼한다. 그러나 그가 믿는 대로 천국에서 그들의 사랑이 땅에서보다 더 강렬하게 계속될 것이라면 이러한 손실은 크게 의미가 없다. 그는 자신들이 육체적 죽음을 피할 길은 없다는 사실을 받아들이지만, 정신적인 결합과 영원한 사랑만은 이러한 육체적 결별의 영향 때문에 깨어지지는 않을 것이라고 주장한다. 여기서 "육체가 무덤으로 가고 영혼이 무덤에서 떠날 때"라는 표현은 천국이나 지옥으로 가기 전 모든 영혼이 자신의 몸으로 일단 돌아간다고 그 당시 사람들이 믿었던 마지막 심판의 날에 대한 재치있는 묘사이다.

그땐 우리 충분히 축복받으리라.
그러나 다른 이들 이상으로 받는 건 아니오.
여기 이 땅에서 우린 왕들이오, 우리 말고는 누구도
이런 왕, 이런 신하가 될 수 없소.
우리처럼 안전한 자 어디 있겠소? 우리 둘 중 하나가 아니면
아무도 우릴 배반할 수 없으니.
참된 두려움도 기우도 물리치고
고상하게 사랑하면서 살다가,
세월이 더해지고 또 더해져 60주년의 노래도 써요,
이것이 우리의 두 번째 치세라오.

And then we shall be throughly blessed,
But we no more, than all the rest.
Here upon earth, we are kings, and none but we
Can be such kings, nor of such subjects be;
Who is so safe as we? where none can do
Treason to us, except one of us two.
True and false fears let us refrain,
Let us love nobly, and live, and add again
Years and years unto years, till we attain
To write threescore, this is the second of our reign. (21–30)

마지막 연은 이들 연인이 천국에서 다른 영혼들과 마찬가지로 영적으로 축복받은 상태로 살 것이라는 확신을 이야기하고 있다. 그러나 "여기 이 땅에서" 그들은 서로에 대해 왕이자 신하라고 말한다. 그들은 완전해서 자신들을 제외하고는 아무도 자신들을 해칠 수 없으며, 자신들을 제외하고는 아무도 배반할 수 없다고 한다. 이 말은 두 사람이 믿음을 가

지고 서로를 대하며, 외부의 다른 어떤 위협에도 신경 쓰지 말자는 의미로 볼 수 있다. 그는 그들에게 사실이든 거짓이든 모든 종류의 위험과 두려움을 무시하고 그들의 첫 번째 기념일이 육십 번째가 될 때까지 "고상하게" 살고 사랑하자고 권한다. 던은 "세월이 더해지고 또 더해져"(Years and years unto years)라는 운율을 통해 장수의 느낌을 만들어 내고 있다.

이 시는 앞서 읽은 「애인의 무한성」과 마찬가지로 누군가의 현명한 연인으로서 행복한 결혼생활을 영위한 나이 든 한 남자에 의해 쓰였다는 느낌이 강하게 든다. 지금까지 우리는 던이 어려운 인간세상의 딜레마를 해결하기 위해 그의 지성을 이용하는 것을 보아 왔다. 사랑이 개인에게 영향을 주는 방법이나 실연에 대처하는 법, 억울하게 입은 상처에 대응하는 적절한 방법, 사랑의 가치를 측정하는 법이나 혹은 사랑이 지속될 것이라고 확신할 수 있는 방법, 그리고 원하고 바라는 감정들과 효과적으로 소통할 수 있는 방법 등이 그 예이다. 던은 여러 사람에게 널리 읽히기 위해서 시를 쓴 것이 아니라, 시가 저항할 수 없는 매력이었기 때문에 작품을 쓴 작가이다. 시 쓰기는 본질적으로 힘든 작업이며, 이는 특히 복잡한 구조와 위트를 특징으로 하는 던의 경우 더욱 그러하다. 그의 삶과 편지가 보여주듯 던은 야망이 큰 인물이었고 아마도 시는 진심을 이해하기 위한 그의 사적인 사투였을 것이다.

던의 시집 『노래와 소네트』에는 그 제목에도 불구하고 단 한편의 소네트도 포함되어 있지 않은데, 이로 미루어서 그가 소네트 형식을 그리 선호하지 않았음을 짐작할 수 있다. 『노래와 소네트』는 여성과 사랑에 대한 다양한 시각을 재현하고 있는 텍스트이다. 그러면 먼저 연인들이 짧고 변하기 쉬운 사랑에 대해서 느끼는 불안한 딜레마를 표현한 시 「그림자에 관한 강의」("A Lecture upon the Shadow")를 읽어 보자. 이 시는 두 사람 사이의 사랑이 쇠퇴하는 것을 상징하는 그림자에 대한 연인들의 인식으로 시작하고 있다.

가만히 서 있어요. 사랑하는 님이여,
나 그대에게 사랑의 철학 강의를 해 줄 테니.
　우리가 함께 거닐며 보낸 세 시간 동안
　두 그림자가 우릴 따라다녔는데
그건 바로 우리가 만든 그림자였소.
그러나 지금은 태양이 바로 우리 머리 위에 있고
　우린 이 그림자들을 밟고 있소.
　이 시각엔 모든 것이 명료하게 드러나지요.
우리의 풋내기 사랑이 자라나고 있을 때는
남을 속이기도 했고, 우리에게서 그림자와 근심도 생겨나지만
지금은 그렇지가 않소.

Stand still, and I will read to thee
A lecture, love, in love's philosophy.
　These three hours that we have spent,
　Walking here, two shadows went
Along with us, which we ourselves produced;
But, now the sun is just above our head,
　We do those shadows tread;
　And to brave clearness all things are reduced.
So whilst our infant loves did grow,
Disguises did, and shadows, flow,
From us, and our care; but, now 'tis not so. (1–11)

시는 사랑의 단계를 오전, 정오, 오후의 태양과 그림자의 관계에 비추어 이야기하고 있다. 시간과 사랑과 그림자에 대한 명상을 다루고 있는 이 시는 그림자로 상징되는 부재(absence)로부터 사랑의 현존(presence)을 생각한다. 현재(present)의 순간은 부재를 나타내는 그림자에 의해 특징지어지고 인식된다는 점이 주목할 만하다. 화자는 정오의 순간인 지금 그림자가 없다는 사실을 이야기하면서 시를 시작하고 있는데, 이는 부재를 나타내는 그림자 그 자체가 존재하지 않는다는 뜻이다. 이 정오의 시각에 화자는 사랑하는 연인에게 철학 강의를 해 줄 테니 "가만히 서 있어요"라며 고정과 확고함을 요청하고 있으나, 문제는 연인들이 가만히 있을 수 없다는 데 있다. 시간과 역사는 멈추지 않을 것이기 때문이다.

이어서 시의 화자는 "남들이 볼까 두려워하는 사랑은 / 아직도 중천의 높이까지 이르지 못한 사랑이라오"(That love hath not attained the high'st degree, / Which is still diligent lest others see; 12-13)라며 자신들이 사랑의 정점이라고 할 수 있는 정오에 위치해 있음을 자랑스럽게 강조하고 있다. 그러나 일반적으로 오전과 오후의 시간은 인식하고 파악하기 쉽지만, 이 정오의 순간은 찰나적으로 지나가 버려 상대적으로 포착하기 어렵다는 것이 문제이다. 죽음이나 정오는 그 전후의 순간은 파악하기 쉽지만, 정작 죽음의 순간이나 정오라는 시각은 너무 짧게 지속되는 순간이므로 포착하기가 거의 불가능하다고 할 수 있다. 따라서 던은 이 시를 통해서 정오가 상징하는 사랑으로 충만한 상태나 사랑의 순수함은 알아차리기도, 도달하기도 힘들다는 사실을 말하고 있다. 사랑의 정점이자 영원한 현재의 순간이라고 할 수 있는 이 정오의 시간은 이내 지나가고 존재하지 않게 되며, 이들의 사랑에는 오후로 접어들면서 그림자가 다시 생겨나게 될 것이기 때문이다.

이 시에서 시간은 오전에서 오후로 흐르면서 이동하고 있다. 앞서 오전의 그림자는 다른 사람의 이목으로부터 자신들의 사랑을 감추기 위한 "위장"(Disguises)과 "숨김"(shadows)과, 그에 따르는 "근심"(care)과 염려를 의미한다고 했다. 연인들의 사랑이 언제까지나 정오의 순간에 머물러 있지 못할 것이기 때문에, 이제 오후로 넘어가면서 그림자의 모양과 성격도 바뀌게 된다.

우리의 사랑도 이 정오에 머물러 있지 못하면
반대편에 새 그림자를 만들게 되지요.
　오전의 그림자는 다른 사람들의 시선을 가렸으나
　이제 뒤편에 생겨날 그림자는
우리 자신에게 작용하여 우리 눈을 가릴 것이오.
만약 우리의 사랑이 식어 서편으로 기울면
　그대는 그대의 행동을 거짓으로 나에게 속이고
　나는 나의 행동을 그대에게 속이려 들겠지요.
아침의 그림자는 차차 줄어들어 사라지지만
오후의 그림자는 온종일 길어진다오.
그러나 아, 사랑이 시들면 사랑의 날은 짧기도 하여라.

사랑은 자라나는, 아니 변함없이 충만한 빛.
그리고 정오만 지나면 그 순간부터 밤이 오는 거라오.

Except our loves at this noon stay,
We shall new shadows make the other way.
　As the first were made to blind
　Others; these which come behind
Will work upon ourselves, and blind our eyes.

If our loves faint, and westwardly decline;
To me thou, falsely, thine,
And I to thee mine actions shall disguise.
The morning shadows wear away,
But these grow longer all the day,
But oh! love's day is short, if love decay.

Love is a growing, or full constant light;
And his first minute, after noon, is night. (14–26)

정오가 되면 그림자가 나타나지 않듯이 사랑이 절정에 다다르면 남의 눈을 두려워하지 않지만, 곧 사랑은 식을 것이고 그러면 오후의 그림자처럼 자신들의 시선을 가리고 서로의 행동을 숨기게 된다는 것이다. 아침의 그림자가 정오에 가까울수록 점점 짧아지듯이 남의 시선에 대한 두려움은 점차 사라진다. 그러나 오후의 그림자는 점점 길어져서 결국에는 밤이 되듯이, 연인들이 사랑의 정점에 머물지 못하고 사랑이 약해지고 기울게 될 때 거짓으로 서로의 눈을 속이게 될 것이며 결국엔 사랑이 소멸하고 깜깜해진다는 말이다. 이처럼 「그림자에 관한 강의」는 사랑이 변치 않고 계속 자랄 수 있는 것인지, 그리고 사랑이 변하더라도 시들지 않을 수 있는지에 대해 근본적인 물음을 던지고 있다.

시의 화자는 시간이 멈추기를 바라면서 정오의 눈부신 순간을 충족된 사랑의 완전한 개방성을 나타내는 이미지로 사용하고 있다. 정오에 숨김을 의미하는 그림자의 진행이나 흐름은 멈추고 시간도 정지한 것 같으나, 연인과 태양과 그림자가 나아가는 길이 서로 교차되면서 세상은 곧 의심과 두려움 속에 허물어진다. 시인은 그들의 사랑이 정오에 머물러 있을 수 없다면 새로운 그림자가 그들 주위에 드리워질 것이라고 여인에게 경고한다. 그렇지만 그녀가 어떻게 이런 일이 일어나지 않도록 할 수 있을 것인가? 어떻게 태양을 멈추게 하거나 그림자가 움직이지 않게 할 수 있을 것인가? 캐리(John Carey)의 말처럼 2연이 시작되면서 모든 것이 명료하게 드러나는 정오의 순간은 이미 사라지고 없는 것이다. 이전에 연인들은 그들을 엿보려는 세상으로부터 자신들의 사랑을 숨기려고 애썼다면 이제는 서로를 속이려고 할 것이며, 이런 일이 일어나는 순간 사랑은 이미 죽은 것이라고 말할 수 있다(167).

여기서 그림자는 연인들을 나타내는 재현(representation)이면서 기호이다. 이런 맥락에서 도처티(Thomas Docherty)는 우리가 텍스트를 읽는 행위는 두 연인의 현존을 말해 주는 그림자라는 표지(mark)를 읽으며 그에 대해 강의하고 있는 시인의 읽기와 근본적으로 같은 성격의 행위라고 말한다(99). 이때 시인은 상형문자와 같은 그림자를 읽고 이를 해석하며, 이 읽기에 기초해서 시를 쓰고 있는 것이다. 한편 그림자는 현존이라고 할 수 있는 정오의 흔적으로, 그리고 연인들의 다른 시간인 사랑이 정점에 미치지 못했거나 기울었을 부재의 흔적으로 남아 있는 상형문자와 같은 표지이다. 줄어들어 없어지는 듯했다가 다시 나타나(re-present) 길어지는 오후의 그림자와 같은 표지는 현혹적이고 믿을 수 없는 것이어서, 우리는 사라져 버린 가상의 현존에 대해 제대로 인식하지 못하고 눈멀게 된다.

그림자란 근본적으로 사회적 존재의 관계, 인간들과 땅과 빛과 그늘의 근원인 태양 사이의 관계에서 생성되는 것이다. 던의 텍스트는 독자로 하여금 이들 관계에 참여하고 혼동을 겪도록 초대하면서, 연인 사이나 인간 개인 사이의 의사 소통이 불완전하고 이중적일 수 있다는 점을 말하고 있다. 텍스트를 읽는 행위는 근본적으로 위선적이고 이중적이며 불완전할 수밖에 없으며, 텍스트 자체에 대한 필요한 배신이다. 이렇게 볼 때 텍스트는 항상 부재하는 현존을 다루고 있는 것으로 해석할 수 있다. 텍스트에서 남는 것은 그림자가 드리워진 재현과, 거짓으로 서로를 속이면서 타협해 가는 연인들처럼 잘못된 해석(misinterpretation)과 오독(misreading)뿐이라고 할 수 있다. 다른 사람들의 눈을 피해 자신들의 사랑을 나누려고 했던 오전의 그림자는 정오가 되면서 점점 짧아지고 사라질 것이지만, 정작 문제는 짧은 정오의 순간이 지나고 사랑이 식으면 오후의 그림자는 계속해서 길어져 결국 밤이 올 것이라는 데 있다. 바로 이 지점에서 인간 존재와 사랑에 대한 시인의 불안과 비관이 드러나고 있다.

이 시 이외에도 연인을 집에 두고 여행을 떠나는 화자가 자신의 부재로 인해 연인의 사랑이 흔들릴 것을 걱정해 자기 분신인 이름을 연인의 창문에 새기는 내용을 다루고 있는 「고별사: 유리창에 새긴 내 이름에 관하여」("A Valediction: of my Name in the Window")와, 영혼과 육체가 조화를 이루는 이상적 사랑에 대해 노래한 시 「공기와 천사」("Air and Angels") 역시 현존과 부재 그리고 재현의 문제를 중요하게 다루고 있다. 이는 이러한 이슈들이 던의 시에 일관되게 흐르는 중요한 관심사라는 사실을 보여준다. 던의 시 가운데서 가장 사랑 받는 시는 아마도 호혜적인 사랑을 노래한 시일 것이지만, 『노래와 소네트』는 어느 한 범주에 국한되지 않고 사랑과 여성과 성과 육체에 대해 매우 다양하고 상이한 가치를 제시하고 있다. 따라서 냉소적이고 방탕한 시에서부터 육체적이고 정신적인 사랑을 찬양하는 시에 이르기까지, 다양하고 모순된 사랑의 경험을 탐색하고 있는 『노래와 소네트』를 한마디로 규정하기란 불가능해 보인다. 더욱이 「공기와 천사」와 같은 시는 귀보리도 밝힌 것처럼 이들 중 어느 범주에도 넣기 힘든 애매한 입장을 취하고 있다(Guibbory 1993, 138-39). 그러면 먼저 「공기와 천사」를 읽어 보자.

두세 번 나는 그대를 사랑한 적이 있소,
얼굴이나 이름을 알기도 전에.
어떤 목소리나 형체 없는 불꽃으로
천사들이 종종 우리에게 영향을 주고 숭배되듯이.
  그대가 있는 곳에 내가 갔을 때는 언제나
어떤 사랑스럽고 빛나는 무(無)를 나는 보았소.
  그러나 그 자식이 사랑인 내 영혼은
육체로 된 사지를 취하네, 그러지 않고는 아무 일도 할 수 없으니.
  사랑도 그 부모보다 더 영묘할 수 없으니
몸을 취해야 하오.
  그러므로 그대가 무엇이고 누구인지를,
    나는 사랑에게 청해 물어보았는데, 이제
사랑이 그대의 육체를 취하여 그대의 입술과 눈과 이마에
사랑 자신이 자리 잡고 있음을 나는 시인하오.

Twice or thrice had I loved thee,
Before I knew thy face or name;
So in a voice, so in a shapeless flame,
Angels affect us oft, and worshipped be;
  Still when, to where thou wert, I came,
Some lovely glorious nothing I did see,
  But since my soul, whose child love is,
Takes limbs of flesh, and else could nothing do,
  More subtle than the parent is

Love must not be, but take a body too,
  And therefore what thou wert, and who
    I bid love ask, and now
That it assume thy body, I allow,
And fix itself in thy lip, eye, and brow. (1–14)

던은 사랑을 느끼기 시작할 때의 모호하고 신비한 느낌을 "얼굴이나 이름을 알기도 전에" 그대를 사랑했다고 표현하면서, 이를 원래 형체가 없는 천사들이 "어떤 목소리나 형체 없는 불꽃으로" 인간에게 나타남으로써 경배를 받는 사실에 비유하고 있다. 처음 사랑에 빠질 때 여성이 이 지상의 흔한 그 무엇이 아니라 다른 세계에 속한 빛나고 신비한 존재로 여겨지면서, 생각만 해도 숨이 가쁘고 떨리는 경외감에 가까운 감정을 느끼게 하는 우리의 경험을 천사라는 매개를 통하여 표현하고 있는 것이다. 캐리는 여성에게서 느끼는 이러한 종교적 경이를 토마스 아퀴나스(St. Thomas Aquinas)의 영향을 받아 천사에 비유함으로써 시에 진지함을 더하게 한다고 말한다(Carey 28). 귀보리 역시 연인이 사랑하는 여성을, 적어도 그녀를 품에 안기 전까지는 천사로 숭배한다는 생각은 페트라르카의 전통에 따른 것이면서 동시에 가톨릭으로 대표되는 종교적인 이미지에서 따온 것으로 보고 있다(Guibbory, Erotic Poems 143). 그러나 던은 실제로 그 여성을 만났을 때 그녀가 천사와 같이 신비하고 아름답지만 너무 실체성이 부족하고 접근하기 힘들다는 사실을 알게 된다. 그래서 그는 이런 그녀와의 만남을 두고 "어떤 사랑스럽고 빛나는 무"를 보았다고 표현하고 있다. 이에 던은 그의 영혼이 육체로 된 사지를 지니듯이, 영혼에서 생겨난 자식인 사랑도 "그 부모보다 더 영묘할(subtle) 수 없으니" 육체적 형태를 지녀야 한다고 주장한다. 이 말은 그가 육체적으로 그녀를 인식하고 사랑하는 것을 의미하는 것으로, 섹스가 없이는 사랑도 없다는 주장과 다를 바가 없다. 타고프(Ramie Targoff)에 따르면 여기서 "subtle"이라는 단어는 17세기에 옅은 농도의 물질을 묘사하는 데 주로 사용되었다고 한다(40). 우리의 모호한 사랑의 감정에 실체성을 부여하기 위해서는 육체가 필요하다고 던은 주장하고 있는 것이다.

이어서 던은 여성을 작은 배에 비유하면서, 사랑의 항해란 순항을 위해 배에 바닥짐을 싣고 떠나는 것이라고 묘사하고 있다.

> 이처럼 사랑의 배에 바닥짐을 싣고
> 더 안전하게 가려 생각했는데,
> 감탄을 자아내어 가라앉게 할 짐을
> 사랑의 작은 배에 너무 많이 실어 버렸음을 알았소.
>   그대의 머리칼 하나하나가 너무 지나치게 사랑에
> 작용하고 있으니 좀 더 적합한 것을 찾아야 하오.
>   사랑은 무에서도, 극단적인 유에서도,
> 또 찬란한 빛 속에서도 존재할 수 없기 때문이오.
>
> Whilst thus to ballast love, I thought,
> And so more steadily to have gone,
> With wares which would sink admiration,
> I saw, I had love's pinnace overfraught,
>   Every thy hair for love to work upon
> Is much too much, some fitter must be sought;
>   For, nor in nothing, nor in things
> Extreme, and scatt'ring bright, can love inhere;   (15–22)

첫 두 행에서는 정신적인 사랑만으로는 사랑의 배가 안전하게 항해하기 힘들기에 육체적 사랑이라는 바닥짐을 실음으로써 균형을 잡고 더 안전하게 사랑의 항해를 하려 한다는 시인의 의도가 드러난다. 그러나 곧 감탄을 자아내는 그녀의 육체적 매력이 헤아릴 수 없이 많아 거기에 빠져 진정한 사랑의 목적지로 항해하지 못하고 가라앉을 것 같다고 시인은 우려한다. 도처티는 "물건을 사랑의 작은 배에 너무 많이 실었음을 알았소"라는 표현에서 여성을 상징하는 작은 배(pinnace)에 너무 많이 실은(overfraught) 물건(wares)은 바로 남성의 몸(penis)이라는 던 특유의 성적인 언어유희가 작용하고 있음을 지적하고 있다(Docherty 196). "사랑은 무에서도, 극단적인 유에서도, / 또 찬란한 빛 속에서도" 존재할 수 없다는 구절에서 "무"는 관념적이고 정신적인 사랑이나 미에 대한 숭배를, "극단적인 유"는 지나치게 육체적인 것을 탐하거나 여성의 신체적 매력에 빠져 버린 사랑을, 그리고 "찬란한 빛"은 여성의 빛나는 아름다움이나 이를 추구하는 욕망을 의미한다고 볼 수 있는데, 이러한 것에서 사랑은 영원하고 본질적인 거처를 찾을 수 없다는 사실을 말하고 있다. 여인은 처음에는 "어떤 사랑스럽고 빛나는 무"로 인식되다가, 지금 사랑은 "무에서도, 극단적인 유에서도, / 또 찬란한 빛 속에서도 존재할 수 없"는 것으로 표현되고 있다. 도처티는 이 구절을 천사 같은 영혼이 자식인 사랑이 여성 생식기를 가리키는 속어인 공기 같은 "무"(nothing)에도, 그리고 또 다른 여성의 특징인 변덕스러운 불길 속에서도 살 수 없다는 뜻으로 읽고 있다(Docherty 226). 사랑은 자신을 확실하고 안전하게 하는 보다 특색 있고 흔치 않은 무언가를 필요로 하는데, 여기서 던은 천사에 대한 신학적 지식을 활용하여 그러한 자질을 발견하려고 한다. 그렇다고 해서 천사의 본질에 대해 깊이 탐구하려는 것은 아니다. 다만 천사의 신적이고 신비한 속성을 사용하여 인간들의 사랑의 신비와 수수께끼를 어렴풋이나마 나타내려고 하는 것이다(Carey 28).

시의 마지막 부분에서 화자는 여인에게 "그대의 사랑도 내 사랑의 천계가" 되어 달라며 자신의 사랑을 받아들이도록 초대하고 있다. 천사들이 그러한 것처럼 약간 덜 순수하지만 여전히 순수한 것을 취함으로써 그에게 더 가까이 와 달라고 요구하고 있는 것이다.

> 그러니 마치 천사가 그처럼 순수하지는 못하나
> 그래도 순수한 공기의 얼굴과 날개를 지니듯이,
> 그렇게 그대의 사랑도 내 사랑의 천계가 될 수 있소.
>
> Then as an angel, face and wings
> Of air, not pure as it, yet pure doth wear,
> So thy love may be my love's sphere; (23–25)

그녀는 그를 자신의 애인으로 인정하고 사랑할 수 있도록 허락함으로써 자신의 사랑이 그의 사랑의 수호천사가 되게 하는 것이고, 이는 결과적으로 그들 모두를 고귀하게 만드는 것이라는 논리이다. 그녀의 가치는 너무나 대단하고 그들의 사랑 역시 매우 깊어서, 그는 그녀를 오로지 자신을 품고 다스리는 천체로 만듦으로써만 그 가치를 온전히 표현할 수 있다고 생각하는 듯하다. 던의 주장에 따르면, 천사가 인간에게 나타나기 위해서는 비록 영(spirit)인 천사 자신보다는 덜 순수하지만 물질계에서는 가장 순수한 공기를 이용하여 형체를 취하듯이, 여성의 사랑도 던의 사랑에 대하여 이와 같은 관계를 맺어 "내 사랑의 천계"가 되어야 한다고 본다. 앞서 시인은 자신의 영혼이 "육체로 된 사지를 취하네, 그러지 않고는 아무 일도 할 수 없으니"라며 영혼의 육화(embodied soul)에 대해 이야기했었다. 이제 독자는 “천사가 그처럼 순수하지는 못하나 / 그래도 순수한 공기의 얼굴과 날개를 지니듯이”라는 시의 결말에서 천사가 인간의 몸으로 구현(embodiment)되는 모습을 상상하게 된다. 바이어트(A. S. Byatt)가 말한 바와 같이 시의 첫 부분에서 여성은 찬란한 빛이며 천사와 같은 존재였다면, 지금 그녀의 몸은 던의 사랑이 무엇인가를 “할 수 있는” 천계가 되는 것이다(251). 이는 각 천체(heavenly bodies)에는 천계(sphere)와 그 천계를 다스리는 수호천사(intelligence)가 존재한다고 본 엘리자베스 시대의 우주론을 반영하는 것이다(Smith 354). 던은 천체와 천사가 각각 떨어져서는 아무것도 아니지만(nothing) 이들이 합쳐져 별을 형성하듯이, 그의 사랑 또한 구체적으로 표현되고 전달될 그녀의 사랑의 화답 없이는 진정한 사랑이 될 수 없다고 말하려는 것이다.

사랑을 우아하게 표현하던 진지한 목소리에서 여성 혐오적인 관점으로 돌아간 듯 갑작스러운 어조의 변화를 보이고 있는 시의 마지막 3행은 그 의미를 파악하기가 상당히 어렵다. 던은 천사의 순수함과 공기에서 생겨난 형상의 순수함 사이에 틈이 있듯이 여성의 사랑과 남성의 사랑 사이에도 틈이 있기 마련이라며 많은 논란을 불러일으키는 구절로 시를 끝맺고 있다.

　공기와 천사 사이에
존재하는 그 순수성의 차이가
여자의 사랑과 남자의 사랑 사이에 언제나 존재하리다.

　Just such disparity
As is 'twixt air and angels' purity,
'Twixt women's love, and men's will ever be. (26–28)

지금까지는 여성을 경외감을 자아내는 신비한 대상으로 이야기하던 던이 이 결말 부분에서는 갑자기 태도를 바꾸어, 여성의 사랑이 남성의 사랑보다 열등하다고 주장하고 있다고 캐리는 지적한다(176). 이와 대조적으로 공기와 여자의 사랑이 그 순수성에 있어서 천사나 남자의 사랑보다 우월하다고 보는 견해도 있다. 이렇게 생각하는 근거는 천사가 자신이 거주하는 천공인 공기보다 더 물질적(corporeal)이고 덜 순수한 것처럼, 남성 또한 자신이 거주하는 천공인 여성의 사랑보다 더 물질적이며 더 육체적이라는 것이다. 즉 눈에 보이지 않는 순수한 공기나 천체에 비해 그 천체에 거주하거나 인간에게 나타나기 위해 형체를 띠는 천사는 정신적 사랑을 중시하는 여성의 사랑에 비해 육체적인 사랑에 집착하는 남성의 사랑처럼 순수함에 있어서 열등하다는 말이다. 사랑할 때 자신이 느끼는 육체적 욕망을 잘 인식하고 있는 던은 그녀가 과연 그를 사랑할까 하는 점을 여전히 딜레마로 안고 있다. 그래서 여성의 사랑은 성적 충동 그 이상의 어떤 희생을 요구한다는 점에서 남성의 사랑보다 더 순수하므로, 그런 희생정신을 발휘하여 자신의 사랑을 받아들여 달라고 간청하고 싶었는지 모른다. 마치 천사들이 거룩한 뜻에서 순수한 자신의 본질을 희생하여 덜 순수한 공기를 취하듯이 말이다. 이런 시각에서 너트는 여성의 사랑과 남성의 사랑 사이의 차이에 대해서 여성이 더 위대하고 더 순수하고 더 훌륭하다고 해석하고 있다(26). 이렇게 보면 이 시는 여성에 대한 최상의 찬사로 끝맺고 있는 것이 된다. 그렇다면 「공기와 천사」는 캐리가 말한 것처럼 완전히 비실체적이고 정신적인 사랑과 매우 실체적이고 육체적인 사랑 사이의 타협과 조화를 모색하고 있는 것으로 읽을 수 있을 것이다(Carey 255). 만약 여성이 시인의 사랑에 화답한다면 각각 떨어져 있는 두 자아는 단순한 육체적 결합을 뛰어넘어 육체는 물론이고 전체가 하나가 되는 호혜적인 사랑, 즉 새로운 사랑의 결합을 이루는 존재로 탄생하게 될 것이다.

한편 연인과 잠시 헤어지면서 그녀의 부정을 의심하며 자신의 정체성의 표시인 이름을 연인의 창문에 새긴다는 내용의 「고별사: 유리창에 새긴 내 이름에 관하여」는 독자를 당혹스럽게 하는 이상한 논리로 시작하고 있다.

여기 이 유리창에 새긴 내 이름은
내 사랑의 견고함을 유리에도 부여하오.
그 마력을 갖게 된 이 유리는 그 후
이름을 새긴 도구만큼 단단해졌다오.
그대의 눈은 어떤 다이아몬드도 비웃으리만큼
유리를 값지게 할 것이오.

My name engraved herein,
Doth contribute my firmness to this glass,
Which, ever since that charm, hath been
As hard, as that which graved it, was;
Thine eye will give it price enough to mock
The diamonds of either rock. (1-6)

화자는 유리창에 자기 이름을 새긴 이후로 그 유리도 더 이상 쉽게 깨어지지 않는 강도를 지니게 되었다고 주장한다. 유리창에 새겨진 이름을 바라보는 그녀의 눈빛이 연금술과 같은 마력을 발휘하여 유리를 다이아몬드보다 값진 것으로 변화시킨다는 말 역시 논리에도 맞지 않고 터무니없게 들린다. 도처티는 이 시의 첫 행에 나오는 "engraved"라는 단어가 "새기다"라는 의미 외에 "매장되다"(graved)라는 의미를 지닌 것으로 해석한다(178). 그렇다면 이 이름은 일종의 매장된 이름이며, 텍스트의 단어 아래에 숨겨진, 텍스트 속에 숨겨진 이름이라고 할 수 있다. 그런데 이 이름을 가진 사람은 부재하더라도 그는 여전히 굳게 존재하는데, 이는 그 이름이 창의 유리에 부적처럼 새겨져 남아 있다는 사실을 통해 입증된다고 말하고 있다. 유리창에 새겨진 이름은 던 자신의 존재에 대한 환유적 대체물이 되는 것이다. 마지막 행의 "rock"은 이름을 새기는 데 사용한 금강석과 유리에 새겨져 값진 보석으로 변한 다이아몬드 둘 모두를 지칭한다. 이름이 새겨짐으로써 강화된 유리는 그녀가 유리창에 새겨진 이름을 바라보는 시선을 통해 다이아몬드처럼 빛나게 된다.

그녀가 금강석으로 이름을 새겨놓은 "투명한"(through-shine; 8) 유리를 바라볼 때, 유리는 그녀의 모습을 비춰 주기도 하지만 동시에 유리에 새겨진 이름이 그녀의 눈에 새겨지기도 한다. 즉 이 순간에 "그대는 나를 보고, 나는 곧 그대가 되는 것"(you see me, and I am you; 12)이며, 이는 바로 그녀의 "눈"(eye)에 "나"(I)라는 존재가 각인되는 순간이라고 할 수 있다. 그녀는 유리창을 바라볼 때 그의 이름을 볼 뿐만 아니라, 그의 이름을 자신의 일부분으로 받아들인다. 이에 대해 캐리는 시각적으로 겹쳐 보이는 혼란이 정체성의 혼란을 불러오며, 시간과 마찬가지로 사상도 끊임없이 정체성을 변화시키는 것으로 읽는다(Carey 175). 던은 많은 시에서 자아와 정체성의 변화와 유동성에 대한 관심을 드러내고 있다.

유리창에 새긴 이름이 마력으로 작용하여 애인이 변하지 않도록 지켜 주기를 바라는 화자의 희망은 8연에서부터 여지없이 깨어지기 시작한다. "그대의 분별없는 손이 / 이 창문을 활짝 열어젖혀 내 이름을 떨게 할 때"(When thy inconsiderate hand / Flings ope this casement, with my trembling name; 43-44) 그녀를 자신의 틀 속에 가두어 두려던 그의 의도는 수포로 돌아가고, 그녀가 창을 열고 바깥세상으로 나감으로써 그의 이름과 존재는 흔들리게 된다. 이때 그의 이름이 새겨진 창은 여인의 방과 바깥세계를 연결하는 통로 역할을 한다. 화자는 애인이 열린 창 너머로 "기지와 토지로 그대의 마음을 / 공략하려는 남자를 찾아 나선다면"(To look on one, whose wit or land, / New battery to thy heart may frame; 45-46) 어떻게 할까 하는 두려움을 느낀다.

이 위기를 맞이하여 그는 시의 시작 부분에서처럼 자신의 이름이 마력을 발휘하는 환상에 빠져든다. 그래서 그녀의 하녀가 새로운 애인의 시동에게 매수되어 그의 편지를 가져오고, 그녀가 그 애인에게 호감을 가지게 되면, "내 이름이 끼어들어 그의 이름을 가려 버리고 말거요"(May my name step in, and hide his; 54)라며 다음과 같이 말한다.

> 그리고 만약 이 배신이
> 공공연한 행동으로 옮겨져 그대가 답장을 쓴다면,
> 주소를 쓸 때 이 이름이
> 유리창으로부터 그대 공상 속으로 흘러들어가
> 나를 잊는 그대에게 올바로 기억나게 하여
> 무의식중에 나에게 편지를 쓰도록 할 것이오.

> And if this treason go
> To an overt act, and that thou write again;
> In superscribing, this name flow
> Into thy fancy, from the pane.
> So, in forgetting thou rememberest right,
> And unaware to me shalt write. (55–60)

그는 혹시 그녀의 마음이 흔들려서 다른 남자의 편지에 답장을 쓰게 된다면 자신의 이름이 마법과 같이 그녀의 생각 속으로 흘러들어가 부지불식간에 자신에게 편지를 쓰게 만들 것이라고 주장한다. 그러나 처음부터 계속 억지스러운 논리를 펴던 화자는 시의 결말에서 갑자기 태도를 바꾼다. 그는 자신이 떠나 있을 동안 유리창에 새긴 그의 이름이 경쟁자로부터 자신을 지켜 줄 것이라는 생각이 애초부터 터무니없었다는 사실을 시인하고 있다. 그는 지금까지 말한 것이 단지 구실에 지나지 않는다며 시 자체를 다음과 같이 철회하고 있다.

그러나 유리에 새겨진 글자 따위는 우리의 견고한
실체의 사랑을 유지하는 수단이 되지 못하오.
죽을 때가 가까워 혼수상태에 빠져
난 이 말을 잠꼬대처럼 중얼거린다오.
이 헛소리는 내가 떠나는 마당이니 하는 걸로 돌리시오,
죽어 가는 사람은 그런 소리 하기 마련이니.

But glass, and lines must be
No means our firm substantial love to keep;
Near death inflicts this lethargy,
And this I murmur in my sleep;
Impute this idle talk, to that I go,
For dying men talk often so. (61–66)

이렇게 결말 부분에서 현실로 돌아오면서 화자는 앞서 보여줬던 활발하고 기운찬 태도가 허세였음을 자인하며 변명하고 있다. 이 시에는 두 번의 글쓰기가 등장하는데 먼저 유리창에 이름을 쓰는 것, 그리고 애인

이 새로운 남자를 만나 연애편지에 답장을 쓰는 것이 바로 그것이다. 전자는 후자에 영향을 미쳐서 그 편지가 자신에게 쓰는 편지로 바뀌도록 만든다. 물론 유리창에 쓴 이름을 소재로 한 이 시 역시 또 다른 글쓰기라고 할 수 있다. 이처럼 유리창에 새긴 시인의 이름이 사랑의 견고함을 유리에도 부여하자 유리도 다이아몬드처럼 단단해졌다는 터무니없는 논리로 시작한 이 시는 로스톤(Murry Roston)의 지적처럼 은유와 실재 사이의 경계를 흐리게 하는 위상된 비논리성에 기초하여 전개되면서 "견고함"의 의미를 뒤틀고 약화시키고 있다(73-74).

「공기와 천사」에서 던은 사랑할 때의 모호하고 신비로운 느낌과 경험을 천사라는 매개를 통해 표현하면서, 영혼과 육체가 서로 조화를 이루는 이상적 사랑을 공기와 천사에 빗대어 흥미롭게 풀어 나가고 있다. 연인과 이별하면서 그녀의 부정을 의심하여 연인의 창문에 자신의 이름을 새겨 놓는다는 내용의 「고별사: 유리창에 새긴 내 이름에 관하여」에서 이 이름은 부재하는 사람을 대신하는 환유적 대체물이다. 유리창에 새긴 이름이 마력을 발휘해서 애인을 변치 않도록 연적으로부터 지켜 주기를 시인은 희망하지만 이러한 환상에 기초한 자신의 억지스러운 논리가 애초부터 터무니없었다는 사실을 인정하는 것으로 시를 마무리 짓고 있다.

시간의 흐름에 따른 사랑의 변화를 그림자에 초점을 맞추어 이야기하고 있는 「그림자에 관한 강의」에서 그림자는 연인들 자신에게서 생겨나기 때문에 그들의 재현이면서, 동시에 실체가 아닌 부재를 나타내기도 한다. 정작 정오인 현재의 시간은 이 부재를 나타내는 그림자가 존재하지 않는 사랑의 정점에 이른 순간이지만, 엄밀히 말하면 그 순간이란 찰나적이고 포착하기 힘들 뿐 아니라 현실에서는 존재하지 않는 가상의 순간이라고 말할 수 있다. 자신들의 재현이면서 사랑의 결여나 부재, 혹은 위장을 나타내는 기호인 그림자를 읽으며 그에 대해 이야기하는 시인의 강의는 텍스트를 구성하며, 그 텍스트는 부재하는 현존을 다루고 있다. 줄어들어 없어졌다가 다시 나타나는 그림자 같은 현혹적인 텍스트를 읽는 독자의 행위 역시 근본적으로 불완전하며, 텍스트를 오독할 가능성 또한 항상 존재하기 때문에 이는 텍스트에 대한 배신이라고 할 수 있다. 『노래와 소네트』 가운데 현존과 부재, 재현과 같은 논점들을 다룬 시로서는 이외에도 「부정적 사랑」("Negative Love")이나 「성골」("The Relic"), 「장례식」("The Funeral"), 「분해」("The Dissolution") 등이 있다. 이와 같이 난해한 텍스트가 주는 도전과 즐거움에 대해 준비된 독자들은 물론이고 현대 문학이론과 문화이론에 정통한 지적 호기심이 많은 학자들에게도, 기지와 수사적 힘으로 넘치는 던 같은 작가가 매력의 대상이 되었다는 사실은 전혀 놀랄 만한 일이 아니다.

독자나 비평가들은 던의 시에서 여성을 무시하고 자기 분석과 자기 방식에 초점을 맞추어 분석하거나, 여성을 비유적으로 해석하기도 하고 대상화하기도 한다. 던의 시에서 찾아볼 수 있는 여성 혐오적 경향과 가부장적이고 남성중심적인 사고는 던이 물려받은 시적이고 문화적인 유산의 결과로 볼 수 있다. 따라서 던의 시들은 근세 초기 여성들이 남성에게 종속되는 성의 고정관념과 젠더 계급을 분명히 인정하고 있다. 하지만 던의 시들은 그와 그의 연인들이 그 시대의 가부장적인 사회를 전복할 만한 힘은 없었겠지만 그에 도전하는 방식을 극적으로 표현하고 있다. 던의 가장 혁신적인 시들은 남성의 성적 욕망뿐만 아니라 여성혐오와 비하를 그림과 동시에 지적이고 감성적이면서 영적 활력이 넘치는 여성에 대한 섹슈엘러티를 극명하게 재현하고 있다.

제2장

권력

POWER

튜더(Tudor) 왕조에서 스튜어트(Stuart) 왕조로 옮아가는 전환기를 살았던 던은 르네상스 영국의 종교적 자유의 전통이나 정치 사상에 있어서 하나의 큰 흐름을 대변하는 작가이자 종교인이었다. 『가짜 순교자』(*Pseudo-Martyr*)나 설교문 등을 통해 제임스 1세(James I)의 많은 정책에 대해 지지를 표명하고 정치적·사상적으로도 상당히 공감을 표했던 던은 지금 우리에게는 주로 시인으로 기억되고 있지만, 실제로 그가 남긴 작품을 보면 시보다 산문이 더 많은 부분을 차지한다. 게다가 던의 현대적 명성을 확립시켜 준 시들 가운데 그의 생전에 출판된 것은 불과 한두 편에 불과하고, 대부분의 시들은 필사본의 형태로 궁정과 문단에서 돌려 읽혔다. 그의 시가 생전에 출판되지 않은 이유 중에는 많은 시들이 경건한 성직자로서의 던의 명성에 오점이 될 가능성이 있었기 때문이라는 점도 들 수 있다. 이처럼 던은 필사본 시집들을 접해 볼 수 있는 비교적 한정된 집단 밖에서는 주로 설교가로, 그리고 종교적인 작가로 알려져 있었다.

엘리자베스 시대부터 찰스 1세 시대까지를 살면서 끊임없이 출세를 지향하고 권력을 추구했던 던은 남녀 간의 사랑을 노래한 초기의 『엘레지』를 비롯한 많은 시에서 단순한 연애시의 차원을 넘어 정치와 권력과 사랑을 둘러싼 복합적인 역학관계를 다룸으로써 정치적인 성격의 텍스트를 남기고 있다. 그러므로 우리는 그의 텍스트를 그 시대의 사회적·정치적 사건이나 다른 텍스트와의 관계 속에서, 즉 역사적 문맥 속에서 읽을 수 있다. 더욱이 던이 살던 시기에는 연애시가 조신들의 자기선전 도구로 이용되었으며 이를 통해 시인은 정계에 입문하고 자신의 지위를 향상시키고 권력과 이익을 도모하고자 하는 경향이 많았다. 법학원 시절의 젊은 던도 마찬가지였다.

던은 『엘레지』를 포함한 자신의 시가 생전에 출판되는 것을 원하지 않았을 뿐만 아니라 만년에는 이런 시를 쓴 것조차 후회했다고 전해진다. 1633년에 시집이 처음 출간되었을 때 5편의 엘레지를 포함해서 많은 시들이 출판 허가를 받지 못했다. 그 이유는 단순히 이들 시가 지닌 지나치게 성애적인 경향 때문만은 아닐 것이다. 던의 『엘레지』는 엘리자베스 여왕이 통치하던 시기뿐만 아니라 그가 마침내 교회에서 높은 성직에 오른 제임스 1세와 찰스 1세 시대에조차도 상당히 위험한 작품으로 간주되었던 것 같다. 1590년대 당시 던은 엘리자베스 여왕 시대 궁정 이데올로기의 핵심적인 부분이었던 궁정식 사랑의 전통을 거부하였다. 그가 이를 노래하는 소네트 양식 대신 남성 화자의 힘과 지배를 강조하고 여성 혐오적 경향이 두드러진 풍자시와 엘레지를 통해 궁정식 사랑의 전통을 전복시킨 행위는 다분히 정치적 함의를 지닌 것으로 생각될 여지가 있었다. 즉 페트라르카적 전통을 반대하고 여성을 비하하면서 여성에 의한 지배를 전복시키고 남성의 주권을 회복하려는 욕망을 드러내는 이들 시는 여성 군주에 의해 지배되는 정치 구조에 대한 불편한 심기가 반영된 것으로 볼 수 있다. 나아가 이러한 상황을 전복시켜 남성의 우월성과 지배를 주장하려는 반동적인 성향을 지니고 있다고 할 수 있다.

정숙하고 도달하기 힘든 높은 신분의 여성을 흠모하면서 복종하고 충성을 다하는 남성 구혼자의 상황을 다루고 있는 궁정식 사랑시의 전통은 엘리자베스 여왕과 그의 총애와 환심을 사려고 했던 야심찬 궁정인들 사이의 복잡한 관계에 그대로 맞아떨어진다. 이러한 맥락에서 우리는 던이 자신의 시에서 이들 전통을 배격하고 조롱한 숨은 의도를 간과하지 않아야 한다. 나아가 던이 풍자시와 엘레지라는 장르를 선택한 이면에 깔려 있는 반체제적인 성향은 1590년대에 던이 에섹스를 따라 1596년과 1597년 두 차례에 걸쳐 스페인 정복에 나선 에섹스 서클과 관련지어 볼 수 있을 것이다. 에섹스는 1590년대 내내 여성 군주를 섬기기를 싫어하여 여왕과 권력 투쟁을 벌이다가 결국 1601년에 반역죄로 처형당한 인물이다. 당시 사적으로 돌려 읽히던 던의 『엘레지』에는 바로 이와 관련한 정서가 암암리에 흐르고 있음에 주목할 필요가 있다. 즉 이들 시에는 에섹스와 그의 일파들이 표명하였던 여성의 통치와 지배에 대한 태도가 담겨 있는 것이다. 반 페트라르카주의와 젠더 관계에 대한 재고라는 던 시 전체의 틀은 여성 군주가 지배하는 정치적 구조에 대한 불편한 감정과 이를 거부하고자 하는 의지를 반영하고 있다. 이렇게 해서 남녀 사이의 은밀하고 사적인 관계와 정치 체제의 권력 구조는 서로를 반영하면서 강화된다. 만일 사적인 세계와 공적인 세계가 이처럼 밀접하게 관련을 맺고 있다면, 사적인 영역에서 일어나는 관계의 변화는 아마도 정치의 세계에서도 상응하는 변화를 일으킬 것으로 추정할 수 있다. 이들은 외견상으로는 사랑을 노래하면서 동시에 암암리에 정치적인 성격을 띠고 있는 것으로 해석될 수 있다.

던과 그의 텍스트를 이해하는 데 있어서 중요한 논점 가운데 하나가 그의 개종을 어떻게 볼 것인가 하는 점이다. 그가 로마가톨릭에서 영국 국교로 신앙을 바꾼 것을 일컬어 어떤 비평가는 배교라고 부르고 어떤 비평가는 개종이라고 한다. 만약 던을 배교자라고 부른다면 이 표현은 중립적이지 않다. 이는 단순히 이전에 믿던 신앙이나 행위를 버리고 새롭게 참되다고 여기게 된 신념이나 신앙을 받아들인 사람을 일컫는 것이 아니다. 배교는 자신의 종교적인 신념이나 도덕적인 충성을, 그리고 나아가 원칙이나 같은 신앙을 가진 집단을 배신하여 버리는 것을 의미한다. 따라서 진정한 종교를 버리고 신을 부정하는 사람을 뜻하는 배교자에게는 원칙이나 충성이라는 것이 없고 불성실한 배반자라는 딱지가 붙곤 한다. 던은 과연 개종을 한 것일까? 아니면 배교를 한 것일까? 이를 두고 학자들 사이에 오랫동안 많은 논쟁이 이어졌다.

그러나 이 문제는 쉽게 해결될 수 있는 논점이 아니다. 더욱이 신앙의 정체성을 바꾸도록 정치적 압박이 가해지고 이를 받아들여 개종하지 않으면 추방이나 죽임을 당하는 상황이라면 더더욱 그러하다. 엘리자베스 1세가 즉위한 후 종교개혁을 거친 영국은 신교도 국가였으나 로마가톨릭 교도들에게 위와 같은 개종 압력은 없었다. 종교적 믿음은 급변하지 않았고 가톨릭교와 신교도의 전통은 계속 공존했다. 그럼에도 불구하고, 영국 국교회를 믿어야 완전한 영국인이라고 여겨지는 상황이었다. 대학 학위를 받거나 관직을 얻기 위해서는 누구나 개종을 하거나 최소한 외적으로라도 영국 국교회에 순응해야 한다는 압력에서 벗어날 수 없었다. 영국 국교회의 기도 형식을 통일시킨 통일령(Act of Uniformity)과 영국 국왕을 정치와 종교의 주권자로 선언한 수장령(Act of Supremacy)이 엘리자베스 치하에서 통과되었고 그 결과 가톨릭교도들이 개종할 수밖에 없는 억압적인 환경이 조성되었다.

던의 시대에 영국의 가톨릭 신자들 중에는 영국 국교회 예배에는 참석하지만 비밀스럽게 가톨릭 신앙을 그대로 유지한 자들이 있었고, 벌금을 낼 수 있을 정도로 부유한 자들은 비록 가톨릭으로 남아 있는 것이 불법이라 하더라도 국교회 예배에 참석하지 않고 여전히 그들의 믿음을 고수했다. 이들 가운데 일부는 신부에게 피난처를 제공하다가 투옥되거나 심지어 죽기도 하였다. 그러나 개종을 하였다 하더라도 그들에게는 늘 의혹의 시선이 따라다녔다. 던은 1572년 런던의 가톨릭 집안에서 태어났다. 그의 아버지는 부유한 철물회사의 관리인으로 어떻게든지 정부의 간섭을 감쪽같이 피하는 영향력 있는 가톨릭 신자 중 한 사람이었으나 던이 네 살 때 사망했다. 그의 어머니는 시인이자 극작가인 존 헤이우드의 막내딸이었고 『유토피아』의 작가이자 순교자였던 토마스 모어 경의 조카딸이었다. 그의 두 삼촌은 예수회 신부였다. 던은 옥스퍼드와 케임브리지 대학에서 공부하고 링컨 법학원도 다녔으나 영국 국교에 충성을 서약하지 않아서 학위는 받지 못했다. 이어서 1593년 그의 동생 헨리(Henry)가 가톨릭 신부를 은닉시켜 주었다고 해서 뉴게이트(Newgate) 감옥에 투옥되었고 곧 병들어 옥사하는 비극이 생겼다. 종교적 갈등이 곧 정치적 논쟁이었던 시대에 던은 구교도와 신교도의 잔인하고 무모한 희생을 지켜봐야 했다. 이로부터 20여 년이 흐른 1615년 그는 영국 국교회 사제로 임명됨으로써 성직에 발을 들여놓았다. 우리는 그가 언제 개종했는지, 아니면 영국 국교회에 순응했는지 모른다. 후대의 전기 작가들과 독자들은 그의 개종 동기를 밝혀내기 위해 노력해 왔다. 그것이 실용적인 이유 때문이었는지, 아니면 야망 때문이었는지, 아니면 진정으로 죄를 뉘우치고 영적인 변화를 겪었기 때문인지, 아니면 단지 현실에 순응한 것인지 정확히 아는 것은 거의 불가능하다. 그래서 학자들 사이에서 그는 여전히 개종자라고도 불리고, 배교자로도 불리고, 때로는 순응주의자로 불리기도 한다.

던은 공식적으로는 '풍자시'(Satire)라고 이름 붙인 5편의 시를 썼지만, 사실 다른 많은 시에서도 풍자를 사용하고 있다. 국교도가 아니면 출세를 할 수 없었던 시대적 상황에서 종교적인 갈등을 겪기는 했으나, 결국에는 자신이 믿던 가톨릭 신앙에 등을 돌리고 영국 국교를 받아들인 야심 찬 젊은이였다는 사실을 고려할 때 이는 놀랄 만한 일이 아니다. 풍자는 흔히 똑똑한 젊은이들이 그를 둘러싼 사회나 다른 사람들의 행동을 바라보는 자세나 태도라고 할 수 있기 때문이다. 풍자 시인은 개인적인 감정을 다루는 서정시인과는 달리 그 시대에 대해 사적이라는 의미와 대비되게 공격적이면서 비판적인 관계를 가지며, 적대적이거나 경멸적인 입장을 취한다.

당시 시적 풍자는 세인들의 관심을 자신에게로 끌기 위한 하나의 방법이었으며, 친구와 장래가 유망한 사람들 사이에 유포된 원고는 나중에 조정에 진출하기 위한 방편으로 사용되기도 했다. 던도 자신의 원고를 이러한 목적으로 사용하였으며 『풍자시』는 그의 20대 시절, 링컨 법학원에 다니면서 출세를 모색했던 대략 1593년에서 1598년에 걸쳐 창작된 것으로 추정된다. 던의 초기시는 주로 필사본의 형태로 읽혔다. 그 이유는 필사본이 주로 동인(coterie)이라고 불리는 문학을 향유하는 공동체 혹은 지인들 사이에 유통되었으므로, 궁정의 엘리트들은 자신들의 생각과 의견을 사회적 열등자들에게 유출시키지 않을 방편으로 이 필사본을 사용하는 경향이 있었기 때문일 것이다. 또한 정치적으로 문제의 소지가 있거나 중상하는 내용의 글일 경우 만약 출판을 하게 되면 대중에게 노출되어 위험할 수도 있었다. 재치 있는 장난기와 궤변, 관능적인 내용과 풍자적 신랄함을 특징으로 하는 던의 초기시는 야망을 지닌 젊은 동인들 사이에서 행해진 사회적 행위의 한 부분으로 이해할 수 있을 것이다(Perry 109).

패터슨(Annabel Patterson)은 당시 친구들 사이에 유포되었던 던의 필사본 가운데 하나에 1593년이라는 연도가 적혀 있는 등 여러 정황을 고려해 볼 때 던이 영국 최초의 본격적인 풍자 시인일 가능성이 크다고 주장한다(Patterson, Satirical Writing 117-19). 던은 기존의 체세와 가치를 진복하는 성격의 새로운 표현 양식에 특별한 관심을 갖고 가장 앞장서서 실험적인 글쓰기를 하였다는 것이다. 한편 당시 사회와 궁정, 종교계, 사법계 등을 비판하고 조롱하는 내용의 풍자시를 쓴다는 것은 자신을 심각한 위험에 빠뜨릴 수 있는 행위이기도 하였다. 실제로 1599년에는 두 명의 저명한 주교가 말로(Christopher Marlowe)와 홀(Joseph Hall), 내쉬(Thomas Nashe), 미들턴(Thomas Middleton) 등이 간행한 풍자시의 출판을 금하고 몇몇 책을 불태우도록 하는 법령을 발표했다(Boose 185). 던은 생전에 자신의 풍자시를 출판하지는 않았다. 그렇다 하더라도 그가 자기 친구에게 보낸, 1600년에 쓴 것으로 보이는 편지에는 필사본 형태로 친구들 사이에 돌려보며 읽히던 자신의 풍자시가 외부에 알려질 경우 위험에 처하지나 않을까 하는 두려움이, 그리고 남녀 간의 성애를 다룬 엘레지로 인해서는 수치를 당하지 않을까 하는 염려가 강하게 드러나고 있다. 우리는 던의 풍자시나 편지에서 한 젊은이가 엘리자베스 여왕 말기의 영국 사회와 법과 궁정에 대해 느끼는 회의와 좌절감과 함께 그의 자유분방한 정신을 엿볼 수 있다.

1590년대는 던이 시 창작에 몰두하는 한편 신학적인 물음과 씨름했던 시기이며, 에섹스 경(Essex, Robert Devereux)의 카디즈 원정과 아조레스 제도 원정에 참가하기도 하지만, 동생 헨리가 사제를 숨겨 준 죄로 투옥당했다가 죽는 등 집안의 어려운 일들을 겪기도 한 시기였다. 던이 가장 먼저 쓴 초기 시 가운데 하나인 『풍자시』에는 시인의 좌절된 정열과 야망이 분명하게 드러나 있다. 1633년에 출판될 예정이었던 『풍자시』는 엘레지 5편과 함께 처음에는 출판허가가 나지 않았다. 그러다가 출판 직전에 이들 풍자시에 대한 출판금지가 해제되어 그해에 겨우 세상의 빛을 보게 되는 우여곡절을 겪었다. 이 장에서는 젊은 날 던의 풍자시를 통해 당시 영국 사회와 기득권층을 대표하는 궁정과 법조계에 대한 날카로운 풍자를 살펴볼 것이다. 또한 던의 『엘레지』를 포함한 사랑의 시편에는 신대륙을 탐험하고 끝없이 영토를 확장하며 정복하려는 17세기 초 영국 팽창주의의 시작을 알리는 특징들이 자주 등장한다. "가부장적 권력과 식민주의"에서는 이러한 시 가운데 특히 「엘레지 18」과 「엘레지 19」를 여성의 몸에 대한 가부장적 권력과 식민주의라는 관점에서 분석한다. 이러한 발견과 정복의 이미지를 통해 끊임없이 그 의미를 모색하고 있는 던의 사랑의 시편에 자주 등장하는 욕망의 세계는 어떤 성격의 것인지, 그리고 르네상스기 영국에서 여성이 작가나 주체 혹은 개체로서 어떻게 재현되고 있는지를 던의 『엘레지』 시편들을 중심으로 읽어 볼 것이다.

"종교적 자유와 정치 권력"에서 다룰 『가짜 순교자』는 자신의 종교에 관한 던의 가장 분명한 진술을 담고 있지만 우리는 이 책자가 대중 독자를 염두에 두고 출판한, 종교적이고 정치적인 논쟁을 다룬 소책자라는 것을 기억해야 한다. 『가짜 순교자』에서 그는 로마가톨릭 교도들이 그들의 가톨릭 신앙에 대해 충성심을 유지하면서도 동시에 영국 신교 군주에게 정말로 충성맹약을 할 수 있다고 설득할 수 있기를 바라면서, 자신의 종교적 정체성에 대해 포괄적으로 정의한다. 던은 친척들 중 많은 이들이 그들의 믿음 때문에 순교하거나 추방당한 것과 어린 시절 순교에 대한 두려움과 강박관념 때문에 많은 밤을 두려워하면서 깨어 있었다는 자신의 가톨릭 배경을 설명하면서, 가톨릭과 개신교가 기독교 신앙의 연속선상에 있음을 강조하고 있다. 그러면서 그는 자신을 배교자나 개종자로 부르는 것을 거부하며 자신의 신앙은 확장한 것이지 바뀐 것이 아니라는 자화상을 제시한다. 기독교 교회에 대한 비교적 포괄적인 던의 시각은 성직에 취임하기 전에 썼으나 출판되지 않은 『신성에 관한 수상록』(*Essays in Divinity*)에서 분명히 드러난다. 여기서 그는 영국 국교회에 대한 충성을 옹호하고 있으나 로마가톨릭 교회 역시 세계적이고 보편적인 기독교 교회의 한 부분이라고 주장하면서, 로마가톨릭 교회는 구원으로부터 단절됐다고 믿는 열렬한 신교도의 시각을 단호히 부정하고 있다. 친구인 구디어(Henry Goodyer)에게 보낸 편지에서 던은 영국 국교회와 로마가톨릭 교회가 둘 다 완벽하지는 않지만 어느 쪽이든 구원을 받을 수 있다는 입장을 분명히 밝히고 있다. 그는 기독교를 정의하면서 로마가톨릭과 개혁교회 사이의 차이를 축소시키는 경향이 있다. 그런 던에게서 이전에 믿던 가톨릭 신앙을 완전히 지워 버린다는 것은 사실상 불가능하다고 할 수 있다. 그는 커(Robert Ker) 경에게 쓴 편지에서 "나의 신조는 내가 태어난 종교의 보존과 국가의 평화와, 양심을 바로 잡는 것이다"(Hester, *Letters* 306-7)라고 주장한다. 던이 말하는 '태어난' 종교란 어떤 종교를 의미할까? 로마가톨릭인지, 아니면 로마 교회로부터 독립한 영국 국교회를 뜻하는 것인지? 아니면 일반적으로 단순히 기독교를 말하는 것인지? 그리고 그 종교를 보호하기 위한 노력이 국가의 평화를 위한 염려와 어떻게 맞아떨어지는지? 만약 종교가 국가를 위협하는 것처럼 보인다면 어떻게 해야 하며, 그리고 개인의 양심과 국가적인 사안 사이의 관계는 어떠한지? 이런 문제에 대해 던이 어떤 생각을 가지고 있었는가에 대해 질문을 던질 수 있을 것이다. 만일 종교와 국가, 개인의 양심이 모두 조화를 이루지 않는다면 우리가 어디에 최우선 순위를 두고 선택해야 할 것인가 하는 것은 매우 어려운 문제이기 때문이다. 여기서 기억해야 할 중요한 사실은 던이 자신의 충절과 신의를 표현함에 있어서, 국가의 평화를 위해 양심을 따르고 과업을 수행하는 바로 그 순간에 종교를 외면하지 않았다는 점이다.

이처럼 던의 공적인 글이나 정치적으로나 역사적으로 중요한 사태를 맞아 발표한 논쟁적인 글, 그리고 사적인 편지나 그의 설교 등에 표명된 종교에 대한 그의 진술을 어떻게 해석할지에 대해서는 주의를 기울일 필요가 있다. 그가 영국 국교회 신자인지, 단지 순응자인지, 아니면 여전히 어느 정도는 가톨릭 신자의 모습을 가지고 있었는가 하는 던의 종교에 대한 논쟁은 학자들이 그가 성직자가 된 이후에 쓴 종교 산문들을 어떻게 읽는가 하는 점에 많은 영향을 미친다. 이는 던의 종교적 믿음의 변화 혹은 연속성을 이해하는 데는 여전히 다양한 방식이 존재함을 의미한다.

왕권신수설(the theory of the Divine Right of Kings)을 주장한 제임스 1세는 군주제와 왕권의 본질에 대해 매우 명료하고 일관된 견해를 갖고 있었다. 그는 왕은 권력을 신으로부터 직접 얻으며, 그 신탁을 이행하는 데는 신에 대해서만 책임을 진다고 믿었다. 제임스는 신 다음가는 권위를 지닌 군주는 정치적 지도자일 뿐 아니라 정신적인 지도자도 겸한다고 주장했다. 왕을 구름을 몰아내는 찬란한 태양처럼 장엄한 이미지로 묘사하곤 하였던 던은 신이 부여한 권리로 백성을 다스린다는 제임스 1세의 주장과 거의 일치하는 사상을 가지고 있었던 것으로 여겨졌다. 던은 군주의 신적인 영광이 백성들로 하여금 즉시 복종할 마음을 불러일으키고 불평불만을 잠재우기 마련이라는 사실을 강조하였으며, 왕은 태양과 같아서 신의 빛나는 얼굴이라고 설교했다. 던은 왕이 오직 백성들의 동의를 받아서 다스린다는 주장은 신의 권위를 손상시키는 것이라며 경고한다. 따라서 일반 백성이 왕을 비판하는 것은 그 정당성 여부를 떠나서 불경이며 신성모독이라는 것이 그의 생각이다. 비록 교회와 국가에 어떤 잘못이 있다 하더라도 그 잘못을 비판하고 욕할 권리를 일반 백성들은 갖고 있지 않다는 말이다. 또한 던은 통치자의 권력에 대해 좋지 않은 생각을 품는 것은 그 권력의 뿌리가 되는 성부 하나님에 대해 죄를 짓는 것이라고 주장했다. 즉 국가를 다스리는 자들에게 불순종하는 것은 말할 것도 없고, 그들에 대해 나쁜 생각을 품기만 하여도 우리의 영혼은 위험할 수 있다는 것이다.

이처럼 던은 절대왕권에 기초한 왕의 정책을 지지하는 입장을 견지한 것으로 평가되어 왔으나, 최근 던의 텍스트에 담긴 진의와 그의 양면적이고 전복적인 사상에 대해 학자들 사이에 열띤 논쟁이 야기되고 있다. 최근의 연구는 던이 절대주의를 온전히 지지하였다고 단순하게 보는 것은 문제가 있으며, 절대주의에 대한 정의를 어떻게 내리는가에 따라 상당히 다른 시각이 존재할 수 있음을 제시하고 있다. 던은 정치 이론과 교회와 국가 간의 관계에 대해서도 많은 글을 썼으나 이에 대한 연구는 거의 이루어지지 않다가 최근에야 현대 비평적 방법론으로 텍스트를 자세히 분석하며 그의 종교와 정치 사상을 재평가하는 작업이 행해지고 있다. 많은 비평가들은 던이 양면적이고 전복적인 사상을 지녔다는 점을 지적한다. 즉 던은 주요 논점에 관해 왕과 대체적으로 의견을 같이했지만 설교를 통해서 조심스럽게 왕의 특정 정책을 비판하기도 하였다는 것이다. 심지어는 던이 왕의 정책에 동의하는 것 같은 때에도 사실은 제임스의 절대주의에 근본적으로 반대하는 사상을 지니고 있었다고 주장하는 비평가들도 있다. 그러면 이 장에서는 던의 텍스트가 그의 배교를 어떻게 드러내고 있으며, 배교에 얽힌 종교적인 신앙과 정치적 야망의 상관관계는 어떠한지, 그리고 그의 글쓰기는 정치적으로 전제주의에 대한 지지를 표현하고 있는지, 그리고 이것이 권력과 어떤 관계성을 보여주며 이것을 그의 정치적 야망의 표현으로 읽을 수 있는지 등 권력의 문제를 당대의 경박한 풍조와 부패한 궁정과 법조인에 대한 신랄한 풍자를 담고 있는『풍자시』와, 당대에 팽배한 가부장적 권력과 제국주의와 식민주의에 관해 다룬『엘레지』두 편, 그리고 1610년에 발표된『가짜 순교자』등을 중심으로 살펴보기로 하자. 이를 통해 왕권신수설을 주창한 제임스 1세 시대를 살았던 던의 권력에 대한 생각과 정치 사상을 조명할 수 있을 것이다.

영국 사회와 궁정과 법조계에 대한 풍자:『풍자시』

풍자문학이란 무엇인가에 대해 한마디로 대답하기는 어렵지만 에이브람즈(M. H. Abrams)는 다음과 같이 정의를 내리고 있다.

> 풍자는 어떤 대상을 우스꽝스럽게 만들고 그것에 대하여 재미있어 하는 태도나, 경멸이나 조소나 분노의 태도를 불러일으킴으로써 그 대상을 깎아 내리는 문학상의 기교이다. 코미디가 웃음을 자아내는 것 자체가 주목적인 데 반하여 풍자는 조롱한다는 점에서 양자는 서로 다르다. 즉 풍자는 웃음을 하나의 무기로 사용한다.
>
> Satire can be described as the literary art of diminishing or derogating a subject by making it ridiculous and evoking

> toward it attitudes of amusement, contempt, scorn, or indignation. It differs from the *comic* in that comedy evokes laughter mainly as an end in itself, while satire derides; that is, it uses laughter as a weapon. (Abrams 275)

인간의 악덕과 어리석음을 교정하는 수단으로 흔히 사용되는 풍자는 한 개인을 목표로 삼기도 하지만, 어떤 인간형이나 계급, 제도나 국가, 혹은 전 인류를 목표로 하기도 한다. 이처럼 풍자가 인간의 어리석음이나 악을 조롱하면서 웃음을 무기로 사용한다는 점에서 단순히 독자나 관객을 즐겁게 하거나 웃음을 자아내는 것을 목적으로 하는 코믹이나 위트 등과는 차이가 있다. 이 가운데 특히 위트는 16세기와 17세기에 문학을 창작하는 재능이나, 그중에서도 특히 눈부시고 놀랍고 역설적인 비유들을 발견할 수 있는 능력을 가리키는 데 사용되었다(Abrams 329-30). 짧고 교묘하고 희극적인 놀라움을 일으키도록 계획적으로 고안된 언어적 표현인 위트는 던의 시에서 발견할 수 있는 중요한 특징 가운데 하나이다. 정치적으로 신랄한 풍자와 오비디우스풍의 성애를 포르노 같은 소재와 함께 다룬 엘레지는 엘리자베스 여왕 통치 말기에 법학원에서 널리 유행하던 시 형식이었다. 16세기 말 영국 사회의 타락상을 비판하고 풍자하는 『풍자시』에 사용된 격렬한 어조는 로마의 풍자 시인 유베날리스(Juvenal)의 영향을 보여주고 있으며, 세련된 방식으로 애매하고 분명하지 않게 처리된 부분은 권세 있는 자들을 비판하고 고위층에 만연한 부패상을 공격함으로써 자신이 처할 수 있는 위험한 상황에 대한 안전장치가 아니었을까 짐작된다.

일반적으로 던의 시는 그의 전기적인 사실과 연관하여 초기에는 세속시의 성격을 띠다가 후기로 가면서 종교시로 옮아가는 것으로 평가되고 있다. 그러나 우리는 그의 초기시인 『풍자시』에서도 돈과 권력, 성과 같은 보편적인 유혹에 대한 심각한 고민과 함께, 이러한 유혹에 쉽게 넘어가는 세태에 대한 신랄한 비판과 풍자를 찾아볼 수 있다. 또한 진지하게 진리를 탐구하면서 자신이 처한 신앙의 위기를 해결하기 위해 당대의 종교적 문제와 종교의 본질에 대해 치열하게 탐구하는 모습도 엿볼 수 있다. 이처럼 『풍자시』에서 시인은 영국 사회에 만연한 죄악과 타락상을 비판하면서, 이스라엘의 죄와 우상숭배에 대해 질책한 성경의 예언자와 같은 태도를 취하기도 한다. 그러나 잘못된 것을 드러내고 비판하기는 하지만 이를 시정할 마땅한 방법이 없는 데서 느끼는 시인의 좌절감도 우리는 느낄 수 있다. 던은 『풍자시』에서 당대 영국 사회의 경박하고 물질주의적인 가치관과 한 젊은 난봉꾼의 기회주의나 호색과 타락한 법관과 법률제도, 종교, 궁정과 궁정인들, 그리고 엘리자베스 시대 후기 영국의 사법 체제 등에 대해 자세히 살펴보고 있다. 시의 화자는 그 사회의 타락과 악에 맞서는 자질을 구현하고 있는데, 예를 들어 진지하고 학자적이거나, 신과 종교적 가치에 헌신적이며 참된 진리를 진지하게 탐구하고, 극단을 피하고 중용의 길을 택하며, 악과 권력을 쥔 사악한 무리들에 대한 증오로 가득한 반면, 인류에 대한 연민에 감동하는 등의 모습을 띠고 있다. 그는 총체적으로 타락한 사회 속에서 이러한 사회의 악에 외롭게 대항하는 모습을 보여주면서, 당대 사회의 악뿐만 아니라 제도와 체제상의 부패와 타락상도 아울러 공격하고 있다(Guibbory 1993, 131).

던은 『풍자시』를 통해서 마치 로마의 풍자 시인 유베날리스나 호라티우스(Horace)가 로마의 부패상을 풍자하고 비판했듯이 16세기 말 영국 사회의 타락상을 신랄하게 고발하고 있다. 그러면 먼저 런던 사회를 풍자하고 있는 「풍자시 1」("Satire 1")에 대해 살펴보자. 시는 서재에서 나와 거리를 함께 돌아다니자는 친구의 부름에 시의 화자가 버티고 있는 상황을 묘사하는 것으로 시작한다. 학구적인 화자는 친구를 "어리석고 변덕 심한 어릿광대야 가라"(Away thou fondling motley humorist; 1)고 물리치면서 자기 혼자 서재에서 책을 보게 두라고 말하고 있다. 여기서 "fondling"이나 "humorist"는 희극(comedy)과 거기 등장하는 배우를, 그리고 "변덕스러운"이라는 의미와 함께 "얼룩덜룩한"이란 뜻을 지닌 "motley"는 광대가 입는 옷을 지칭하면서 우리 인간의 조건이나 상황을 나타내고 있다. 이어서 화자는 서재를 "감옥"으로, 그리고 자신은 관속에 갇혀 있는 것으로 묘사한다.

> 몇 권의 책과 함께 어울려 있도록
> 이 우뚝 선 나무로 된 상자 속에 나를 내버려 두게.
> 감옥에 날 내버려 두고, 내가 죽을 때 관 속에 있도록 해 다오.
>
> Leave me, and in this standing wooden chest,
> Consorted with these few books, let me lie
> In prison, and here be coffined, when I die; (2-4)

그는 자신이 읽는 책들이 신성한 가르침에서부터 철학과 문학과 정치적인 안목에 이르기까지 위대한 지혜를 담고 있지만, 정작 현실의 유혹들을 이겨낼 만큼 강하지는 않다는 사실을 처음부터 인식하고 있다. 그는 "변치 않는 친구인 이 모두를 버리고 / 고집 세고, 거칠고 신의 없는 너를 따라가야 한단 말인가?"(Shall I leave all this constant company, / And follow headlong, wild uncertain thee?; 11-12)라고 수사적인 질문을 던지는데,

이 말 속에는 야망을 좇는 모든 인간이 느끼기 마련인 딜레마가 담겨 있다(Nutt 32). 여기서 서재에 앉아 "변치 않는 친구"인 책에 파묻혀 있는 화자 혹은 던 자신이 학구적이라고 한다면, 그의 친구는 "고집 세고, 거칠고 신의 없는" 인물로 그려지고 있다.

화자는 친구와 함께 가기를 허락하기 전에, 별 효력이 없을 것을 알면서도 먼저 그 친구가 더 매혹적인 사람들을 만나더라도 도중에 자신을 버리고 떠나지 않겠다는 다짐과 맹세를 하도록 요구한다. 그러면서 친구가 첫눈에 반해 자신을 버리지나 않을까 우려하는 인물로 군인과 조정대신과 재판관을 들고 있다.

> 40명의 죽은 사람들의 대가로 받은 금빛 번쩍이는 꾸러미를 가진
> 장교가 네가 가는 길에 나타나더라도,
> 상쾌한 향내를 풍기는 건방진 궁정인이 너의 인사에 답례로
> 머리를 끄덕일지라도,
> 푸른 옷을 입은 열두서너 명의 길게 늘어선 많은 수행원을 거느린
> 벨벳 걸친 판사가 오더라도.
>
> Not though a captain do come in thy way
> Bright parcel gilt, with forty dead men's pay,
> Nor though a brisk perfumed pert courtier
> Deign with a nod, thy courtesy to answer.
> Nor come a velvet Justice with a long
> Great train of blue coats, twelve, or fourteen strong, (17–22)

신의 없는 그의 친구에게 영향을 주어 방황하게 할 군인과 궁정인, 재판관이라는 유형은 당대의 물질적·사회적 이익과 출세를 대표하는 인물

들이다. 화자는 이러한 물질과 권력에 현혹되어 자신을 버리지 말라며, "좋을 때나 나쁠 때나 나와 함께 해 주오, 그렇지 않다면 날 떠나라. / 나를 가졌다가 버리는 것은 간통이야"(For better or worse take me, or leave me: / To take, and leave me is adultery; 25-6)라고 말한다. 친구와 자신의 관계를 마치 결혼한 부부 사이처럼 묘사하면서, 결혼 서약을 패러디한 구절을 통해 친구의 변절은 간통과 같은 것이라며 경고하고 있는 것이 흥미롭다. 여기서 던은 단지 친구의 이기심뿐만 아니라, 탐욕에 따라 움직이고 성공에 우쭐거리며 부화뇌동하는 윤리성의 결여를 맹렬히 비난하고 있는 것이다(Nutt 33).

계속해서 화자는 누군가를 만나면 이리저리 뜯어보고는 "그 사람이 몸에 걸친 비단과 금에 비례하여 높거나 낮게 / 모자를 들어 인사를 하는"(The silk, and gold he wears, and to that rate / So high or low, dost raise thy formal hat; 31-32) 친구의 속물적이고 물질중심적인 태도를 비판한다. 그는 또한 친구가 "더럽고 풍만한 창녀나 남창"(plump muddy whore, or prostitute boy; 40)의 벌거벗은 몸을 좋아하는 "음탕하고 안달이 난 정욕"(rank itchy lust; 38)에 가득 찬 위선자임을 날카롭게 공격하고 있다. 그러니 화자는 부도덕함과 위선을 꾸짖는 말을 듣고 친구가 "회개한 참회자같이"(like a contrite penitent; 49) "이 모든 허영과 경솔함"(These vanities, and giddinesses; 51)을 뉘우치는 모습을 보이자, 결국 그의 요청대로 같이 서재 문을 닫고 "자, 길을 떠나자"(come, let's go; 52)라며 번잡한 거리로 나서게 된다.

그러나 이내 화자는 친구의 유치하고 쉽게 흥분하는 성격에 아연실색하며, 그의 요구에 응했던 자신의 어리석음에 대해 자조적으로 다음과 같이 말한다.

하지만 사람들이 검은 깃으로 장식하거나
진한 자줏빛 타이즈를 신는 만큼 자주
수많은 남자들과 죄를 지은 값싼 창녀는
그들 중에서 누가 아이의 진짜 아버지인지 이름을 금방 댈 수 있을지 모른다.
또 어떤 이는 누가 인도를 유산으로 물려받을
런던 귀족의 딸과 결혼할지 추측을 곧장 내놓을지도 모른다.
또 곧 사기 치는 점술가가 천체를 그려
예민하고 재치 있는 색다른 젊은이들이
내년에 어떤 모자나 러플이나 정장을 입을 것인지
금방 확실하게 말해 줄지도 모른다.
네가 나를 떠나갈 때, 어디로, 왜, 언제,
혹은 누구와 갈지를 보여줄 수 있기 전에 먼저.

But sooner may a cheap whore, that hath been
Worn by as many several men in sin,
As are black feathers, or musk-colour hose,
Name her child's right true father, 'mongst all those:
Sooner may one guess, who shall bear away
The Infanta of London, heir to an India;
And sooner may a gulling weather spy
By drawing forth heaven's scheme tell certainly
What fashioned hats, or ruffs, or suits next year
Our subtle-witted antic youths will wear;
Than thou, when thou depart'st from me, canst show
Whither, why, when, or with whom thou wouldst go. (53-64)

여기에서 언급되고 있는 창녀와 런던의 상속녀, 그리고 점성가 등은 당시 런던 사회의 타락상을 대표하는 인물들이다. 첫 번째 등장하는 창녀는 사람들이 더러움을 감추기 위해 검은 깃털을 꽂고 짙은 자주색 타이즈를 자주 신는 것처럼, 무수한 남자와 죄를 지어 그녀의 몸이 "닳아빠진" 상태로 묘사되고 있다. 다음으로는 엄청난 부를 소유하여 숱한 남성들이 결혼하고 싶어 하는 런던의 상속녀인데, 던은 가장 이국적이면서 풍요로운 부를 표현하기 위해 "인도"라는 비유를 사용하고 있다. 마지막으로 미래를 예언하기 위해 기상을 연구하는 척하면서 내년에 어떤 패션이 유행할 것인가를 허풍을 치며 예언하지만, 실상은 사기를 치는 점성가가 등장한다. 창녀는 성적 타락을, 런던의 상속녀는 결혼 시장에서의 물질만능주의를, 사기를 치는 점성가는 변덕스러운 유행과 도덕적 타락을 풍자한다고 볼 수 있다. 마지막 두 행에서 묘사되는 친구는 이것저것 사이에서 쉽게 선택하지 못하며 눈앞에 펼쳐진 광경에 흥분하여 아무런 결정도 내리지 못할 정도여서, 앞서 나온 매춘부나 부유한 상속녀나 점술가만큼이나 제어하기 힘든 상태에 있다. 여기서 던은 너트가 지적한 바와 같이 유행을 좇는 젊은이들을 천박하고 어리석고 거만한 동시에 자신들의 어리석음을 알아차리지 못하는 인물로 그림으로써 풍자의 대상으로 삼고 있다(36-37).

"자 이제 우리는 거리로 나왔네"(Now we are in the street; 67)라고 말하는 부분에서 시제는 과거에서 현재로 바뀌고 친구도 2인칭에서 '그'(he)로 바뀌고 있다. 그 결과 이제부터 독자는 한층 박진감 있게 묘사되는 풍자를 부담 없이 마음껏 즐길 수 있게 된다. 바깥세상에서 일어나는 흥미진진한 일들을 함께 즐기지 못해 아쉬워하며 참을성 없이 흥분하는 친구가 "밖에서 뭔가 즐거운 일이 벌어지고 있는 걸 알지만 / 감히 나가지 못하는 견습공이나 학생처럼"(As 'prentices, or school-boys which do know / Of some gay sport abroad, yet dare not go; 75-76)이라고 묘사되고 있는 것이 흥미롭다. 이 친구는 "우리가 만나는 좋은 비단 옷을 차려입은 모든 바보"(Every fine silken painted fool we meet; 72)들의 환심을 사고 싶어 안달이나 있다. 그가 높은 사람에게 아부하는 모습을 던은 "바이올리니스트가 가장 높은 소리를 내기 위해 현의 가장 낮은 곳을 누르듯이 / 가장 용감한 사람들에게 땅에 몸을 붙이듯 인사를 한다"(as fiddlers stop lowest, at highest sound, / So to the most brave, stoops he nigh'st the ground; 77-78)고 재미있게 표현하고 있다. 여기서 "가장 용감한 사람들"이란 육체적·도덕적 용기보다는 무모함이나 허식에 가까운 의미로 사용되었다고 볼 수 있다(Nutt 38). 이들에게 극단적 예우의 표현도 마다하지 않는 이 친구지만, 정작 화자가 존경심을 가지고 대하는 사람들에 대해서는 제대로 알아보지조차 못한다.

친구는 춤을 잘 추는 젊은이를 보고서 기뻐서 뛸 듯이 흥분하기도 하고, "알록달록한 공작"(many-coloured peacock; 92)처럼 잘 차려입은 젊은이와 이야기하려고 화자를 두고 잠시 떠나기도 한다. 공작은 허영을 상징하는 동물이니 이 젊은이 또한 허영에 들뜬 인물로 추정할 수 있다. 그러나 여기서 주목할 만한 사실은 화자가 자신을 버리고 떠난 친구에 대해 "나는 내 길 잃은 양을 위해 머무른다"(I for my lost sheep stay; 93)라고 말하고 있다는 점이다. 이러한 어조에는 애정과 함께 그를 보호해 주려는 마음이 깃들어 있는 것 같다. 친구는 돌아와서 방금 만났던 사람에 대해 이야기하면서, 입은 의상으로 미루어 보건데 그가 궁정인들 가운데서도 가장 세련된 인물임에 틀림없다고 지레 짐작한다. 왜 그에게 머리를 굽신거렸느냐고 질책하는 말을 듣고 친구는 그 사람이 여행을 많이 했을 것이라며, 그렇게 생각하는 이유로 "그가 완전히 프랑스인이나 이탈리아인 같아"(he doth seem to be / Perfect French, and Italian; 102-3)라고 대답한다. 그러나 아이러니한 것은 정작 그는 프랑스어나 이탈리아어를 전혀 이해하지 못하는 인물이라는 사실이다. 친구의 이러한 어리석은 말에 화자는 "매독도 그렇지"(So is the pox; 104)라고 쏘아붙인다. "pox"는 모든 성병을 뜻하는 막연한 용어였으나 특히 매독을 지칭하는 것으로, 던이 살던 시대에는 매우 치명적인 병이었으며 종종 프랑스 병 혹은 스페인 병이라고 불렸다고 한다. 이를 통해 던은 당대에 외국을 자주 왕래하던 지체 높은 궁정인들의 성적 타락상을 꼬집고 있는 것이다. 이 부분에서 우리는 풍자의 초점이 경박한 화자의 친구에 맞춰져 있다는 생각에 조정을 가하게 된다. 즉 이 시가 풍자하고자 하는 바는 좀 더 구체적으로 물질적인 탐욕과 성적 욕망과 같은 이기적인 충동 같은 것이며, 그 중심에는 궁정이 자리 잡고 있다는 사실이다.

화자를 유혹해 번잡한 거리로 같이 외출을 나선 부도덕하고 위선적이며 경박한 친구는 시의 마지막 부분에서 결국 창 너머에 있는 연인을 만나자 마침내 자신의 쾌락을 좇기 위해 "증발하는 가벼운 이슬처럼" 화자에게서 떠나버린다.

> 마침내 창 안에 있는 그의 사랑을 보고서
> 증발하는 가벼운 이슬처럼 그는 나로부터 달아나
> 격렬히 마음껏 자신의 욕정을 채우네.
>
> At last his love he in a window spies,
> And like light dew exhaled, he flings from me
> Violently ravished to his lechery. (106-8)

그러나 거기에는 "이미 많은 남자들이 있었고 그는 그녀를 마음대로 할 수 없었다"(Many were there, he could command no more; 109). 그리하여 친구는 부정한 애인을 두고 결투를 벌이고 피를 흘리게 된다. 그리고는 거기서 나와 "곧장 나에게 와 고개 숙여 참회하네 / 그리고 잠시 변함없이 몸져 누워 있어야 했네"(Directly came to me hanging the head, / And constantly a while must keep his bed; 111-12)라는 구절로 시가 끝남으로써, 다시 화자에게로 돌아와 수치심을 느끼며 자신의 잘못을 뉘우치는 모습을 보여주고 있다.

이 시 전체를 통해서 화자가 신랄하게 풍자하고 있는 것은 물론 천박한 친구의 행동이다. 이는 동시에 인간이 보편적으로 가지고 있는 물질적인 탐욕과 정욕, 즉 궁정에서 출세하는 것이나 성적 만족을 취하는 것과 같은 이기적인 추구에 대한 풍자라고 볼 수 있을 것이다(Nutt 40). 던의 풍자시는 부패한 사회와 시대에 대한 분노와 함께, 어떤 면에서는 그러한 사회와 가치에 매력도 함께 느끼는 서로 상반된 충동을 생생하게 그리고 있다. 「풍자시 1」도 내성적이고 덕망 있는 학자인 화자와 야심에 차 있고 희극적으로 알랑대면서 출세를 지향하는 지조 없는 그의 친구를 통해 시인 자신의 서로 상충되고 상반된 속성을 보여주고 있는 듯하다(Guibbory 1993, 131). 다시 말해서 풍자의 대상이 되고 있는 천박한 친구는 화자 자신의 분열된 자아(divided personality)이거나 페르소나(persona)라고 볼 수 있으며, 나아가 겉으로 드러난 이면에 숨겨져 있는 시인 자신과 모든 인간의 본성일 수도 있을 것이다. 화자는 책을 벗 삼아 집에 머물러 있으려는 욕망과 친구를 따라 시내로 나가고 싶은 욕망 사이에서 몸부림치며 갈등하다가 결국 양심의 명령을 어기고 친구를 따라가게 된다. 이때 "하지만 내 양심을 어기고 지었던 죄를 / 어떻게 용서받을 수 있을까?"(But how shall I be pardoned my offence / That thus have sinned against my conscience?; 65-66)라며 그가 심하게 자책하는 모습을 통해서, 타락한 세상으로부터 떨어져서 머무는 것이 얼마나 어려운 일인가를 보여주고 있다.

젊은 시절 던은 궁정의 요직을 얻기 위해 무진 애썼으며, 마침내 제임스 1세 때 성공하게 된다. 그러나 그러기까지 처음에는 자신의 종교 때문에, 그 이후에는 앤 모어(Anne More)와의 분별없는 비밀 결혼으로 인해 젊음의 시간을 허비하면서 몸부림치고 좌절당하는 아픔을 겪어야 했다. 「풍자시 1」에는 세속적인 출세에 대한 시인 자신의 욕망과 갈등이 담겨 있으며, 특히 시에 많이 나타나는 궁정과 궁정인에 대한 비판과 풍자에는 자신의 야망이 쉽게 성취될 수 없음에 대한 불만이 드러나 있다고 할 수 있을 것이다.

당시 영국의 타락한 법관과 법률제도를 비판하고 공격하고 있는 「풍자시 2」("Satire 2")는 파렴치한 법관이 되어 개인의 치부를 위하여 법을 악의적으로 이용하는 한 나쁜 시인을 풍자의 대상으로 삼고 있다. 1594년경 창작된 이 시는 변호사가 쓴 것으로 추정되는 저자 미상의 소네트 연작인 『제퍼리아』(*Zepheria*)가 출판되자, 이에 응답하는 형식으로 되어 있다. 여러 가지 정황으로 볼 때 「풍자시 2」의 창작 시기는 대략 자신의 남동생 헨리가 가톨릭 신부를 숨겨 준 죄로 뉴게이트 감옥에 갇혀 있다가 역병으로 죽은 1593년 이후에서 던이 에거튼 경의 비서가 되는 1597년경 이전 정도로 생각된다.

시인이면서 변호사인 코스커스(Coscus)의 악에 대해 언급하면서 그에 대한 "미움"(hate)을 토로함으로써 시는 시작된다. 형편없는 시인과 나쁜 변호사는 로마 풍자시에서부터 흔히 다뤄진 주제이지만, 코스커스와 같은 한 인물 속에 이 두 자질이 결합되어 풍자되는 예는 거의 없었다(Lein 133). 화자는 그가 변호사로서 저지르는 죄악에 비하면 나머지 죄는 단지 "연민"(pity)을 불러일으킬 정도이며, 형편없는 시를 써서 먹고 사는 시인으로서 그가 끼치는 해악은 "가난하고 무력한 가톨릭교도처럼 미워할 가치조차 없다"(poor, disarmed, like papists, not worth hate; 10)라고 말한다. 계속해서 화자는 시로써 여성의 사랑을 얻으려는 것은 마치 마법의 주문으로 사람을 해하고 두려움을 주려는 것같이 낡은 생각이라고 하면서, "(거지처럼) 다른 사람의 재치의 열매를 / 씹어 먹고는, 그의 게걸스러운 밥통에서 / 천하게 소화하여, 그것을 자신의 것인 양 토해내는 자가 / 가장 나쁘다"(he is worst, who (beggarly) doth chaw / Others' wits' fruits, and in his ravenous maw / Rankly digested, doth those things out spew, / As his own things; 25-28)라며 표절을 일삼는 형편없는 시인들을 공격하고 있다. 시인이라고 할 수도 없을 정도였던 코스커스는 막상 변호사가 되자 그 직함을 가는 곳마다 그물이나 덫처럼 던지는가 하면, 법정에서 쓰는 말을 구사하여 자신을 과시함으로써 여성들의 환심을 사서 그들을 유혹하려고 한다. 이러한 그를 가리켜 화자는 "단지 돈을 벌려고 / 법을 선택한 이는, 뻔뻔스러운 자여, / 창녀촌의 매춘부보다 못한 인간이라고 생각한다"(men which choose / Law practice for mere gain, bold soul, repute / Worse than embrothelled strumpets prostitute; 62-64)라며 신랄하게 공격한다. 던은 코스커스가 변호사로서 사기를 치며 저지르는 악행에 비하면 코스커스가 이전에 시인으로서 자행한 표절 따위는 아무렇지도 않은 죄라는 어투로 말하고 있는 것이다.

또한 소송인에게나 판사에게도 뻔뻔스럽게 거짓말을 일삼음으로써 부를 축적하고 남의 땅을 착복하는 코스커스에 비하면 "서출이 왕위를 요구하는 것도, / 성직자들 사이에 만연하는 성직 매매와 남색도, / 그가 저지르는 이런 짓들만큼 많지 않다"(Bastardy abounds not in kings' titles, nor / Simony and sodomy in churchmen's lives, / As these things do in him; 74-76)며 그를 비판하고 있다. 그러면서 타락하고 부패한 당대의 정치와 종교계에 대해서도 일침을 가하고 있다. 던은 사치와 향락으로 재산을 탕진하는 상속자의 유산을 노리면서 그가 죽기를 바라며 몰래 지켜보는 코스커스를 "사탄도 그처럼 그들의 죄를 즐기지 않을 것이나"(Satan will not joy at their sins, as he; 80)라며 사탄보다 더 사악한 인물로 묘사하고 있다. 교만과 매춘, 간음, 나태, 위선 그리고 성직 매매와 사기와 같은 온갖 죄와 관련된 인물인 코스커스는 "그의 땅만큼 큰 양피지에 / 토지양도증서를 주해가 달린 민법만큼 두껍게 쓴다"(In parchments then, large as his fields, he draws / Assurances, big, as glossed civil laws; 87-88). 왜냐하면 그가 직접 작성하지 않고 대가를 지불하지도 않는 전문 대서인을 쓰기에 "길이를 아끼지 않는"(spares no length; 92) 것이며, 도저히 읽을 수 없을 정도로 서류를 길게 만드는 것이 법적으로 유리하다는 것을 알기 때문이다. 변호사인 코스커스가 토지양도증서를 긴 문서로 작성하는 것을 마치 루터(Martin Luther)가 로마가톨릭의 의식을 떠나 프로테스탄트가 된 후에 이전 수사로 있을 때보다 주기도(Lord's Prayer)를 길게 만든 사실에 비유한다.

마치 루터가 서품식 때 서원한
초기에는 수사로서 매일 묵주로 기도하므로
짧은 주기도를 원했으나, 사제직을 떠나자
주기도에 권세와 영광이라는 구절을 덧붙인 것처럼.

as in those first days

When Luther was professed, he did desire
Short *Pater nosters,* saying as a friar
Each day his beads, but having left those laws,
Adds to Christ's prayer, the power and glory clause. (92–96)

주기도문을 수정한 종교개혁가 루터를 비판한 위의 구절은 앞서 가톨릭교도를 "가난하고 무력"하여 "미워할 가치조차 없다"라고 한 말과 함께 미루어 생각해 보면, 던이 이 시를 쓸 당시에 가톨릭에 대해서는 동정적이고 프로테스탄트에 대해서는 비판적인 입장을 취하고 있었음을 짐작할 수 있다(Lein 145). 던은 또한 술수에 능한 변호사 코스커스가 문서에서 결정적으로 중요한 구절을 빼버리는 것을 마치 신학자들이 자신들의 주장을 뒷받침해 주는 성경 텍스트만 인용하고 그렇지 않은 구절은 빼버리는 것에 빗대고 있다.

그러나 땅을 팔거나 바꿀 때 그는
그의 글을 줄이고, (남이 안 볼 때) 상속자의 이름을 빼버린다.
마치 주석가들이 난해한 구절이나 의미를
교묘히 비껴가듯이. 혹은 신학 논쟁자들이
정전으로 인용한 텍스트에서 의심의 여지를 없애기 위해
논쟁의 여지가 있는 단어들을 생략해 버리는 것처럼.

But when he sells or changes land, he impairs
His writings, and (unwatched) leaves out, *ses heires,*
As slily as any commenter goes by
Hard words, or sense; or in Divinity

As controverters, in vouched texts, leave out
Shrewd words, which might against them clear the doubt.
(97–102)

던의 어조는 사법계와 비교해 볼 때 종교계의 타락도 그에 못지않을 뿐 아니라, 그보다 더 심하다고 말하는 것같이 들린다.

저 사들인 땅을 이전에 덮고 있던 그 나무들은
어디로 갔을까? 건물이 세워진 것도 없고 집안에서 태워진 적도 없으니.
옛 집주인의 사람들과 가난한 사람들에게 나눠 주던 보시(布施)는 어디로 갔나?
대저택에서 먹게 되는 단식하늣 박한 음식과 천박하세 흥청거리는 술잔치를
난 똑같이 싫어한다. 중용이 축복을 불러오지. 부잣집에서
나는 동물들을 잡도록 명하지만, 그렇다고 막무가내로 죽이는 것은 아니다.
아무도 굶어죽지 않고, 폭식하지도 않을지니. 그러나 아, 우리는
선행을 훌륭하다고 인정은 하지만, 이제는
늙고 부유한 이들의 옷장처럼 낡았다네. 허나 어느 누구도 내 말이
거대한 성문법에 저촉된다고 말하지는 못해.

Where are those spread woods which clothed heretofore
Those bought lands? not built, nor burnt within door.
Where's th' old landlord's troops, and alms? In great halls
Carthusian fasts, and fulsome bacchanals

Equally I hate; means bless; in rich men's homes
I bid kill some beasts, but no hecatombs,
None starve, none surfeit so; but oh we allow,
Good works as good, but out of fashion now,
Like old rich wardrobes; but my words none draws
Within the vast reach of the huge statute laws. (103–12)

화자는 분개한 어조로 "저 사들인 땅을 이전에 덮고 있던 그 나무들은 / 어디로 갔을까? 건물이 세워진 것도 없고 집안에서 태워진 적도 없으니"라며 풍경마저도 파괴적인 퇴락의 과정을 겪고 있음을 한탄하고 있다. 레인(Clayton Lein)은 "사들인 땅"이 코스커스가 착복한 귀족이나 수도원 소유의 영지를 지칭하며, 이는 귀족 계급이 새로운 중상주의의 먹이로 전락하는 상황을 보여준다고 주장한다(136-37). 시의 결말 부분에서 시인은 사라져 버린 숲과 함께 유행이 지나가 버린 옷에 대한 언급을 통해 고의적인 파괴로 인하여 이제는 잃어버린 아름다움에 대한 안타까움을 토로하고 있다. 선행과 같이 과거에 높이 평가했던 가치에 대해서 옷과 유행의 이미지를 사용하여 "훌륭하다고 인정은 하지만, 이제는 / 늙고 부유한 이들의 옷장처럼 낡았다"고 새로운 평가를 내리고 있다. 옛날의 화려한 옷처럼 그 자체는 비록 훌륭하고 아름답고 우아하다고 할지라도, 변덕스럽게 유행은 변해 버렸음을 말하고 있는 것이다. 아무리 화려한 시절도 세월이 흐름에 따라 쇠퇴되기 마련이라는 사실을 상기시키는 구절이다(Lein 135-36). 화자는 시의 마지막 두 행에서 "허나 어느 누구도 내 말이 / 거대한 성문법에 저촉된다고 말하지는 못해"라고 말함으로써 이 시에서 풍자하려는 주 대상이 법이라는 사실을 밝히고 있다. 그와 동시에 던이 변호사와 사법계의 부패와 타락상을 공격하고 있는 자신의 풍자시로 인해 법에 의해 고소를 당하지나 않을까 하는 두려움을 느끼고 있음을 엿보게 한다.

당대의 사회와 궁정에 대하여 비판하고 풍자하는 다른 풍자시와 대조적으로, 「풍자시 3」("Satire 3")은 종교에 관한 시로서 던이 어린 시절부터 믿던 신앙에 대해 회의하고 갈등하던 시기에 대한 기록으로 읽을 수 있다. 지금까지 많은 비평가들은 역사적 던과 풍자 시인으로서의 던을 동일선상에 두고, 이 시를 던이 영국 성공회로 개종할 당시의 갈등을 담은 시로 간주하고 있다. 그러나 던이 언제 정확히 개종을 결심하였으며 이 시를 언제 썼는지에 대해서는 학자들 간에 의견이 분분하고 분명하지 않기 때문에 「풍자시 3」을 이처럼 던의 전기적인 사실과 너무 연관 지어 생각하는 데에는 무리가 있다. 그리고 이 시는 시인 자신의 종교적 믿음에 관해서나 제도권 교회와의 관계에 대해서도 구체적으로 이야기하지 않는다. 단지 진리가 있다는 사실과, 그 진리에 도달할 수 있다는 것과, 그 진리는 기독교 신앙에 뿌리를 두고 있다는 사실을 분명히 하고 있을 따름이다. 「풍자시 3」에 대한 최근의 연구들도 이 시가 자신의 개종과 관련하여 시인의 종교적 믿음에 대한 깊은 성찰의 결과이며, 17세기 당시의 종교적·정치적 논의에 대한 시인의 반응이라고 보고 있다. 이처럼 「풍자시 3」은 전기적인 사실이나 창작시기에 얽매이지 않고, 17세기 당시의 종교적·정치적 사상을 구성하고 있는 폭넓은 이데올로기의 갈등에 대한 시인의 생각을 담고 있다는 시각에서 접근하는 것이 가장 적절할 것이다.

이 시는 공적인 사회에 대한 시인의 복잡한 감정을 드러내고 있는데, 어느 교회가 참된 교회이며 어느 길이 구원으로 이끄는가에 대한 결론을 제시하기보다는 참된 교회를 찾는 개인의 여정을 치열하게 보여주고 있다고 하겠다. 성경에 기록된 것처럼 그리스도의 신부와 같은 참된 교회를 찾아보기 힘들다는 사실을 통해 로마가톨릭을 믿는 집안에서 성장한 시인이 가톨릭을 박해하는 프로테스탄트 사회에서 느낀 불안과 소외감을 엿볼 수 있다.

> 친절한 연민이 슬픔에 잠긴 내 목을 메게 하고
> 대담한 조소는 내 눈꺼풀을 붓게 하는 눈물이 흐르지 못하게 하네.
> 나는 웃어서도, 죄에 대해 울어서도 안 되고 지혜로워야지.
> 이 오랜 질병을 꾸짖어 고칠 수 있을까?
> 우리의 연인인 훌륭한 종교는
> 초기 암흑시대에 있어서의 미덕과 같이
> 우리의 온 영혼을 다 바칠 만한 가치가 있지 않은가?
>
> Kind pity chokes my spleen; brave scorn forbids
> Those tears to issue which swell my eye-lids,
> I must not laugh, nor weep sins, and be wise,
> Can railing then cure these worn maladies?
> Is not our mistress fair religion,
> As worthy of all our souls' devotion,
> As virtue was to the first blinded age? (1-7)

이상하게 시작하는 이 시의 서두에서 시인은 울 수도, 웃을 수도 없는 깊은 좌절감과 심적인 고통을 토로하고 있다. 이러한 감정은 자신과 같은 젊은이들이 섹스나 언쟁이나 모험과 같은 하찮은 일에 정력을 허비하고 있는 사실에서 느끼는 분노라고 할 수 있다(Carey 12). 죄인에게는 "친절한 연민"을 느끼지만 죄에 대해서는 "대담한 조소"로 경멸할 수밖에 없는, 서로 상충하는 자신의 감정이 절묘하게 묘사되고 있는 것이다. 첫 행의 거친 음의 자음 "Kind"와 "chokes", "scorn" 그리고 "spleen" 뒤의 갑작스러운 휴지부, 이 모두는 화자의 분노를 효과적으로 표현하고 있다고 하겠다(Nutt 117). 여기에 사용된 "spleen"이라는 단어는 원래 비장을 뜻하는 의학 용어이지만, 울화나 울분 등의 심리적인 질병과 생리적인 현상 모두를 두루 지칭할 수 있는 말이다(Strier 287). 따라서 화자는 "오랜 질병"으로 표현된 자신을 둘러싼 세상의 해묵은 죄악으로 인해 정신적으로나 육체적으로 심한 고통과 슬픔을 느끼고 있음을 알 수 있다.

이어서 그는 "이 오랜 질병을 꾸짖어 고칠 수 있을까"라며 당대의 사회악에 대해 단지 욕하고 비난함으로써 문제를 해결할 수 있다는 데 대해 의문을 제기하고 있다. 만약 단순히 비판함으로써 사회의 죄악과 문제를 고칠 수 있다고 믿는다면, 던의 시가 이처럼 복잡하고 애매한 양상을 띠지 않을 것이기 때문이다. 풍자 시인으로서 잘못된 것을 지적하지 않을 수 없지만, 이를 고칠 가능성이 없다는 사실에서 느끼는 깊은 좌절감이 표현되고 있다(Guibbory 1993, 131). 시의 화자는 또한 "우리의 연인인 훌륭한 종교는 … 우리의 온 영혼을 다 바칠 만한 가치가 있지 않은가"라고 물음으로써, 세상이 세속적인 것을 따라가느라 진리를 추구하는 일은 등한시하고 있음을 비판하고 있다.

던은 자신이 신봉하는 종교적 믿음이나 이데올로기를 독자들에게 제시하고 있지는 않다. 다음 시행이 보여주듯이 고대 철학자들이 자신들의 신념이 믿음으로 인정받아 천국에서 자신의 아버지를 만나게 되고, 정작 자신의 영혼은 아버지의 자상한 가르침에도 불구하고 저주받아 지옥에 떨어질 수도 있다는 생각이 화자를 매우 당혹스럽게 하고 있다.

또한 그대 부친의 영혼이 천국에서
엄격한 삶을 살았기에 신앙으로 인정될지도 모르는
눈먼 철학자들을 만나, 그대가 지옥에 빠졌다는 소식
들을 것인가, 따르기 쉽고도 가까운 방식들을
그대에게 가르쳐 주었음에도? 만일 그대가 두려워한다면, 이것을
두려워하라.
이 두려움은 위대한 용기이고, 용맹이니까.

and shall thy father's spirit
Meet blind philosophers in heaven, whose merit
Of strict life may be imputed faith, and hear
Thee, whom he taught so easy ways and near
To follow, damned? O if thou dar'st, fear this;
This fear great courage, and high valour is. (11–16)

이 구절은 화자가 선친의 종교를 무시하고 다른 종교를 선택하는 데 따르는 도덕적·신앙적 갈등이나 고뇌와 함께, 그럴 경우 혹시 그리스도가 세상에 오기 전에 착하게 살았던 이교도보다 못한 신세가 될지도 모른다는 우려와 불안감을 드러내 보이고 있다. 던은 자기 아버지와 가족이 대대로 이어오고 있는 믿음과 유산을 배반하고 있을 뿐만 아니라, 이러한 배신이 진리를 추구하는 데 꼭 필요한 자질임을 강조하는 시를 여러 편 남기고 있다(Docherty 125-26). 15행의 휴지부와 이어지는 "fear this; / This fear"라는 반복된 구절은 참된 종교를 찾기 위해 필요한 진정한 용기를 갖도록 독려하는 영적인 부름을 강한 어조로 재치 있게 표현하고 있다고 하겠다. 이 극적인 갈등의 순간에 용기를 강조하고 있는 것은 각 개인이 자신의 이성적 판단에 기초하여 나름대로의 진리를 추구하는

것이 얼마나 중요한지를 역설하고 있는 것으로 해석된다. 아울러 진정으로 용기 있는 자는 끔찍스러운 파멸이나 저주에 대한 두려움을 감수하고(15-16행), 뒤에 열거하고 있는 악마와 세상과 육체와 같은 신의 "적들"(foes)에 맞서서 싸울 수도 있어야 한다는 사실(33-42행)을 말하고 있는 것이다.

자신의 욕망에 의해서만 움직이는 던 시대의 모험가들은 세속적인 이익을 얻기 위해 스페인 정복자들에 맞서서 "불온한 네덜란드인을 돕기"(aid mutinous Dutch; 17) 위해 원정을 가는 것도 마다하지 않았다. 이들은 또한 "나무로 만든 묘소"(wooden sepulchres; 18) 같은 배를 타거나 "바다와 땅의 지하 감옥에 뛰어들고"(dive seas, and dungeons of the earth; 20), "얼어붙은 북쪽 땅"(frozen north; 22)까지도 서슴없이 탐험하며 추위나 극심한 신체적 고난도 감수했다고 말한다. 뿐만 아니라 그들은 금으로 만든 우상에게 절하지 않는다는 이유로 느부갓네살(Nebuchadnezzar)왕에 의해 타는 풀무불 속으로 던져진 "경건한 신의 자녀들"(divine / Children; 23-24)인 다니엘서의 사드락과 메삭과 아벳느고(Daniel 3. 11-30)나, "적도"(the line; 24)로 탐험하는 자들이 겪은 열기까지도 견딘다고 한다. 황금으로 만든 우상 섬기기를 거부하다가 불속에 던져진 이들과 황금을 숭배하며 이를 얻기 위해 적도의 불길로 뛰어드는 탐험가들이 묘한 대조를 이루고 있음을 볼 수 있다(Hester, Satire 43). 시의 화자는 이 모든 세속적인 모험에 필요한 용기보다는 진리를 추구하다가 저주받을 두려움까지 감내하는 것이 훨씬 더 큰 용기임을 말하고 있는 것이다.

화자는 이러한 무모한 용기를 진정한 용기와 대조가 되는 "보잘것없는 용기"(courage of straw; 28)라고 말하면서, 단지 금전적인 "이익을 위해 고난을 견딜 수 있겠는가?"(Canst thou for gain bear; 26)라고 묻고 있다. 세속적인 것을 좇아 참된 종교와 진리를 모색하는 일을 소홀히 하는 자를 "무모한 겁쟁이"(desperate coward; 29)라고 꾸짖으며, 성급한 태도로 덤벼드는 것이나 비겁하게 몸을 사리는 태도를 모두 경계하고 있는 것이다. 이들은 세속적인 이익을 얻기 위한 "금지된 전쟁"(forbidden wars; 32)에서는 저돌적으로 덤벼들기 때문에 용감한 것같이 보이지만, 기독교인들이 그리스도의 군사로서 도덕적·신앙적 싸움을 행해야 할 "정해진 전쟁터"(th'appointed field; 32)에서의 영적인 전투는 두려워하여 피해 버리는 자들이다. 이는 "신의 세상 수비대에서 보초를 선 병사"(stand / Sentinel in his [God's] world's garrison; 30-31)로 묘사되는 진정으로 용기 있는 자와 대조를 이루고 있다(Scodel 2002, 24-25).

시의 중반에서 화자는 참된 종교를 찾는 것을 참된 아내를 찾아 나서는 것에 비유하면서, 무분별하게 옛 것이나 새 것을 좋아하거나, 신앙의 선조나 대부들이 말해 주는 것을 그대로 받아들이거나, 어느 쪽도 선택하기를 포기하고 무관심하게 되는 당시의 세태를 풍자하고 있다(Carey 12). 우리는 여기서 던이 「풍자시 3」에서 지나침과 부족함 사이의 중도(the mean, the middle way)라는 윤리적 미덕에 대한 그 시대의 생각과는 다른, 새로운 시각을 밝히고 있다는 스코들(Joshua Scodel)의 주장에 주목할 필요가 있다. 그에 따르면 던 시대의 많은 성직자와 정치가들은 영국 교회가 가톨릭과 급진적인 프로테스탄트 사이의 중도적 입장에 서야 마땅하다는 입장을 취했다고 한다. 그러나 겉으로 보기에는 바람직하고 균형 잡힌 듯한 이러한 태도가 사실은 당대의 종교적·사회정치적 구도를 정당화하기 위한 방편이었음을 그는 지적하면서, 던이 「풍자시 3」에서 중도라는 개념을 각 개인이 진리를 모색하고 지켜 나가기 위해 이들이 행사해야 할 독립과 자유를 장려하기 위해 사용하고 있음을 밝히고 있다

(Scodel 2002, 21-47).

다음 부분은 던이 시를 쓰던 당시 자신의 야망과 물려받은 신앙 사이에서 생기는 갈등을 해결하기 위해 필사적으로 몸부림치는 신앙의 위기를 겪고 있었음을 보여주면서, "현명하게 의심"하며 "잠자거나 그릇된 길로 달려"가지 않고 치열하게 참된 종교를 모색하는 구도자의 자세가 필요하다는 점을 강조한다. 그러나 참된 종교를 모색하는 자의 상황이 매우 회의적이라는 느낌이 「풍자시 3」 전반에 깔려 있음이 이 구절에서 분명하게 드러나 있다. 화자는 모든 종파와 교파가 갖고 있는 독단주의와 잔인함, 광신적인 믿음, 비겁함과 맹목성 등에 대한 깊은 불신감을 토로하고 있는 것이다(Carey 222).

> 우상을 숭배하거나 경멸하고 항의하는 것,
> 이 모두가 나쁠 수 있다. 현명하게 의심하라, 낯선 길에선
> 바른 방향을 물으며 서 있는 것이 길을 잃지 않는 방법,
> 잠자거나 잘못된 길로 달려가는 것은 길을 잃는 것.
>
> To adore, or scorn an image, or protest,
> May all be bad; doubt wisely, in strange way
> To stand inquiring right, is not to stray;
> To sleep, or run wrong is. (76-79)

"우상을 숭배"한다는 것은 성모와 천사와 성인들을 섬기는 로마가톨릭 신자가 되는 것을 말하며, 우상을 "경멸"한다는 것은 성상을 세우고 받드는 것을 우상숭배로 간주하여 가톨릭을 반대하는 입장에 서는 것을, 그리고 "항의하는 것"은 프로테스탄트가 되라는 것을 의미한다. 이

는 성상에 대한 주요 교회들의 견해, 즉 가톨릭의 숭배와, 칼뱅주의자와 급진적인 스위스 개혁주의자들의 성상파괴주의(iconoclasm), 그리고 루터파와 엘리자베스 시대 영국 교회가 취한 중도적 입장 모두가 잘못된 것일 수 있음을 말하고 있는 것이다. 던의 시와 생애는 17세기 초 영국과 유럽의 종교적인 상황에 대해 많은 것을 알려 줌과 동시에, 이들 사이에서 균형을 잡는 일이 얼마나 어려운가를 이야기하고 있다(Parfitt 51). 화자는 진리는 단순하지도 않고 손쉽게 얻어지는 것도 아니기 때문에 어느 하나의 입장만이 옳다고 쉽게 단정을 내리는 것 자체가 위험하고 나쁠 수 있다는 점을 지적한다. 이것저것을 따지거나 현명하게 의심해 보지 않고 "잠자거나 잘못된 길로 달려가는 것"은 무관심하거나 무비판적으로 별 생각 없이 그릇된 길을 택하는 것이기에 이를 헤매고 방황하는 것이라고 말하고 있는 것이다. 그러기에 화자는 지금까지 믿어 온 그릇된 확신에 의문을 제기하고, 기성 교회의 억압적인 신앙에 대한 요구나 도덕률 등에 맞설 것을 요구하고 있는 것으로 보인다(Gross 397-98). 어쩌면 그는 혼란스럽고 타락한 세상에서 유일하게 도달할 수 있는 목표는 탐색의 목적이나 결과라기보다는 치열하게 탐구하는 행위 그 자체라는 사실에 대한 인식을 제시하고 있는지도 모른다.

화자는 확실한 진리를 발견하는 것이 절박한 반면 그만큼 힘들기도 하다는 데서 회의를 느끼면서도, 단순히 절망감에 사로잡히는 자세에 대해서는 통렬히 풍자하며 경계하고 있다. 그가 권하고 있는 것처럼 모든 독단적인 주장에 대해 적극적으로 의심을 품는 태도와 프리기우스의 회의적인 자세 사이에는 큰 차이가 있음에 주목해야 한다(Scodel 1993, 495). 화자는 참된 종교를 모색하는 구도자의 길이 얼마나 어려운가 하는 것을 노동하듯이 힘든 리듬을 사용한 다음 구절로 여실히 말해 주고 있다.

울퉁불퉁하고 깎아지른
거대한 바위산 위에 진리는 서 있으니, 그녀에게
다가가려는 자는 돌아서, 또 돌아서 가야 한다.
그래서 산이 갑자기 나타나 오르는 것을 막더라도 극복해야 한다.
그러나 더욱 노력하라, 그대 영혼이 쉬게 될 죽음의 황혼, 노년이
오기 전에,
그 밤에는 누구도 일할 수 없으니.

On a huge hill,
Cragged, and steep, Truth stands, and he that will
Reach her, about must, and about must go;
And what the hill's suddenness resists, win so;
Yet strive so, that before age, death's twilight,
Thy soul rest, for none can work in that night, (79-84)

강세가 연달아 오는 "Truth stands"라는 구절 앞뒤로 짧은 구절이 번갈아 옴으로써 진리가 있는 높은 산으로 오르는 길이 숨 가쁘게 힘들고 꼬불꼬불하다는 사실을 암시하고 있다. 이러한 느낌은 "Reach her"와 "about must," 그리고 "and about must go"와 같이 고르지 않고 힘들게 읽히는 구절이 반복해서 이어짐으로써 한층 강화된다. 돌고 돌아서 끝없이 이어지는 진리에 이르는 길을 가다가 갑자기 수직으로 깎아지른 듯한 산과 마주치게 됨을 묘사하는 "And what the hill's suddenness resists, win so"라는 구절은 앞의 나선형의 움직임과 함께 조금씩 수직으로 오르는 구도자의 움직임을 절묘하게 형상화하고 있다(Hester, Satire 48).

시의 화자는 거대하고 힘든 산과 같은 진리는 결단력 있고 용감한 자들만이 접근할 수 있다고 하면서, "그러므로 지금 하라"(therefore now do;

85)라고 촉구한다. 이처럼 던의 시에서는 사랑과 죽음과 시에 대한 개인적인 경험의 탐구가 주된 관심사로 다뤄지는데, 여기에 위트와 논리, 애매한 표현 등이 모두 이바지하고 있다. 시의 화자는 참된 종교를 찾아가는, 힘들지만 꼭 필요한 과정을 강조하고 있다. 인간은 평생 산 정상에 있는 진리에 도달하지 못하고 돌고 돌다가 중턱에 머물고 말지도 모른다는 회의론적 시각이 시에 지배적으로 깔려 있다. 그럼에도 불구하고 그는 "육체의 수고로 힘든 업적을 이루듯이 정신의 노력으로 / 어려운 지식도 얻게 된다"(Hard deeds, the body's pains; hard knowledge too / The mind's endeavours reach; 86-87)며, 부단히 애쓰며 앞으로 나아가야 한다는 사실을 강조하고 있다. 비록 던은 종교와 종교적 진리에 대해 말하고 있지만, 발견과 과정과 경험의 중요성은 그의 시 전반에 흐르고 있는 관심사다. 그가 자기 시대의 부패상을 해부하든지, 다양하고 복잡한 사랑을 탐구하든지, 죄와 은총과 구원에 대해 명상하든지 간에, 던은 자신의 경험에서 생겨나고 그 경험에 알맞은 진리를 추구하고 있다고 하겠다. 물론 그의 시에는 사회 제도와 전통에 대한 회의적인 시각이 드러나 있지만, 개인은 자기 혼자 힘으로 진리를 추구해야 한다는 확신과 함께 이를 추구하는 행위 자체와 과정을 강조하고 있음을 보여주고 있는 것이다(Guibbory 1993, 128-29).

"그대가 찾은 진리를 지키라"(Keep the truth which thou hast found; 89)며 시작되는 시의 결말 부분은 이상하게도 종교에서 정치로 초점을 옮겨가고 있다. 그러나 던이 살던 시기에는 종교와 정치가 밀접하게 연결되어 있었다는 사실을 고려할 때, 시인이 종교적 믿음을 영적인 것으로만이 아니라 사회적·정치적·경제적인 요인들과 불가피하게 서로 얽혀 있는 것으로 파악한 것으로 볼 수 있을 것이다. 시의 정치적 화자는 계속해서 진리를 추구하고자 하는 욕망을 견지하고 있으나 이를 인간과 왕과 권력 그 자체와 대치되는 것으로 설정해 놓고 있다. 그는 진리를 고수할 것을 촉구하면서 하나님은 왕들이 마음대로 사람을 죽일 수 있는 특권을 부여하지 않을 것이며, 왕은 운명의 역할을 수행하는 것이 아니라 단지 신의 명령을 차질 없이 수행하는 도구인 "교수형 집행자"(hangman; 92)에 불과함을 역설하고 있다. 이는 진리를 추구하는 고결한 사람이 직면하는 딜레마에 대한 인식을 표현한 것이다. 지상의 권력은 신의 법이 아닌 "인간의 법"(man's laws; 94)으로 진리를 추구하는 자를 재판하지만, 이 세속적인 권력에 순응하는 것은 영적인 죽음을 수반한다는 것이다.

계속해서 시의 화자는 스페인의 필립 2세(Philip II)와, 교황무오설을 주장하며 세상의 권력자들에 대한 권력을 확고히 한 교황 그레고리 7세(Gregory VII)나 그레고리 14세, 영국 국교회의 창시자 헨리 8세(Henry VIII), 그리고 종교개혁가 마르틴 루터(Martin Luther) 등 세속적인 권력이나 교회의 권위를 대표하는 왕과 교황과 개신교와 가톨릭의 종교개혁가들을 열거한다. 그러면서 이들 모두가 신의 눈에는 단지 "마지막 날"(the last day; 95)에 심판을 받아야 하는 인간에 불과하다는 사실을 강조하고 있다(95-99행). 그는 신교와 구교 사이의 갈등을 언급하면서 어느 한쪽이 옳다는 사실을 말하기보다는, 신앙의 갈등을 반영하며 이들 둘 모두를 거부하고 있는 것이다. 그러면서 외부 권력과 권위의 영향을 배제하면서 참된 진리와 종교를 찾기 위해서는 각 개인의 책임과 자율이 얼마나 중요한 것인지를 강조하고 있다. 시인은 개인의 양심과 국가의 법 사이의 갈등을 극화하면서, 개인의 양심에 미치는 국가와 종교의 영향에 문제를 제기하고 있다고 하겠다(Wiggins 41). 이러한 맥락에서 프로테스탄트와 가톨릭, 그리고 세속적인 권력과 종교적인 권력을 포함하여 모든 종류의 권력을 비판하고 있는 「풍자시 3」은 스트라이어의 주장처럼 16세기 유럽에서 가장 급진적인 사상을 구체적으로 표현하고 있는지도 모른다(Strier 283-321).

그러면 인간이 택할 수 있는 최상의 길은 무엇일까? 이에 대해 시는 권력이라는 강물의 상류에 살면서 하나님을 믿는 것이라고 결론짓는다. 이를 통해 우리는 체제에 속하여 안정된 지위를 누리는 한편, 외롭게 참된 종교적 진리를 추구하기를 원한 시인의 분열되고 복합적인 욕망을 읽을 수 있다. 던은 "권력"과 "한계"에 관해 언급하면서 다음과 같이 자연스럽게 '강'의 이미지를 도입하고 있다.

> 그대는 권력의 한계를 알고 정당하게 권력에 복종하겠지.
> 권력은 일단 한계를 넘으면 그 속성과 이름이 바뀐다. 그러니
> 권력에 비굴하게 구는 것은 우상숭배이다.
> 권력은 강물과 같은 것. 거친 강물의 조용한 상류에 사는
> 축복받은 꽃들은 번창하고 잘 자란다.
> 그러나 그 근원을 떠나 폭군과 같은
> 사나운 강물에 자신을 맡기면, 아, 물방앗간과 바위와 숲을 지나
> 떠내려가다가 마침내 거의
> 소진되어 바다에서 사라져 버린다.
> 신이 맡긴 것보다, 신이 위임한 권력이 아닌 인간의 부당한 권력을
> 더 선택한 영혼들은 그렇게 멸망한다.
>
> That thou mayest rightly obey power, her bounds know;
> Those past, her nature, and name is changed; to be
> Then humble to her is idolatry.
> As streams are, power is; those blessed flowers that dwell

At the rough stream's calm head, thrive and prove well,
But having left their roots, and themselves given
to the stream's tyrannous rage, alas are driven
Through mills, and rocks, and woods, and at last, almost
Consumed in going, in the sea are lost:
So perish souls, which more choose men's unjust
Power from God claimed, than God himself to trust. (100–10)

용기가 정도를 지나치면 무모함이 되듯이, 복종도 지나쳐서 비굴하게 행동하면 이는 "우상숭배"라는 죄에 빠지는 것임을 경고하고 있다. 이러한 맥락에서 권력도 도를 넘어 지나치게 되면 그 속성과 이름이 바뀌어 폭군과 같이 된다는 사실을 지적한다. 이 행들은 시인의 초점이 "연인인 훌륭한 종교"(mistress fair religion; 5)에서 정치와 통상의 문제로 옮겨감을 보여주고 있다. 즉 시의 마지막 부분은 종교적인 권력뿐만 아니라 정치적·경제적 권력의 파괴적인 잠재력까지도 경고하고 있는 것이다(Herek 193).

여기서 강물은 군주의 권력을 의미하고 있는 것이 분명하다. 모든 개인은 자연히 권력을 향하여 나아가게 되어 있지만, 이 권력은 폭군과 같고 불가항력적이며 잔인하고 가혹한 속성을 지니고 있음을 이들 시행은 암시하고 있다. "폭군과 같은 / 사나운 강물에 자신을 맡기면"이란 구절은 신앙을 저버리고 세속적인 권력에 복종하는 것을 말한다. 인간은 권력에 대한 이기적인 욕망으로 인해 뿌리째 뽑혀버리고 자신이 마땅히 지켜야 할 자리를 떠나버린다는 것이다. "일단 한계를 넘으면"(Those past) 권력은 인간을 걷잡을 수 없는 파멸로 몰고 갈 수 있다. 그러므로 지상 권력의 궁극적인 근원이 신이라는 사실을 알고 "거친 강물의 조용한 상류에 사는 축복받은 꽃들은 번창하고 잘 자란다"고 시인은 표현하고 있다. 신에게만 복종하는 자들이 "축복"받고, "번창"하고, "잘 자란다"고 말함으로써 시인은 이것이 인간이 선택할 최선의 길임을 암시하고 있다.

시의 화자는 이런 지상 권력의 대표로 앞서 교황과 국왕, 종교개혁가 등을 열거하였지만, 그에게 있어서 참된 종교와 진리를 찾아 나서는 데 직접적으로 가장 장애가 되고 두려운 권력자는 누구였을까? 여기서 우리는 앞에 구체적으로 거론한 권력자는 모두 남성들이지만, "권력"(Power)을 의인화하여 지칭한 대명사는 모두 여성(her)이라는 사실에 주목할 필요가 있다. 이에 대해서 슬로안(Thomas Sloan)은 "한계"를 넘어 "폭군과 같은 사나운 강물"이 되어 "부당한 권력"을 휘두를 수 있는 권력자는 바로 엘리자베스 여왕을 의미하는 것이라고 주장한다(24-25). 이 풍자시가 정확하게 언제 쓰였는지는 알 수 없지만, 물과 같은 속성을 지닌 여성 인물로 그려진 군주의 권력에 대한 불안과 걱정이 표현되고 있는 것으로 미루어 대체로 엘리자베스 여왕이 통치하던 시기의 것으로 분류하고 있다. 귀보리 역시 시의 화자가 자신을 "축복받은 꽃들"과 동일시하고 부정한 군주를 사나운 강물이라고 표현하면서, 마지막 복잡한 시행들을 통해 군주의 권력에 대한 두려움과 함께 그에 대한 저항감을 구체적으로 드러내고 있는 것으로 해석하고 있다(Guibbory 1999, 36). 화자는 지상의 통치자들에 대한 우상숭배와 같은 복종을 거부하고 모든 권력의 근원인 신을 상징하는 조용한 상류에 삶으로써 궁극적인 안전을 찾게 되기를 바라고 있는 것이다.

던은 이 시에서 탐욕과 이기적인 욕망을 풍자하고 있다. 앞서 등장한 종교를 맹목적으로 추구하는 미레우스와 크란츠, 그라이우스, 프리기우스, 그리고 그라쿠스는 모두 구원을 얻기 위한 열망에서가 아니라 이기적인 동기에서 종교를 찾는 자들을 예시하고 있다. 그러나 자기중심적이고 이기적인 동기는 종교의 영역에만 국한된 것이 아니다. 탐욕은 권력과 연관된 악이며, 이 권력은 마치 진리의 산에 있는 빙하가 녹아 내려 강을 이뤄 흐르는 물과 같은 모양을 하고 있다고 말한다. 헤렉(Bryan Herek)은 이 강이 당시 유럽의 심장부를 통과하는 수로와 강들을 지칭한 것으로 보고 있다. 또한 이 강물이 "물방앗간과 바위와 숲을 지나" 흐른다고 특별히 "물방앗간"을 언급한 것은 런던의 경제석 성장과 함께, 경제 성장의 기회가 종종 타락과 부패의 기회로 변모된 사실을 염두에 둔 것이라는 흥미로우면서 나름대로 설득력이 있는 주장을 펴고 있다(Herek 194). 이처럼 「풍자시 3」에서 던은 철학자에서 모험가, 그리고 산으로부터 강에 이르기까지 주제와 관련된 아이러닉한 인유뿐만 아니라 시어의 선택에 있어서도 디의적이고 애매한 표현을 사용하여 시에 유동성을 부여하고 있다. 이는 독자들을 혼란스럽게 하기 위한 것이라기보다는 시가 말하고자 하는 바를 독자들이 보다 깊이 탐구하도록 하기 위한 것으로 보인다. 즉 던은 독자들이 풍자시의 언어를 이해하기 위해 애쓰게 함으로써 진정한 종교를 찾는 데도 그만큼 노력하기를 희망하고 있는 것이다.

「풍자시 1」이 세속적인 성공과 욕망을 좇는 당대의 풍조를 비판하고 있다면, 「풍자시 4」("Satire 4")는 부패한 당시 엘리자베스 궁정과 궁정인들의 타락상을 풍자하며 공격하고 있다. 「풍자시 4」는 던이 아조레스 제도 등 섬 원정에 참가했던 무렵인 1597년 3월에서 7월 사이에 창작된 것으로 추정되는데, 당시 궁정의 부패상이 한 지성인으로 하여금 환멸감을 느끼며 조국을 떠나 위험한 항해를 떠나도록 내몰았던 것으로 보인다. 이 시는 다소 명랑한 분위기가 지배적인 「풍자시 1」에 비해, 엘리자베스 궁정을 포악하고 전제적인 법률제도로 지탱되는 "연옥"(purgatory)이나 "지옥"(hell; 3)과 같이 묘사함으로써 공격의 수위를 높이고 있다. 「풍자시 1」의 내용을 훨씬 어두운 어조로 다시 이야기하는 듯한 「풍자시 4」에서는 거리의 천박함과 경솔함이 불안정하고 온갖 풍문에 시달리는 궁정이라는 정치적 환경으로 대치되고, 별로 바람직하고 달갑지는 않지만 매력적으로 유혹하는 친구는 시인의 귀에 정치적인 독을 부어 넣어 시인으로 하여금 죄책감을 느끼게 만드는 참으로 역겨운 인물로 바뀌고 있다(Patterson, Satirical Writing 120, 124-25).

「풍자시 4」에서 화자는 "장난으로 미사에 참석"(go / To a Mass in jest; 8-9)하는 것처럼 궁정을 방문하는 것 자체에 대해 죄의식을 느끼고 있다(Guilty of my sin of going; 12). 그는 궁정에 거하는 모든 사람들을 쉽게 악에 빠지고, 잘 잊어버리고, 거만하고, 음탕하고, 빚지고, 헛되고, 어리석고, 잘못된 자로 묘사하고 있다(13-16행). 이처럼 던의 풍자시에 등장하는 궁정인은 엘리자베스 시대의 사회에서 가장 혐오스럽고 두렵게 여기는 인물의 특징을 지니고 있다(Bradbury 89). 던은 화자가 궁정에 도착하자 그에게 다가오는 어릿광대 같은 친구의 외모를 나일 강 유역이나 기아나(Guiana)에 사는 이상하게 생긴 족속들보다 더 이상하게 생긴 "물건"(thing; 20) 같고, 입고 있는 의복도 이상하고 조잡한(strange, though coarse; 30) 것으로 묘사하고 있다. 이어서 '말'(tongue)에 대한 펀(pun)이 반복되고 있는데, 시의 나머지 부분은 언어의 오용과 그 폐해를 극화하며 강조하고 있다(Bradbury 96). 이 궁정인은 해외로 여행을 많이 다녀 여러 나라 말을 하는 것 같으나 사실은 어느 하나도 제대로 하지 못하고, 여러 나라 말을 주워섬길 따름이다. 화자는 그가 찬사와 아첨으로 "과부들을 얻을 수 있고, 빚도 갚고 / 사람들로 하여금 반역하는 말을 하게 하고, 음흉한 매춘부를 속일 수도 있다"(In which he can win widows, and pay scores, / Make men speak treason, cozen subtlest whores; 45-46)라며 궁정인의 거짓되고, 반역적이고, 입에 발린 말이 끼치는 부정적인 영향에 대해 꼬집고 있다. 이 궁정인이 자신의 이름을 부르며 다가오자 그는 "주여! / 제가 얼마나 죄를 지었기에 당신의 맹렬한 분노의 매인 / 이 친구가 나를 선택했단 말입니까?"('God! / How have I sinned, that thy wrath's furious rod, / This fellow, chooseth me?'; 49-51)라며 괴로워한다. 궁정을 방문하는 것 자체가 죄라며 앞서 죄의식을 강하게 토로한 바 있는 그는 궁정인과의 고통스러운 만남으로 벌을 받는 것처럼 그려지고 있다. 그러나 화자는 인간을 타락시키는 궁정의 위험한 분위기에 자신이 서서히 젖어들도록 허용하고 있으며, 이 궁정인의 접근을 물리칠 힘도 갖고 있지 않다(Bellette 134).

화자에게 수다스럽게 거짓말을 늘어놓는 허풍장이인 이 궁정인의 됨됨이와 시대 상황이 돈과 여왕과 권위에 고개 숙이는 그의 모습을 통하여 여실히 드러난다. 그는 "언제 여왕이 찡그리거나 웃는지"(When the Queen frowned, or smiled; 99)를 알 정도이며, 누가 고위 관직을 이어받을 것이며, 누가 자신의 땅을 판 돈을 뇌물로 바치고 큰 이권을 챙길 수 있는 특허권을 얻어 내는지도 알고 있다. 그는 모든 관직을 얻는 데 각각 얼마의 돈을 지불해야 하는지 액수를 이야기하고(He names a price for every office paid; 121), 주요 관직 중에는 대대로 세습되는 것도 있다고 말한다(That offices are entailed, and that there are / Perpetuities of them; 123-24). 이처럼 혐오스럽고 타락한 궁정인이 들려주는 궁정을 둘러싼 정치판의 부패상에 대해 언급하던 시인은 "그러자 나 자신이 / 반역자로 몰리지나 않을까 두려움을 느끼면서, / 법령 가운데 하나가 나를 집어삼키기 위해

/ 아가리를 벌리는 것을 본 것 같다"(felt myself then / Becoming traitor, and methought I saw / One of our giant Statutes ope his jaw / To suck me in; 130-33) 며 자신이 느끼는 신변의 위협과 두려움에 대해 말하고 있다. 여기서 말하는 '법령'은 패터슨의 주장처럼 선동적인 출판이나 반역을 다스리기 위하여 1581년에 제정된 법령을 의미할 가능성이 높다(Patterson, Satirical Writing 123). 시의 화자는 궁정인이 중상모략하는 말을 들으며 자신이 반역자가 되는 것 같은 묘한 느낌을 가지면서, 이러한 내용을 다루고 있는 자신의 풍자시로 인해 반역죄로 벌을 받게 되지나 않을까 두려움에 떨고 있는 것이다. 화자는 "궁정이 온통 / 그보다 더 이상한 것들로 가득 찬 것을 보고"(which did see / All the Court filled with more strange things than he; 151-52), 소송을 당할까봐 겁을 먹은 사람이 감옥에서 도망치는 것보다 더 급하게 그곳으로부터 벗어나 집으로 돌아온다.

그러나 집으로 돌아온 그는 마치 지옥을 본 단테(Dante)처럼 "완전한 고독 속에서"(in wholesome solitariness; 155) 무서운 악몽을 꾼다. 그는 마치 궁정에 만연한 질병에 전염이 된 듯하다. 그가 마지못해 들어야 했던 엘리자베스 궁정에 대한 부정적인 광경이 이제 눈앞에 악몽처럼 되풀이되는데, 화자가 꿈에서 본 궁정의 장면이 다음과 같이 묘사된다.

> 열 시가 지났다. 모두 승마학교나
> 벌룬이나 테니스 경기를 하고, 식사나 스튜를 들면서
> 아침을 보내고 난 후, 이제 두 번째를 위해
> 옷을 차려입었다. 그날 여왕을 모시는 궁정의
> 무리 속에서 나의 모습이 보인다, (하나님 저를 용서하소서).
> 그들의 걸친 의상은 마치 이것들을 사려고
> 팔아치운 땅과 같이 신선하고 멋지다.

'Tis ten a-clock and past; all whom the mews,
Balloon, tennis, diet, or the stews,
Had all the morning held, now the second
Time made ready, that day, in flocks, are found
In the Presence, and I, (God pardon me).
As fresh, and sweet their apparels be, as be
The fields they sold to buy them. (175-81)

오전에 궁정에서는 모두들 승마학교에 가거나 핸드볼 비슷한 벌룬(balloon) 경기를 하거나 테니스를 치는 등 운동이나 취미생활을 한다. 그리고 식사나 스튜를 먹는다고 했는데, 이때 "diet"는 국무회의를 의미함과 동시에, 창녀촌에 가기 전에 먹는 성욕을 촉진시키는 음식이나 최근 그곳을 다녀온 후 치료 차원에서 먹는 음식을 뜻한다. "stew" 역시 스튜 요리를 의미함과 동시에 매음굴을 뜻하는 단어이다. 풍자가는 이를 통해 궁정인들이 오전 내내 유흥과 쾌락에 빠져 있음을 꼬집고 있다. 이들은 왕에게 잘 보이고 아첨하기 위해 아주 산뜻하고 멋진 옷을 입고 치장을 하고 있지만, 사실은 분에 넘치는 옷가지를 구입하기 위해 최근에 전답을 팔아야 했으며 살림이 거덜 날 지경에 있다는 사실을 말하고 있다. 풍자가는 비록 꿈속이기는 하지만 이들 부패하고 타락한 무리 속에 자신이 있다는 사실에 엄청난 죄책감을 느끼며 신의 용서를 빈다. 그는 "왜 훌륭한 재사(才士)가 진홍색 가운을 도무지 입지 못하는가?"(Why good wits ne'er wear scarlet gowns; 192)라며 능력 있는 사람이 고위 관직에 오르지 못하는 현실을 개탄한다. 그리고는 그 이유가 "이 남자들은 연설을 위한 재치만 사고 / 여자들은 진홍색으로 물들이는 붉은 화장품을 몽땅 사버리기 때문이다"(these men, men's wits for speeches buy, / And women buy all reds which scarlets dye; 193-94)라고 말한다. 즉 궁정인들은 자신들의 연설문을 멋지게 장식하기 위해서만 재주 있는 사람들을 고용할 뿐이고, 궁정의 여인들은 화장용으로 진홍색 염료를 모두 사버리니, 자기처럼 정말 능력 있는 사람이 진홍색 옷을 입는 것으로 상징되는 출세를 하지 못하기 마련이라며 당시 세태를 풍자하고 있다.

시의 결말에서 화자는 지친 상태로 일곱 가지 치명적인 죄악(seven deadly sins)에 대한 그림이 걸려 있는 큰 방을 지나 햄프턴 궁정(Hampton court)에서 빠져나온다. 이는 궁정이 교만과 탐심, 정욕, 분노, 대식, 시기와 나태 같은 온갖 죄악으로 가득 찬 곳이라는 것을 의미한다. 여왕의 신하들은 별 가치도 없으면서 풍요롭게 살고 있는 반면, 근위병 옆을 지나가는 화자는 "염탐당한 스파이처럼 떨고 있다"(shook like a spied spy; 237). 그러면서 그는 성직자들이 이 시대의 죄악을 깨끗이 청소하는 역할을 수행해야 한다고 말한다.

지혜와 학문의 바다인
성직자들이여, 당신들은 이 땅의 죄악을 잠기게 할 힘이 있으니
그럴 용기를 보여야 하오. 왜냐하면 나는
졸졸 흐르는 시내에 불과해 얼룩 정도나
씻어 낼 수 있을 따름이니까.

Preachers which are
Seas of wit and arts, you can, then dare,
Drown the sins of this place, for, for me
Which am but a scarce brook, it enough shall be
To wash the stains away; (237–41)

그러나 사실은 당시의 성직자들이 그럴 만한 위치에 있었고, 당연히 궁정과 사회의 악을 바로잡는 일을 해야 함에도 불구하고 시대의 기대를 저버리고 있음을 시인은 꼬집고 있는 것이다. 던은 자신이 보잘것없는 "시내"에 불과하다고 말하고 있지만, "그러나 어느 현자가 나타나 / 나의 글을 정전으로 인정해 주기를 바라노라"(yet some wise man shall, / I hope, esteem my writs canonical; 243-44)라며 시를 끝맺고 있다. 겸손한 척하지만 사실은 자신의 풍자시가 목사들의 설교보다 사회를 더 잘 바로잡는 역할을 하는 고전적인 작품이 될 것이며, 자신이야말로 진정한 지혜와 학문을 겸비한 인물임을 강변하고 있는 것이다.

이처럼 던은 「풍자시 4」를 통해서 당대의 세속적인 풍조와 엘리자베스 궁정을 중심으로 한 타락상을 풍자적으로 그려내고 있다. 시의 화자는 그가 묘사하고 있는 거리와 궁정으로 대표되는 세상으로부터 거리를 두고 있는데, 이러한 세상은 던이 바라고 적극적으로 추구하던 장소이기는 하지만 동시에 윤리적으로나 종교적으로 용납할 수 없는 곳이기도 하기 때문이다(Bellette 138). 여기에 등장하는 세속적인 친구와 고결하고 윤리적인 학자인 화자는 각기 다른 두 사람으로 볼 수도 있고, 한 사람이 가지고 있는 두 가지 상충적인 면모로 이해할 수도 있을 것이다. 던은 친구를 통해 세속적인 출세와 즐거움에 대한 자신의 욕망을 드러내며, 학자적인 화자를 통해 진지하고 도덕적인 가치를 추구하고 싶어 하는 바람을 동시에 보여주고 있는 것이다.

다음에 읽을 「풍자시 5」("Satire 5")는 법집행 관리의 타락을 집중적으로 조명하고 있다. 16세기 말 영국 사회의 타락상에 대해 신랄하게 풍자하면서, 던은 「풍자시 5」에서 이 시대를 "녹슨 철기 시대"(age of rusty iron; 35)

라고 일컫고 있다. 엘리자베스 시대의 법과 관리들의 부패상에 초점을 맞추고 있는 이 시는 여왕의 신임 국새상서(Lord Keeper)인 토마스 에거튼 경(Sir Thomas Egerton)을 위해 쓰인 것으로 보인다. 당시 이 법 체제의 책임자는 에거튼이며 궁극적으로는 엘리자베스 여왕이라고 할 수 있다. 여왕("Greatest and fairest Empress"; 28)과 에거튼 경("You Sir"; 31)에 대해 직접 조언하는 형식을 취하고 있는 이 시는 다른 풍자시와는 성격을 달리 하고 있다. 그 이유에 대해 패터슨은 당대의 상황을 지옥과 같은 밑바닥으로 인식한 시인이 사회로부터 거리를 두고 비웃기만 하던 지금까지의 풍자가의 자세를 버리고, 그 실제적인 탈출 방안으로 내부로부터의 개혁을 모색하면서 온건한 제안을 하는 방향으로 태도의 변화를 보이고 있는 것으로 해석하고 있다. 에거튼의 조카딸인 앤 모어와 비밀리에 결혼함으로써 자신의 직위에서 파면당하고 투옥당하기까지 한 던에게는 그가 처한 위기로부터 벗어나기 위해 모종의 타협과 조정을 할 필요성이 절박했으리라는 사정도 무시할 수 없을 것이다. 오년 내지 육년에 걸쳐 풍자시를 쓰는 동안 사회에 대한 시인의 지식과 분석력도 커지고 환멸감도 증가함에 따라, 모종의 절충이 그 뒤를 이은 것이라는 패터슨의 분석이 설득력 있게 들린다(Patterson, Satirical Writing 120).

궁정에서 가난한 탄원자들이 겪는 비참한 상황을 다루고 있는 이 시는 헛되이 뇌물을 바치고는 법집행 관리에게서 긴 연설을 조용히 듣고 있는 젊은이에게 화자가 말하는 형식으로 시작하고 있다.

> 뮤즈여, 그대는 이 책의 한 장을 읽고 웃어서도 안 되고
> 어떤 연민으로 그들에게 호의를 가져서도 안 되오.
> 궁정인을 만드는 규정을 마련한 그는 (그는 훌륭한 궁정인들을

만들 것으로 생각되지만, 대체 궁정인을 선하게 만들 사람은 누구지?)
극도로 가련한 자와 사악한 자들에 대해서는
신랄한 조롱을 하지 않는다. 가련하고 악한 이들은
내게 자선과 자유라는 주제를 부여하네.

Thou shalt not laugh in this leaf, Muse, nor they
Whom any pity warms; he which did lay
Rules to make courtiers, (he being understood
May make good courtiers, but who courtiers good?)
Frees from the sting of jests all who in extreme
Are wretched or wicked: of these two a theme
Charity and liberty give me. (1–7)

「풍자시 5」는 「풍자시 4」에서와 마찬가지로 궁정 세계를 상세하게 다루고 있는데, 던의 시에는 궁정의 매력에 이끌려 출세하고 싶은 마음과 함께 궁정과 궁정인에 대한 신랄한 비판 등 양면적인 태도가 동시에 드러나 있다. 위의 구절에서 "궁정인을 만드는 규정을 마련한 그"는 『궁정인의 책』(*The Book of the Courtier*)을 쓴 16세기 이탈리아의 카스틸리오네(Baldassare Castiglione)를 가리킨다. 그는 이 책에서 이상적인 궁정인이 갖춰야 할 자질과 덕목, 처세술 등에 관한 지침을 제시하면서, 궁정인이 웃음을 자아내는 방법과 범위에 대해 다음과 같이 언급하고 있다.

불행이나 재난을 당한 어리석은 사람을 조롱하고 비웃는 것은 웃음을 자아내지 않으며, 사악한 악당과 천박하고 상스러운 인간을 조롱하고 비웃는 것도 마찬가지다. 왜냐하면 이들 악한 이들은 조롱을 받을 것이 아니라 벌을 받아야 마땅하다고 생각되기 때문이다. 그리고 사람의 마음은 불행에 처한 자들이 스스로 떠벌리거나 자랑하고 거만하게 굴지 않는 한 가련한 자들을 조롱하려고 하지 않는다. … 동정심을 불러일으킬 만큼 비참하지 않고, 극형을 받을 만큼 사악하지 않은 사람, 혹은 아주 사소한 분노로도 다른 누군가에게 커다란 해를 끼칠 수 있을 만큼 높은 자리에 있지 않은 사람들의 악을 조롱거리로 삼고 웃는 것은 괜찮다.

it provoketh no laughter to mocke and scorne a sillie soule in miserie and calamitie, nor yet a naughtie knave and common ribauld, because a man would thinke that these men deserved to be otherwise punished, than in jeasting at. And mens minds are not bent to scoffe them in miserie, unlesse such men in their mishappe bragge and boast of themselves, and have a proud and hautie stomacke. … it is not amisse to scoffe and mocke at vices that are in persons not of such miserie that it should move compassion, nor of such wickednesse that a man would thinke they deserved not to goe on the ground, nor of such authoritie, that any litle displeasure of theirs may be a great hinderance to a man. (*The Book of the Courtier* 138–39)

던은 카스틸리오네에 대해 언급하면서 "그는 훌륭한 궁정인들을 / 만들 것으로 생각되지만, 대체 궁정인을 선하게 만들 사람은 누구지?"라고 의문을 표함으로써, 훌륭한 궁정인이 반드시 선하고 도덕적이지는 않다는 사실을 지적하면서 당시 궁정인들의 타락상을 꼬집고 있다. "가련하고 악한 이들은 / 내게 자선과 자유라는 주제를 부여하네"라는 말은 가련한 자를 불쌍히 여길 연민과 악한 자들을 비난할 자유가 풍자 시인인 던 자신에게 있음을 의미한다.

「풍자시 5」는 시작하는 부분에서 짐작할 수 있듯이 비방하고 욕하는 분위기와는 다르게 분노보다는 연민 쪽으로 기운 듯이 보인다. 그래서 비평가들은 이 시가 지닌 풍자적 강도가 다른 시들에 비해 약하다고 보지만, 패터슨이 말한 바와 같이 이는 다분히 의도적으로 보인다. 즉 풍자시로서는 약할지 모르지만, "하급심의 권력은 / 제일 위 상부로부터 나오는 것이니"(power of the courts below / Flow from the first main head; 45-46)라며 제도의 문제점을 그 근원으로 거슬러 올라가 추적하고 있으므로 사회정치적 분석에 있어서는 훨씬 강력하고 일관성이 있다는 말이다(Patterson, Satirical Writing 125). 이는 종교와 법의 제도가 결탁하여 가톨릭을 탄압하는 현실을 개탄하는 다음 구절을 통해서 여실히 볼 수 있다.

　　　　　　　　금욕주의자, 겁쟁이, 게다가 순교자가
문장원 속관이 들어와서
그의 모든 의복과 외투, 책, 소(小)기도서를, 그리고 모든
그의 그릇이랑 성배를 금시품목으로 공포하고는 그걸 속여 빼앗고
자신이 왕래한 데 대해 보수를 요구하는 것을 보는 건
화나게 하는 일이 아닌가? 오, 공정한 법의
희고 거룩한 이름이 도둑질을 보장해 줌으로써
결코 매춘부같이 더럽혀지지 않기를.

　　　　　　　　Would it not anger
A stoic, a coward, yea a martyr,
To see a pursuivant come in, and call
All his clothes, copes; books, primers; and all
His plate, chalices; and mistake them away,

And ask a fee for coming? Oh, ne'er may
Fair Law's white reverend name be strumpeted,
To warrant thefts. (63-70)

여기서 화자는 앞서 「풍자시 2」에서와 마찬가지로 깨끗하고 거룩해야 할 공정한 법의 이름이 변질되고 타락하여 매춘부같이 더럽혀졌다고 신랄하게 비판하고 있다.

시의 결말은 바보 같은 "너"에 대해 하는 말로 마무리되고 있는데, 이 인물은 법에 호소하는 원형적인 탄원자이며 그는 바로 던 자신일 수도 있다(Patterson, Satirical Writing 126). 그러면서 법과 정의 같은 것을 믿는 위험하기 짝이 없는 환상에 대한 경고로 끝맺고 있다.

아 가엾은 이여, 너의 운명은 이솝우화에 도덕적 교훈거리를 주고
이솝 이야기는 네 운명에 예언이 되는구나.
너는 그림자에 속아 사라져버린 것을 위해 물에 뛰어들었다가
허우적거리며 거의 빠져 죽을 지경에 처한 개라네.

O wretch that thy fortunes should moralize
Aesop's fables, and make tales, prophecies.
Thou'rt the swimming dog whom shadows cozened,
And div'st, near drowning, for what vanished. (88-91)

이솝의 우화가 교훈적으로 가르쳐 주려는 것은 모두 윤리적인 것이다. 이솝의 "개와 그림자"의 이야기는 잘 알다시피 개가 물속에 고기를 물고 있는 자신의 그림자를 보고는 그것마저 욕심내다가 물에 빠져 결국 자기가 가지고 있던 고기조차 잃어버리게 된다는 내용이다. 화자는 상대방

을 개에 비유하면서, 법에 호소하여 정의가 실현되기를 바라는 등 사라져 버린 헛된 것에 욕심을 부리다가 자신이 지금 가진 재산조차 탕진하게 되는 어리석음을 훈계하고 있는 것이다.

던의 풍자시는 루이스(C. S. Lewis)가 평한 바와 같이 로마의 풍자시에 비해 형식면에서도 거칠고, 내용적으로도 호라티우스에게서 찾아볼 수 있는 명랑한 분위기나 유베날리스의 작품에서 가끔 느끼게 되는 장엄함을 다루고 있지 않다. 단지 경멸과 혐오감을 표현하며 단조롭게 시대의 부패상을 욕할 따름이다(Lewis 469-70). 이러한 특징은 던이 살던 시대에 풍자시가 저급하고 악한 세상에 대해 거칠고 모진 언어로 당대의 악을 공격하는 시로 인식된 사실 때문이기도 하다. 그럼에도 불구하고 그의 풍자시는 런던의 삶을 속속들이 역동적으로 옮겨놓고 있다는 점에서 놀랍게 다가온다. 시의 화자는 그 시대의 색깔과 사치와 불결함과 폭력과 불안정함 등을 마치 어깨에 카메라를 메고 거리에 나가 찍듯이 생생하게 전달하고 있다(Sugg 47). 물론 오늘날의 독자의 입장에서는 수많은 사건과 장면이 그 시대의 눈과 귀로 보고 들은 대로 제시되기 때문에 그 내용을 정확하게 이해하기 어려운 점이 있기는 하지만 말이다. 던이『풍자시』시편들을 통해 성취한 업적은 비교적 짧은 시를 통해서 매우 정확하고 감각적인 내용을 상세하게 전달하고 있다는 점이다. 그는『풍자시』를 통해 당대의 부패상을 해부하면서 사회 제도와 전통에 대하여 회의적인 시각을 드러내고 있기도 하지만, 경박한 시대적 조류와 타락한 변호사와 관리, 궁정, 종교의 문제점을 진단하면서 나름대로 진리를 추구하며 모색하는 과정을 치열하게 그려내고 있다. 또한 그는 엘리자베스 시대의 지나치게 장식적인 복장과, 연애시들에서 볼 수 있는 과장된 표현,

그리고 궁정 주변에서 흔히 있는 아첨과 법정의 타락상을 비웃고 공격하고 있다(King 374). 또한 정욕, 거짓된 종교, 궁정인의 허영과 부패 등으로 타락한 인간의 일반적인 죄의 양상뿐 아니라, 재판관에게 뇌물을 바치는 구체적이고 특별한 악의 모습까지 다루고 있다. 놀라운 사실은 던이 법과 정부와 종교가 안고 있는 이 문제들에 대해 풍자가로서 또렷한 의식을 지니고, 부패하고 타락한 모든 것들이 서로 연관되어 있다는 사실을 직시하고 이를 제시하는 방식이다. 던은 로마의 풍자문학의 기법과 어조를 모방함과 동시에 그 전통에 수정을 가하여 본질적으로 완전히 새로운 풍자문학의 세계를 보여주고 있다. 그가 르네상스 문학에서 찾아보기 힘든 구체적이고도 정확한 묘사로 풍자문학의 새로운 지평을 열었다는 점과 함께 그의 풍자시가 매우 극적이라는 사실이 제대로 평가되어야 할 것이다.

가부장적 권력과 식민주의: 『엘레지』

던의 사랑의 시편들에는 신대륙을 탐험하고 끝없이 영토를 확장하며 정복하려는 17세기 초 영국 팽창주의의 시작을 알리는 특징들이 등장한다. 던의 많은 엘레지 시편들의 목적은 「엘레지 19: 잠자리에 드는 연인에게」("Elegy 19: To His Mistress Going to Bed")에서처럼 마치 탐험가가 신세계를 발견하는 것처럼 지상의 "낙원"(paradise; 21)과 "온갖 기쁨"(all joys; 35)을 제공하는 관능적인 지형인 여인의 몸을 탐험하는 것이다. 「엘레지 19」는 다른 몇 편의 시들과 함께 상상 속에서 노골적으로 추구하는 성적 경험을 다루고 있는 시다. 이 시는 던의 사후에 편찬된 첫 시집 출간에서 제외될 정도로 상스러운 것으로 간주되었다. 「엘레지 19」에서 여인은 8가지 매우 고무적인 이유를 들으며 옷을 벗도록 부추김을 당하고 있다. 가장 극적인 순간에 이 여인은 아담과 이브가 타락하기 이전의 에덴과 같은, 즉 새로 발견된 땅 아메리카가 된다. 이렇게 볼 때 이 시는 성적인 자유와 발견을 찬양하는 노래라고 할 수 있을 것이다. 또한 시의 화자는 이질적인 여성의 몸이라는 공간을 "오 나의 아메리카여! 새로 발견한 나의 땅이여"(O my America, my new found land; 27)라며 식민지화되기를 기다리는 지리적인 영역으로 분명하게 언급하고 있는데, 이는 이 시가 두드리지게 식민주의자의 관점에서 쓰였다는 사실을 보여주고 있다.

시의 시작 부분은 의사영웅시처럼 애인의 침대에서 여인을 처음 대하는 장면을 서사적 전투와 같이 묘사하고 있다. 그것도 "적은 때때로 적을 시야 속에 보며, 싸우지 않아도 서 있는 것으로 지치오"라며 성적인 펀(pun)으로 그려내고 있다.

> 오라, 여인이여, 오라, 모든 휴식에 내 힘은 도전하니,
> 내가 애쓸 때까지, 나는 진통하며 누워있네.
> 적은 때때로 적을 시야 속에 보며,
> 싸우지 않아도 서 있는 것으로 지치오.
>
> Come, Madam, come, all rest my powers defy,
> Until I labour, I in labour lie.
> The foe oft-times having the foe in sight,
> Is tired with standing though they never fight. (1-4)

독자는 대상이 옷 벗는 여인이고, 화자의 기분은 욕망으로 가득 차 있는 상태임을 분명히 알 수 있다. 이는 "애씀"(labour)이나 "일어섬"(standing)

과 같이 작품 전체에 걸쳐 사용되는 몇 가지 펀을 통해 제시되고 있다. "애씀"에 대한 펀에서 화자는 여인과 잠자리에서 애를 쓰게 될 때까지 고통 속에 기다리는 것과 같은 다른 종류의 노고를 견뎌 내야 한다는 것을 말하고 있다. 두 번째 "일어섬"에 관한 펀에서 연인이 옷을 벗는 것을 관찰하기 위해 '서 있는' 화자와, 시작될 전투를 기다리며 '서 있는' 병사와 비교될 수 있을 것이다. 그러나 여기서 "일어섬"의 부가적인 의미는 바로 화자의 발기된 성기와 연관된다. 이어지는 비유는 종교적인데, 침대는 성전이고, 여인은 그 성전에 마호메트의 낙원 같은 천국을 가져오며, 그녀는 천사처럼 흰옷을 입고 있다. 텍스트 전체를 통해 반전과 일어섬(발기)이 반복되어 나타나고 있는데, 이는 악한 천사들도 흰옷을 입고 있지만 "그들은 우리 머리칼을, 이들은 우리 몸을 곧추세운다"(Those set our hairs, but these our flesh upright; 24)고 하는 구절에서도 다시 나타난다.

시의 화자는 여성의 다양한 옷의 목록을 제시하며 여인에게 벗어 버릴 것을 요구하는데 그중에서도 단단하게 조인 "코르셋"(busk)은 여인의 몸에 밀착되어 있다는 것과 빳빳하게 서 있는 독특한 모양새로 인해 화자의 부러움을 사고 있다(Nutt 10).

그 행복한 코르셋을 벗으시오, 내가 부러워하는,
아주 가까이 항상 있을 수 있고, 항상 설 수 있는 코르셋을.
그대의 가운이 벗겨지면서 몹시 아름다운 자태가 드러나오,
산 그림자가 꽃핀 초원으로부터 살며시 사라질 때처럼.

Off with that happy busk, which I envy,
That still can be, and still can stand so nigh.
Your gown going off, such beauteous state reveals,

As when from flowery meads th' hill's shadow steals. (11–14)

여기서 반복되어 사용되고 있는 "여전히"(still)는 시의 이중적인 의미를 찾아내는 데 도움이 된다. 만일 이 아름다운 여인의 코르셋을 벗겨 그녀와 육체적 관계를 가지려면 그는 가만히 있을 수 없으며, 그녀와 관계를 가질 경우 그는 계속 서 있을 수 없게 된다는 성적 함의가 담겨 있는 것이다. 그러나 그녀가 옷을 벗으면 벗을수록 역설석이게도 그녀 자신은 옷 무더기 뒤로 사라지기 시작한다. 거들 밑에 있던 여성은 사라지고 옷이나 몸에 대한 은유적이고 완곡한 표현이 그 자리를 대신 차지하게 된다. 이제 여성과 그녀의 몸은 일종의 여성적 풍경으로 대치되어, 아메리카 대륙, 보다 정확하게 말해서 처녀의 땅(virgin land)이라 할 수 있는 버지니아가 된다. 신세계에 대한 탐험은 버지니아와 처녀와 여성에 대한 탐험을 연상시키며, 이는 거들이 풀어지는 순간 여성에 대한 겁탈을 의미하고 있다고 하겠다(Docherty 79).

여성은 천사의 모습으로 변형되었다가 드디어 남성 화자가 성공적으로 식민지화하여 지배하고 취하는 낯선 땅인 여성의 공간이 되고 있다. 이 시에서 던은 침실과 왕이나 군주의 정치적 영역 사이를 쉽게 오가면서 유혹을 지배의 개념으로 다루고 있다. 화자는 애인에게 옷을 벗으라고 유혹하면서 그녀를 과장된 칭찬으로 이상화하고 있다. 그러나 이러한 칭찬과 존경과 찬사의 이면에는 식민화된 여성을 소유하고 지배하려는 욕망이 존재하고 있음을 귀보리는 날카롭게 분석하고 있다(Guibbory 1999, 32-33). 여성의 몸을 식민지와 같은 땅에 비유한 다음 구절에서 우리는 여성을 지배하려는 남성의 욕망과 권력을 분명하게 엿볼 수 있다.

더듬는 내 손을 허락하여 들어가게 하오
앞뒤로, 사이로, 위아래로.
오 나의 아메리카, 새로 발견한 나의 땅이여,
한 남자만 살 때 가장 안전한 나의 왕국,
보석들이 묻힌 나의 광산, 나의 영토여,
당신을 발견하다니 얼마나 축복받았는지!

Licence my roving hands, and let them go
Before, behind, between, above, below.
O my America, my new found land,
My kingdom, safeliest when with one man manned,
My mine of precious stones, my empery,
How blessed am I in this discovering thee! (25–30)

'아메리카' 혹은 '버지니아'라고 불리는 여성은 이제 남성적인 영국이나 시인 자신에 의해 운명이 좌우되는 상태에 놓이게 된다. 이어지는 시행은 군주 개인에게 바치는 찬가이면서 동시에 남성의 힘과 우월성에 대한 찬양이기도 하다. 텍스트 속에서 남성 화자와 여성 사이의 교류나 의사 소통은 전혀 보이지 않는다. 여성은 말이나 반응이 전혀 없을 뿐만 아니라 곧 시에서 사라져 버리고 시의 화자만이 남아서 자신에게 말하고 있을 따름이다. 시의 시작 부분에서 여성은 특권을 부여하는 군주의 위치에 있다가 특권을 부여하는 순간 자신의 주권을 잃어버린다. 처음에 잠재되어 있던 의미가 이제 분명하게 드러나면서 남성은 탐험가이자 정복자가 되고 여성은 그가 소유하고 지배하는 땅과 왕국이 되는 것이다. 반복적으로 사용된 소유격은 남성이 지배한다는 사실을 강하게 부각시키고 있다.

이어서 던이 자신의 이미지로 여성에게 도장을 찍거나 새기려고 할 때,

화자는 자신이 여인과 관계를 가지는 것을 마치 왕이 자신의 모습을 주화 같은 것에 박아 넣은 것과 같이 이야기하고 있다. 주화가 거기에 찍힌 왕의 모습으로 인해 가치를 지니듯이 여인의 가치는 자신을 소유한 남성에 의해 결정된다. 여인은 자신을 차지한 남성의 이미지이거나 재현인 것이다.

> 이 속박에 들어가는 것은 자유로워지는 것이라오.
> 내 손이 닿는 곳에 내 도장 찍히게 되리.
>
> To enter in these bonds, is to be free;
> Then where my hand is set, my seal shall be. (31–32)

이 "도장"을 찍는다는 구절에서 화자는 군주로서의 입지를 굳히고 있다(Guibbory 1999, 33). 던이 사용한 이러한 이미지와 은유들은 여성을 군주의 자리에서 끌어내리고 남성에게 주권을 회복시키는 정치적인 성격을 강하게 띠고 있다고 하겠다.

비록 20세기에 들어서 존 던에 대한 연구가 다시 부활하게 되었지만 「엘레지 18: 사랑의 진행」("Elegy 18: Love's Progress")은 그동안 비평가들의 외면을 받다가 최근 이 작품에 대한 다양한 접근이 이루어지고 있다. 마로티(Arthur Marotti)는 던을 '동인 시인'(coterie poet)의 일원으로 그의 작품을 해석하려는 경향이 있으며, 패터슨(Annabel Patterson)은 이 작품을 '자기검열'(self-censorship)의 관점에서 논의하고 있고, 영(R. V. Young)은 억제되지 않은 성적 욕망을 다룬 냉소적인 시 이면에 깔린 식민주의적 디스코스에 담긴 이중적인 의미를 읽어내고 있다. 영이 말한 바와 같이 던은 새로 발견한 땅을 여성의 신체에 비유할 뿐 아니라, 거칠고 냉소적인 풍자를 통해 근대 초기 식민지 개척 시대의 위선적이고 자기만족적인 식민주의를 패러디 하고 있다(Young 37). 시에서 식민주의는 성적인 위트에 틀을 제공하고, 성적 지배라는 개념은 식민주의를 비판하는 데 전략적으로 사용되고 있다고 하겠다.

「엘레지 18: 사랑의 진행」은 식민주의를 전면에 내세우면서 성과 젠더의 문제를 다루고 있는데, 식민지 영토를 여성의 몸과 동일시하며 여성을 땅과 자연, 수동성과 연결시키는 틀을 채택하고 있다. 이에 대해 벨지(Catherine Belsey)는 던의 시가 사적인 사랑의 영역과 경제, 정치, 역사 등의 공적인 영역을 구별하기 시작한 16세기 말~17세기 초 영국의 시대적 상황을 반영하고 있는 것으로 해석하고 있다. 예를 들어 던의 엘레지 시편들은 여성의 몸 그 자체보다는 르네상스 시대의 탐험가들과 지도 제작자들이 눈뜨기 시작한 근대 초기 영국 사회에 팽배해 있던 욕망을 그리고 있다고 보는 것이다(Belsey, *Love Stories* 147-48). 이들의 눈에 비친 새로운 세계는 여성과 마찬가지로 무한하고 유혹적이며 아름다웠을 것이며, 한편으로는 이들 미개척지가 위험하기도 하였을 것으로 쉽게 추측할 수 있다. 그렇다면 성(sexuality)이라는 개인적인 영역과 식민지 개척의 모험이라는 공적인 세계를 구별하고 은유적으로 결합시키는 것을 가능하게 하는 조건은 무엇일까? 다시 말해서 던의 엘레지에서 미지의 땅에 대한 지리상의 발견이 욕망의 대상이 될 수 있는 근거인 젠더와 식민주의가 만나는 공통의 영역은 무엇인가라는 질문을 던지면서 「엘레지 18」을 읽어 보자.

「엘레지 18」은 앞의 「엘레지 19」와 마찬가지로 주 관심사를 성적인 사랑에 두고 성 행위 자체를 사랑의 진정한 목표로 삼고 있지만, 그 목표 자체보다는 거기에 도달하기까지의 여정에 더 관심을 두고 있다. 던의 성적 상상은 엘리자베스 시대 전원적이고 이상화된 사랑의 시에 익숙한 독자들에게는 상상을 초월할 정도로 노골적이며 사실적인데, 시인은 페트라르카식 전통에 반기를 들고 혁명적인 시를 시도하고 있는 것이다. 「엘레지 18」은 "미덕"(virtue; 21)이나 "고결함"(ingenuity; 13)과 같은 여성의 다른 가치와 자질을 거부하면서, 여성의 본질은 남자들이 사랑하는 "중심부"(centric part; 36)인 여성의 성기라고 단정한다. 남성들이 여성의 얼굴이나 육체의 윗부분에 관심을 가져서 안 되는 이유는 사랑의 항구로 항해하는 과정에서 그것들 때문에 항로를 이탈하거나 배가 난파될 위험에 처하기 때문이라는 것이다.

던은 사랑을 항해에 비유하면서, "사랑하는 이는 누구든 진정한 사랑의 목적을 / 제시하지 못한다면 사랑이라는 바다로 가서 / 멀미만을 겪을 뿐이다"(Whoever loves, if he do not propose / The right true end of love, he's one that goes / To sea for nothing but to make him sick; 1-3)라며 사랑의 목표를 잘못 설정할 경우 멀미하러 항해를 떠나는 것처럼 어리석다고 말한다. 또한 금의 가치가 여러 가지 있지만 진정한 가치는 "교역의 중심"(the soul of trade; 16)이라는 사실이라고 한다. 마로티가 "이 시에서 사랑의 목표 가운데 하나는 경제적인 것이다. 처음부터 성적인 것은 상업적인 실체들과 관련하여 정의되고 있다"(Marotti, *Coterie* 50)고 주장한 바와 같이, 시의 도입부에서 여성의 육체와 새로 발견된 땅 사이의 유추는 아직 이루어지지 않고 여성을 교역의 중심인 금에 비유하고 있다. 돈이나 금의 가치가 "교역의 중심"이라는 사실에 있는 것이라면, 여성의 진정한 가치는 성적인 용도에 의해 결정된다는 것이다. 이 여성의 성적인 유용성과 가치는 그녀의 "중심부"(the centric part; 36)로 구체적으로 표현되고 있다. "여성을 여성으로 만드는 것은 미덕뿐인가? / 나는 고결함과 자제력을 가지고

/ 현명하고 착한 여인을 찾을 때까지 참아야 하나?"(Makes virtue woman? must I cool my blood / Till I both be, and find one, wise and good?; 21-22)라는 구절에서 동사 "be"와 "find"는 매우 밀접한 관계에 있다. 이 두 동사는 앞의 두 자질인 "virtue"와 "cool", 뒤의 두 자질인 "wise"와 "good"을 연결하는 중심축 역할을 한다. 던이 이처럼 불가능한 듯한 문법을 취한 것처럼 이러한 자질들을 가진 남녀를 발견한다는 것은 거의 불가능하며, 이런 이유로 그는 완벽한 영혼, 즉 위에서 나열한 자질을 가진 사람이 나타날 때까지 더 이상 자제하며 기다리지 않겠다는 의도를 명백하게 드러내고 있는 것이다(Nutt 16-17).

여기서부터 던은 앞에서 미루었던 본격적인 사랑에 대한 항해를 시작한다. 그는 우선 사랑을 여성의 얼굴로부터 시작하려는 사람들을 비난한다. 그들은 사랑의 항해를 떠나는 배에 승선하여 여성의 머리카락과 이마를 지나 코, 태양과 같은 눈, 그리고 뺨에 이르기까지 아래로 향하는 여정 후에, 마침내 입술에 정박하여 사랑의 안식을 찾는다. 「사랑의 진행」의 식민지 지도 제작자가 여성의 몸을 지도로 그린다는 것은 지배와 소유의 과정을 의미한다. 시의 제목인 "진행"(progress)은 엘리자베스 여왕 시대에 착취 행위를 진행이나 전진이라는 고상한 개념으로 대체하여 정책에 정당성을 부여한 중요한 이데올로기였다. 이처럼 「엘레지 18」은 돈(gold)과 여성(centric part)과 식민지(India)가 지니는 자질과 가치를 다양한 비유의 틀을 통해 제시하면서, 젠더와 식민지 발견이라는 문제를 다루고 있다. 여성의 몸과 식민지를 개척하기 위한 항해가 가치의 문제를 재조정하는 장(場)이 되고 있다는 사실은 근대 초기 영국 사회가 안고 있는 가치관의 위기를 반영하고 있다고 보아야 할 것이다. 즉 돈의 가치에 대한 문제가 제공하는 유추를 넘어, 「엘레지 18」은 여성과 식민지 개발을 서로 관련된 것으로 보면서 가치와 권위의 불확실성을 다루고 있는 것이다. 만약 "그녀의 인도로 향하는 항해"가 유럽의 강대국들이 개척해 놓은 무역로를 따라가는 것이라면 이는 욕망하는 목표물이 교환성과 활용가치가 있기 때문일 것이다. 그렇다면 식민지를 개척하기 위한 항해는 돈의 속성을 변모시키고 있으며, 가치의 속성도 재정의하고 있는 것이다. 화자는 마치 무역을 완벽하게 구현하고 있는 상업화된 몸을 항해하고 있다고 하겠다.

엘리자베스 시대에 유행한 기사도적인 사랑시를 쓰지 않고 항상 자신만의 독특한 거친 목소리로 당시 엘리자베스 여왕 시대 궁정 이데올로기의 핵심적인 부분이었던 궁정식 사랑의 전통을 거부하고, 남성 화자의 힘과 지배를 강조하고 여성 혐오적 경향이 두드러진 풍자시와 엘레지를 통해 궁정식 사랑의 전통을 전복시킨 던의 행위는 다분히 정치적 함의를 지닌 것으로 생각될 여지가 있었음을 귀보리는 지적하고 있다(Guibbory 1999, 31-32). 이처럼 던의 엘레지에서 남녀의 관계는 종종 위험한 공적인 세계로부터 감추어진, 은밀하고 사적인 것으로 그려지고 있다. 성적인 사랑의 중요성을 강조하는 「잠자리에 드는 연인에게」나, 궁정식 연애의 전통을 거부하고 사랑의 목표를 성 행위에, 그에 도달하는 방법을 가장 저항을 적게 받는 길로 규정하는 「사랑의 진행」은 페트라르카적인 사랑을 반대할 뿐 아니라 르네상스기의 신플라톤적인 사랑관에 도전하고 있는 것이다.

종교적 자유와 정치 권력: 『가짜 순교자』와 「풍자시 3」

던은 제임스 1세가 가장 총애하던 영국 국교회 목사로서 시와 설교를 비롯한 많은 산문을 통하여 종교와 정치 사이의 균형과 조화를 모색하면서 왕을 지지하는 성격의 글을 남겼다. 종교에 대한 존 던의 사상은 17세기 당시 영국의 두 전통 가운데 하나를 대변하고 있다. 르네상스 시대 영국의 종교적 자유에는 타인의 권리를 침해하지 않는 한에서 종교적 표현의 범위를 허용하는 일종의 소극적 자유라고 할 수 있는 자유주의적 관용과, 종교적인 깨달음에 제한을 가하지 않고 완전한 표현의 자유를 허용하는 적극적인 자유인 양심의 자유라는 두 가지 전통이 흐르고 있었다. 자유주의적인 관용이란 모든 국민이 동등하게 종교적 자유를 누릴 수 있는 상황을 보장하며, 이 평등을 유지하는 데 필요한 종교적 표현에 제한을 가하는 역할을 국가가 수행하는 것을 전제한다. 반면, 양심의 자유는 신자들이 종교적 진리를 추구하는 것은 허용되어야 하고 세속적인 기관은 이를 존중해 줘야 하므로, 종교적 문제에 대해 국가가 간섭하지 않는다는 것을 의미한다. 우리는 아직 자유주의적 관용이라는 개념이 형성되기 전에 이미 이와 비슷한 입장을 던에게서 발견할 수 있다. 던은 종교적 예배와 정치적 복종의 구분을 강조함으로써 자유주의적 관용에 대한 선구적인 주장을 보여준다.

던이 종교적 자유에 대해 가진 견해는 1610년 제임스 1세에게 헌정한 『가짜 순교자』와 「풍자시 3」 등에 자세하게 드러나 있다. 이 가운데 『가짜 순교자』는 던이 영국의 가톨릭 신자들에게 자신들의 신앙을 배반하지 않고도 왕에게 복종하는 것이 가능하다는 사실을 확신시키려고 쓴 글이다. 던은 1615년 사제 서품을 받기 오래전부터 종교적인 글에 관심이 많았으며, 그가 1610년 출간한 『가짜 순교자』는 제임스 1세의 지지자와 교황 지지자들 사이에 벌어진 교회와 국가의 관계에 대한 논쟁에 크게 기여를 했다(Sommerville 73). 1605년 가톨릭 신자들이 일으킨 화약 음모 사건(Gunpowder Plot)은 폭력을 사용하여 왕을 쫓아내고 의회를 폭파

하려는 시도였다. 그러자 이듬해 제임스는 모든 국민으로 하여금 왕에 대한 충성과 복종을 다짐하는 새로운 충성맹약(Oath of Allegiance)을 입법화하는 의회의 조례를 승인하여 이들 가톨릭 세력에게 경고와 제재를 가하게 된다. 당시 신랄한 논쟁의 대상이 되었던 기독교 종파와 성경과 교회의 권위에 대한 학술적이고 역사적인 연구물의 성격을 띤 던의 『가짜 순교자』는 가톨릭의 공격에 대해 왕의 권력과 종교에 관한 제임스의 사상과 왕이 취한 조치를 옹호하는 글이다. 따라서 『가짜 순교자』는 다분히 정치적 함의를 담고 있는 글이며 당시의 팸플릿 전쟁을 촉발시켰다. 신학적이면서 동시에 정치적인 내용을 담고 있는 이 글에는 왕에게 아부하는 던의 기회주의적인 면과, 이를 통해 왕의 환심을 사서 정치적으로 출세하려는 작가의 정치적 야망과 그의 정치 사상이 드러나 있는 것으로 비평가들은 보고 있다. 던은 자신의 첫 번째 주요 출판물인 『가짜 순교자』를 왕에게 헌정하였으며 이 책이 제임스 1세의 눈에 들어 던은 왕의 후원을 얻고 세인트 폴 성당(St. Paul's Cathedral)의 주임 사제로 임명받게 된다.

던은 이 책의 부제에서 "이 나라 영국에서 로마가톨릭을 믿는 자들은 충성맹약을 할 수 있고 또 해야 한다"(That those which are of the Romane Religion in this Kingdom, may and ought to take the Oath of Allegiance)라고 밝히고 있다. 래스파(Anthony Raspa)는 1993년에 서문과 상세한 주석을 실은 현대어 판본을 출판함으로써 이 책에 대한 연구에 지대한 기여를 하였다. 그는 서문에서 저자 던이 그러하듯이 복잡하고 미묘한 주제의 『가짜 순교자』는 던의 배교를 둘러싼 복잡한 인생 여정에서 중요한 의미를 지니는 한편, 교회와 국가의 조직이라는 문제와 17세기 초 이것이 개인의 운명에 미치는 영향과 관련하여 중요한 의미를 띠는 것으로 평가하고 있다(Raspa, Introduction 38).

당시 많은 가톨릭교도들은 이전 1570년에 교황 비오 5세(Pius V)가 엘리자베스 1세(Elizabeth 1)를 파문한 경우처럼 교황이 가톨릭에 맞서는 왕을 퇴위시킬 권한이 있다고 믿었다. 이 같은 상황 속에서 발표된 『가짜 순교자』에서 던은 충성맹약이 군주와 백성 모두를 안정되게 하는 합리적인 조치이기 때문에 이를 옹호한다고 주장하면서, 자신의 주장 중 많은 부분이 왕이 쓴 책의 내용에 의존한 것이라고 밝히고 있다(*Pseudo-Martyr* 3). 이러한 왕의 영향은 던이 1611년 발표한 예수회를 공격한 풍자인 『이그나티우스의 비밀회의』(*Ignatius his Conclave*)에서도 분명하게 나타나 있다.

1606년 6월에 법으로 선포된 '충성맹약'은 교황권이 왕권 위에 설 수 없음을 공개적으로 선언하고 국왕의 권위에 복종하는 것을 맹세하는 내용을 골자로 한다. 제임스 왕은 합법적이고 정당한 왕이므로 교황이나 어떤 교회의 권력도 왕을 폐할 수 없으며, 설령 왕이 파문되거나 폐위된다 하더라도 왕에 대한 충성을 맹세한다는 내용도 담고 있다. 왕도 자신이 선포한 맹세를 변호한 글에서 강조하기를 그는 세속적인 왕으로서 국민에게 당연한 복종을 강조하고 있는 것이지 가톨릭 신자인 백성에게 프로테스탄트의 예배를 강요하려는 의도는 없다고 거듭 밝히고 있다. 국왕은 세속적이고 외면적인 부분을 통치한다고 말하고 있으나, 신의 대리자의 역할을 수행하는 왕의 권위를 강조하는 제임스 왕의 말 이면에는 왕이 정치적인 지도자이면서 동시에 정신적인 지도자이라는 사실이 강하게 암시되어 있다. 당시 국왕의 사법관들은 가톨릭교도의 집을 수색할 권한이 있었으며, 가톨릭교도로서 국왕의 명령에 반하여 로마 교황의 명령을 따르는 자는 대역죄로 다스려졌다. 제임스 1세가 명한 충성맹약에 대해 오늘날의 학자들은 대체로 두 가지의 상반된 입장을 취하고 있다.

그 하나는 자신이 온건하고 중도적이라고 표현한 왕의 말을 액면 그대로 받아들이는 입장이다. 이들은 왕이 자신의 백성에게 시민으로서의 복종을 요구하고 있을 따름이며, 이는 모든 가톨릭을 탄압하는 것이 아니라 온건하고 충성된 백성으로부터 광신자들을 가려내려는 조치라는 것이다. 또 다른 입장은 이 맹약이 지닌 선한 의도에 대해 보다 회의적인 시각으로, 충성맹약은 은신한 가톨릭 교도들 사이에 분열의 씨앗을 뿌리기 위한 시도라는 것이다.

던은 양가적(ambivalent)인 영국 국교회의 영적인 감수성을 표현하는 데 탁월한 솜씨를 발휘한다. 그는 루터파와 칼뱅파 종교개혁가들의 영향하에 영국 국교회를 로마의 지배로부터 자유롭게 하려는 열망을 공유했으며, 동시에 종교개혁으로 인한 혁신의 흐름 속에서 기독교의 문화적 유산을 역사적으로 보존하려는 열망을 종교개혁에 반대하는 가톨릭 신자들과 공유하였다. 『가짜 순교자』에서 던은 영국에서의 기독교 전통을 개혁하기보다는 역사적으로 유지하자는 주장을 펴고 있다. 기독교의 역사적 연속이라는 주제에 대한 생각을 펼칠 때 그가 취한 애매한 입장은 자신의 개인사와 가족사로 인해 더욱 강해지는 느낌이 있다. 그러나 한편으로는 세계적으로 종교가 어떻게 개혁되고 변화의 흐름을 타고 있는가 하는 맥락에서 접근함으로써 이 책의 출간은 래스파의 지적처럼 한 개인의 기록에 머물지 않고 사상사를 다룬 난해한 기념비적인 문학 작품이 된 측면이 있기도 하다(Raspa, Introduction 50). 즉 한 개인이나 가족의 역사를 바탕으로 한 사적인 주장이 개인적인 차원을 넘은 공적인 관심사에 대한 진술로 바뀌게 된 것이다. 『가짜 순교자』는 로마가톨릭에서 영국 국교로 개종한 것을 정당화하는 개인적인 기록임과 동시에, 당시의 교회와 국가에 대한 이론을 논하는 공적인 기록이라고 할 수 있다. 다시 말해서 이 책은 당시의 종교적이고 정치적인 사상을 지배하는 핵심적인 문제들 가운데 하나가 아주 사적인 인물에 의해 다루어진 매우 공적인 작품이다.

『가짜 순교자』에서 던은 영국민들은 제임스 1세와 같은 세속의 통치자에게 충성을 맹세함과 동시에 교황과 같은 영적인 지도자에게도 충성을 맹세할 수 있다는 입장을 밝힌다. 즉 영국의 가톨릭 신자들이 제임스의 세속적 권위와 교황의 영적인 권위 사이에서 서로 간에 배신이나 충돌 없이 충성을 맹세할 수 있다는 말이다. 던은 로마와 런던은 서로 다른 민족이며 각각에게 주어진 계시가 있으므로 영국의 가톨릭 신자가 자기 나라의 프로테스탄트 왕에게 충성을 맹세하는 것이 자신들의 신앙에 전혀 문제될 것이 없다며 다음과 같이 결론을 내린다.

> 따라서 단지 도덕적 진리의 고백이며 그 어떤 것도 그것이 잘못되었다고 말할 수 없는 주장을 담고 있을 따름인 이 충성맹약은 교황이 마땅히 가지고 있는 영적인 권력의 어느 부분도 배격하지 않는다.
>
> This Oath therefore containing nothing, but *a profession of a morall Truth, and a protestation that nothing can make that false*, impugnes no part of that *spirituall* power, which the Pope justly hath. (253)

이처럼 『가짜 순교자』에는 영국의 가톨릭 신자들 때문에 위기에 처하게 된 복잡해진 충성에 대한 인식과 함께, 던이 교리적으로 독단적인 자들과 교류하고 싶어 하지 않는 마음의 단면이 드러나 있다.

던은 『가짜 순교자』에서 로마가톨릭 교회에 대해 제임스 1세와 상당히 유사한 어조와 주장을 펼친다. 그래서 이 책이 제임스 왕의 요청으로 쓴 것으로 추측되기도 했다. 왕은 1604년 의회에서 한 연설에서 로마 교회가 여러 면에서 병들고 부패하여 더럽혀지기는 했지만 영국 국교회의 모(母)교회라는 사실을 인정하는 한편 자신이 의도하는 종교 정책의 주요 노선을 피력한 바 있는데, 그가 천명한 원칙은 신앙 고백과 정치적 충성은 별개라는 입장이었다(Tutino 1314). 왕은 또한 각국의 왕들이 행하는 세속적인 일에 사사건건 간섭할 경우 교황은 적그리스도(antichrist)와 다를 바가 없다고까지 주장했다(Mohamed 290-1). 이 책에서 핵심적인 논점은 무엇이 이단이고 무엇이 이단이 아닌지를 결정할 수 있는 권위와 이단으로 판단된 세속의 통치자를 폐위시킬 수 있는 최고의 권력이 교황에게 존재하느냐 하는 것이다. 이처럼 교황권과 스코틀랜드와 영국, 프랑스, 스웨덴 등 북유럽과 서유럽의 독립적인 사상을 지닌 국가 교회 사이의 갈등은 던이 살던 시기에 특히 고조되었다.

던에게 보다 더 특별한 바는 『가짜 순교자』라는 제목이 내포하고 있는 주장이다. 던은 영국 교회가 저항하는 가톨릭 신자들에게 성찬을 행하고 하나님의 말씀을 들을 수 있는 장소를 제공하기 때문에, 이들이 기독교 신앙에서 가장 본질적인 부분을 실천할 수 있다고 주장한다. 또한 영국은 이러한 근본적인 부분을 확실하게 보장하기 때문에 로마가 장려하는 순교와 저항은 전적으로 근거가 없다고 주장한다. 이처럼 던은 교황이 외국에 대해 잘못된 영향력을 행사하는 것에 반대하면서, 동시에 국가의 안정과 질서에 대한 영국민으로서의 민족주의적인 관심을 부추기고 있다. 던의 말로 미루어 볼 때 당시에 저항적인 가톨릭 신자들 가운데 상당수가 법적 처벌을 피하기 위해서든 아니든 국교회의 성찬과 예배에 참석했다는 것을 알 수 있다. 던은 로마가톨릭을 믿는 영국의 신자 개개인이 로마에 대해 모든 정신적·영적 충성을 유지하면서도 영국 교회의 예배에 참여할 수 있다고 주장한다. 이러한 접근은 교회와 국가의 본질에 대해 중요한 의미를 함축하고 있다. 즉 영국 교회의 예배를 외형적인 의식의 준수로 의미를 축소시키고 더 나아가 교회의 수장으로서의 왕은 단지 외형적인 복종을 하는지 여부만 살피고 통치하는 역할을 수행하는 것으로 보는 것이다.

던은 영국의 가톨릭 신자들이 두 개의 서로 충돌하는 권력 사이에서 살아가는 법을 배워야하는 것이 아니라, 서로 다른 지역에서 각자 나름대로 적법한, 별개의 권력을 섬기며 산다고 본다. 이 책을 쓴 던의 목적은 인류의 역사를 통해 교회의 본질과 조직에 대한 다양한 설명을 허용하면서, 책을 읽을 가톨릭 신자나 프로테스탄트 독자 모두에게 실행 가능한 실용적인 방도를 제시하는 데 있었다. 순전히 종교적인 관점에서 보면 충성맹약은 교황의 영적인 권위라고 할 수 있는 가톨릭교회의 체제와 근간에 이의를 제기하지 않는다는 것이 던의 주장이다. 그는 『가짜 순교자』의 2장 제목에서 "순교에 대해 과도하고 부패한 꾸밈이 있을 수 있다"(That there may be an inordinate and corrupt affectation of Martyrdome)라고 강한 어조로 비판한다. 또한 3장에서 로마가톨릭이 연옥에 대한 교리와 같이 교리적으로 많은 오류를 지니고 있음을 지적하고, 4장에서는 로마가톨릭 중에서도 예수회가 거짓된 순교에 대한 그릇된 욕망을 품게 하는 데 주도적인 역할을 하고 있음을 비판하고 있다. 그러면서 『가짜 순교자』는 영국의 가톨릭 신자들이 더 이상 과거에 기록된 성경을 이해하는 도구로서 신이 인간에게 허락한 현재의 정치 체제를 거부하고 헛되이 순교할 필요가 없다는 점을 설득하면서, 동시에 교황으로부터 자유를 쟁취하려는 영국의 입장을 옹호하고 변호하는 데 결과적으로 도움을 주었으므로 제임스 왕은 이를 환영하고 기뻐했던 것이다.

『가짜 순교자』는 분명히 개신교의 건강하고 온전함을 칭송하는 프로테스탄트 소책자라고 할 수 있다. 그러나 이 글은 모하메드(Feisal Mohamed)가 주장한 바와 같이 교회의 '통합과 평화'를 달성하고자 하는 목적의 진정성에 있어서, 그리고 개종을 논한 자신의 글을 통해서 설득하려고 하는 독자층인 가톨릭 신사들과의 개인적인 연관성에 있어서 신랄한 독설에 찬 다른 논쟁적인 글과는 구별된다고 할 수 있다(291). 『가짜 순교자』는 프로테스탄트의 입장에서 하나로 통합된 기독교 세계에 대한 희망을 분명하게 밝히고 있다. 아울러 던은 군주의 역할은 백성들의 양심에 해를 가하지 않는 범위에서 외적인 상황을 다스리는 데 있으며, 성직자의 역할은 세속적인 일에 간섭하지 않으면서 시민의 영적 상태를 돌보는 것임을 『가짜 순교자』에서 제시함으로써 관용에 대하여 자유주의적 주장을 펴고 있다. 이렇게 볼 때 『가짜 순교자』에는 신학적이면서 동시에 정치적인 내용의 글쓰기로 왕에게 아부하는 던의 기회주의적인 면과, 이 글을 통해 왕의 환심을 사서 정치적으로 출세하려는 작가의 정치적 야망이 동시에 드러나 있다고 평가할 수 있다.

교황과 그의 예수회 심복을 조롱하면서 개인 신자들에게는 화해의 손짓을 하고 있는 『가짜 순교자』는 1611년에 발표한 교황의 권위와 예수회를 루시퍼(Lucifer)와 풍자적으로 연결시키고 있는 『이그나티우스의 비밀회의』와 그 주된 어조 면에서는 사뭇 다르지만 본질적인 주장에 있어서는 다르지 않다. 이러한 입장을 개종자 던의 개인적인 경험이 반영된 것으로 보는 경향도 있지만, 모하메드는 로마가톨릭에 대한 이와 유사한 주장들이 스튜어트 왕조 초기에 여러 성직자들 사이에서 행해졌다는 사실을 지적한다(Mohamed 292). 『이그나티우스의 비밀회의』는 『가짜 순교자』의 결론과 같은 작품으로 예수회원들에 대한 통렬한 풍자의 결과물이다. 예수회 창시자인 로욜라의 이냐시오(Ignatius Loyola)를 루시퍼와 함께 지옥에 있는 것으로 묘사하면서 그가 지옥을 지나치게 타락시킬 것을 우려한 루시퍼가 비밀회의를 통해 그를 달로 보내어 새로운 교회를 설립하도록 결정한다는 내용의 이 책에서 던은 로마 교황과 예수회 신부를 루시퍼와 연결시키는 등 풍자적으로 다루고 있다.

던은 영국 국교회가 국교 기피자들에게도 설교를 듣거나 성찬에 참여할 기회를 제공함으로써 이들이 기독교 신앙의 기본적 요소를 이행하는 것을 막지 않기 때문에, 개개인의 신자는 로마가톨릭에 대한 신앙적 충성을 그대로 유지하면서도 영국 국교회의 예배에 참여할 수 있다는 자유주의적 관용의 입장을 밝히고 있다. 이러한 던의 접근은 교회와 국가에 대한 그의 생각이 어떠했는지에 대한 중요한 시사점을 제공한다. 『가짜 순교자』에서 던은 신이 인간의 영혼만이 아니라 육체를 포함한 전체를 보살피는데 성직자를 통해서는 인간이 죄짓지 않고 선하게 살아갈 수 있도록 돕고, 군주를 통해서는 그가 제정한 법을 통해 천국으로 이끈다고 주장하면서 세속적인 문제에 대한 교황의 간섭을 비판하고 있다. 이처럼 종교적 관용에 대하여 자유주의적 주장을 편 던은 종교를 사적인 영역에 속한 것으로 간주하여, 모든 시민은 자신의 종교적 소속에 관계없이 법과 명령에 따름으로써 국가의 권위를 인정할 것을 요구한 것이다. 군주의 역할은 백성들의 양심에 해를 가하지 않는 범위에서 외적인 상황을 다스리는 데 있으며, 성직자의 역할은 세속적인 일에 간섭하지 않으면서 시민의 영적 상태를 돌보는 것임을 『가짜 순교자』에서 제시하고 있다. 비평가들 가운데는 던을 시류에 따르는 기회주의자로 낙인찍기도 하지만 던은 『가짜 순교자』에서 세속적인 일에 교황이 개입하는 것에 대해 비판을 가하며, 1622년 제임스가 설교자들에게 내린 지침에 대해서도 옹호하는 등 일관된 입장을 보인다. 투티노(Stefania Tutino)의 평가처럼 던의 『가짜 순교자』와 『이그나티우스의 비밀회의』는 흔하고 상스러운 에피소드에 기초한 풍자적인 성격의 팸플릿이나 잡지와 같은 작품과는 거리가 멀고, 그 반대로 이들 작품을 통해 우리는 자코비언 시대 영국의 종교적이고 정치적인 그리고 문화적인 세계에 대한 귀중하고 심오한 통찰을 얻을 수 있다고 하겠다(1320-21).

정확한 창작 연대는 알 수 없지만 던이 20대였던 1590년대에 쓴 것으로 보이는 「풍자시 3」은 종교에 관한 시로서 어린 시절부터 믿던 가톨릭 신앙에 대해 회의하고 갈등하던 시기에 대한 기록으로 읽을 수 있다. 이 시는 개종과 관련한 던의 종교적 믿음에 대한 깊은 성찰의 결과이며 17세기 당대의 종교적·정치적 논의에 대한 시인의 반응이다. 「풍자시 3」은 어떤 지상의 권위도 믿을 만한 안내를 제공하지 않기 때문에 각 개인은 자신이 믿을 종교를 스스로 선택하고 결정해야 한다고 주장한다. 즉 어느 교회가 참된 교회인가에 대한 결론을 제시하기보다는 참된 교회를 찾는 개인의 여정을 치열하게 보여준다. 참된 교회를 찾기가 힘들다는 점을 묘사하고 있는 시에서 귀보리는 가톨릭을 믿는 집안에서 성장한 시인이 이를 박해하는 프로테스탄트 사회에서 느끼는 불안과 소외감을 엿볼 수 있다고 진단한다(1993, 132). 시의 화자는 "훌륭한 종교"(fair religion; 5)를 "연인"(mistress; 5)에 비유하며 이를 위해 "우리의 온 영혼을 다 바칠 만한 가치"(worthy of all our souls' devotion; 6)가 있지 않은가라고 묻고 있다. 던은 개종을 함으로써 지옥에 갈지도 모른다는 두려움에 잠시 빠지지만 "이 두려움은 위대한 용기이고, 용맹이다"(This fear great courage, and high valour is; 16)라고 말하면서 이러한 두려움에도 불구하고 자신이 옳다고 생각하는 종교를 과감히 선택하는 용기가 필요하다고 말한다. 도처티(Thomas Docherty)가 지적한 바와 같이 던은 자신이 집안의 신앙과 유산을 배반하였지만 이러한 배신이 진리를 추구하는 데 필요한 자질임을 강조하는 여러 시를 남기고 있다(125-26).

시는 많은 명령문을 통해 세상 마지막 때에 심판을 받게 됨을 상기시키면서 참된 진리와 종교를 찾아 헌신하라고 촉구하는데, 이 과정을 마치 여러 나라를 다니며 아내감을 찾아 나서는 과정처럼 그리고 있다. “참된 종교를 찾아라”(Seek true religion; 43)라고 하며 화자는 선택할 수 있는 다양한 종교 가운데 로마가톨릭과 제네바의 신교, 영국 국교 등을 열거하면서, 적극적으로 진리를 모색하지 않고 피상적인 자질만으로 종교/아내를 선택하는 자들을 비판한다. 진리를 찾아 나선 인물 가운데서 영국인 미레우스(Mirreus)는 참된 종교가 영국에는 없다며 로마에서 가톨릭(Roman Catholicism)을, 크란츠(Crants)는 제네바에서 칼뱅주의(Cavlinism)를, 그라이우스(Graius)는 어떤 변화도 바라지 않고 안주하려는 맹목적인 애국주의자로서 영국 국교회(Anglicanism)를 선택한다. 프리기우스(Phrygius)는 다양한 신들을 인정하지만 무비판적으로 신·구교 모두 창녀처럼 부정하고 불완전하다고 판단하며, 그라쿠스(Gracchus)는 진보적 자유주의자로 어느 종교나 다 좋다는 입장을 대변한다. 이들은 모두 무분별하게 옛것이나 새것을 좋아하거나, 신앙의 선조나 대부들이 말해 주는 것을 그대로 받아들이거나, 어느 쪽도 선택하기를 포기하고 무관심한 당시의 세태를 풍자하고 있다(Carey 12).

시는 치열하게 참된 종교를 모색하는 구도자의 자세에 대해 “우상을 숭배하거나 경멸하고 항의하는 것, / 이 모두가 나쁠 수 있으니”(To adore, or scorn an image, or protest, / May all be bad; 76-7) "현명하게 의심하라"(doubt wisely; 77)라고 주의를 환기시키며 길을 제시한다. 우상을 숭배하거나 경멸하거나 항의하는 것은 각각 당시 성상(聖像)에 대한 각 교파의 견해, 즉 로마가톨릭과 가톨릭 반대자들 그리고 프로테스탄트를 의미하는 것으로, 이들 모두의 입장이 잘못된 것일 수 있음을 시사한다. 또 17세기 초 영국과 유럽의 종교적인 상황에서 이들 사이의 균형을 잡는 일이 얼마나 어려운가를 이야기하며, 잠자거나 살못된 길을 무턱대고 달려가지 않고 양심과 이성에 비추어 현명하게 의심하고 따져 보는 것이 가장 안전한 방법임을 제시한다. 그러면서 확실한 진리를 발견하는 구도자의 길이 반드시 가야 할 길이지만 진리가 있는 높은 산으로 오르는 길이 숨 가쁘게 힘들다는 사실을 "울퉁불퉁하고 깎아지른 / 거대한 바위산 위에 진리는 시 있다"(On a huge hill, / Cragged, and steep, Truth stands, and he that will; 79-80)라는 표현으로 생생하게 그려내고 있다.

시의 마무리 부분에서는 "진리를 지키라"(Keep the truth; 89)는 표현을 통해 개인의 양심을 강조하면서 법이 영적인 문제를 해결할 수 없다는 입장을 표명한다. 이로써 종교에서 정치로 초점이 옮겨지는 듯하다. 종교의 신덕이 정치적인 요인과 불가분하게 얽혀 있던 시대에 시의 화자는 진리를 추구하는 행위가 세속적인 왕의 권력과 대치될 수 있다고 말하는 것이다. 진리를 고수하려고 할 때 지상의 권력이 신의 법이 아닌 "인간의 법"(man's laws; 94)으로 이들을 재판하고 죽일 수 있지만, 신의 명령을 수행하는 도구에 불과한 "교수형 집행자"(hangman; 92)인 세속 권력에 순응하는 것은 영적인 죽음을 의미한다는 사실을 상기시킨다. 그는 교황이나 각국의 왕이나 종교지도자들도 모두 "마지막 날"(the last day; 95) 심판을 받을 인간에 불과하다는 사실을 강조하며 프로테스탄트와 가톨릭을 비롯한 교회 권력과 세속 권력 모두를 비판한다. 이런 점에서 「풍자시 3」은 스트라이어의 주장처럼 매우 급진적이고 진보적인 사상을 구체적으로 표현하고 있는 것으로 볼 수도 있다(Strier 283-321). 외부 권력의 영향을 배제하면서 참된 진리와 종교를 찾기 위해서 각 개인의 책임과 자율이 중요함을 강조하고 있다는 것이다. 위긴스(Peter Wiggins)는 여기서 던이 개인의 양심과 국가의 법 사이의 갈등을 극화하면서, 개인의 양심에 미치는 국가와 종교의 영향에 문제를 제기하고 있는 것으로 본다(41).

시의 마지막 부분에서 세속 권력의 지배를 받는 인간이 어떻게 양심에 따라 참된 종교를 선택하며 살 수 있는가에 대해 "권력의 한계를 알고 정당하게 권력에 복종"(rightly obey power, her bounds know; 100)하라고 말한다. 권력은 강물과 같은 것이어서 변하기 마련인데 이 "권력에 비굴하게 구는 것은 우상숭배"(humble to her[power] is idolatry; 102)라며, "거친 강물의 조용한 상류에 사는 / 축복받은 꽃"(those blessed flowers that dwell / At the rough stream's calm head; 103-4)처럼 강물의 상류에 살면서 하나님을 믿으라고 조언한다. 여기서 우리는 "체제에 속하여 안정된 지위를 누리는 한편, 외롭게 참된 종교적 진리를 추구하기를 원한 시인의 분열되고 복합적인 욕망을 읽을 수 있다"(최재헌, 풍자시 278). 지혜로운 영혼은 강의 상류에 피어나는 꽃처럼 세속 권력에 비굴하게 복종하지도 않지만 저항하지도 않고 권력의 한계를 인지하고 양심에 따라 신에게만 복종하며 살아간다. 귀보리는 시의 화자가 자신을 "축복받은 꽃들"과 동일시하고 부정한 군주를 사나운 강물이라고 표현함으로써 폭군과 같이 변할 수 있는 군주의 권력에 대한 두려움과 저항감을 드러내고 있는 것으로 해석한다(Guibbory, 1999, 36). 이처럼 진정한 종교와 진리에 대한 치열한 탐구를 그린 「풍자시 3」에서도 세속 권력에 저항하지 않으면서도 개인의 양심과 신앙을 지켜 나갈 수 있다는 던의 중도적이면서 자유주의적 관용의 입장이 두드러지게 나타나 있다.

던은 자신에게 많은 영향을 준 에라스무스(Erasmus)와 토마스 모어(Thomas More)를 『가짜 순교자』에 등장시킨다. 이 책에서 던이 그리는 인물들은 풍자적이면서도 회의적인 성향을 보인다. 특히 던은 책의 서문에서 반어적으로 에라스무스를 언급하고 있다. 『가짜 순교자』에서 에라스무스는 평화적인 이미지와 동시에 순교에 혐오감을 지닌 인물로 묘사되며, 충성 서약을 거부하고 순교를 택했던 모어는 "종교에 슬며시 들어온 미신에서 세상을 구하는"(to deliver the world from superstition, which was crept in under Religion; 94) 인물로 제시된다. 던은 『가짜 순교자』에서 순교에도 부패와 가장이 있을 수 있다고 비판하며, 순교를 교묘하게 부정적으로 제시하고 있다(Roebuck 250-51). 순교의 문제는 당시의 가톨릭교도들에 대한 국가적 억압과 연관되면서 정치적 문제와 직결되는 사안이었다. 당대의 신학적 교리들은 정치와 긴밀하게 연관되어 있었으며, 던은 『자살론』에서 제기했던 순교에 대한 의문을 『가짜 순교자』에서는 정치적 사안으로 부각시킨다.

루터에 의해 포문이 열린 종교개혁은 교회와 국가 사이의 논쟁을 격화시키고 복잡하게 만들었다. 헨리 8세가 로마 교회와의 결별을 선언한 이후 충성맹약 문제는 순교 논쟁의 맥락에서 이해될 수 있다. 순교 논쟁은 1563년의 영어판이 발행된 후 17세기 후반까지 엄청난 영향력을 행사한 존 팍스(John Foxe)의 『순교자 열전』(*Book of Martyrs*)에서 시작된다. 팍스와 반대의 입장을 취했던 로버트 퍼슨스(Robert Persons)는 순교의 타당성에 대한 의문을 제기한 일부 논객들의 의견을 반박한다. 팍스는 종교개혁자들을 위해 순수한 초기 교회의 회복을 주장했고, 퍼슨스는 로마가톨릭 교회만이 진정한 신앙이라는 것을 입증하고자 했다. 『세 가지의 개종에 관한 논문』(*A Treatise of Three Conversion*, 1603-4)에서 퍼슨스는 『순교자 열전』에 나오는 순교자를 가짜 순교자라고 비난한다. 그는 진정한 순교에 필수라고 여겨지는 합리성과 확고함을 프로테스탄트들의 광신적인 기질과 구분하고자 한다. 이러한 순교 논쟁은 정치와 종교가 결합되어 구분이 모호했던 당시로서는 상당히 정치와 융합된 행보라 할 수 있다.

엘리자베스 1세가 통치하던 시기에는 과격한 풍자로 이루어진 팸플릿을 통한 종교 논쟁이 성행하였다. 이 시기는 영국 성공회 주교들의 통치에 반대하는 청교도들의 재치 있고 독설적인 풍자 문학들이 등장한 시기이기도 하다. 제임스 1세 시대에는 종교적 설전을 담고 있는 책들이 이전보다 더 많이 출간된다. 이 중에 『가짜 순교자』가 있으며, 이 작품에서 던의 학식과 신학적 지식, 언어적 탁월성이 정치와 신학, 문학을 아우르면서 펼쳐지고 있다. 교회법에 정통함은 물론 의학과 수학, 항해술에 대한 그의 지식은 책의 곳곳에서 활용된다. 이러한 다방면에 걸친 지식을 적절히 사용하면서 던은 순교 행위를 심각하면서도 한편 희극적인 어조로 다루고 있다.

래스파는 『가짜 순교자』를 충성맹약이라는 국가적인 사안을 공식적으로 다루고 있는 중요한 저널리즘 작품으로 보면서, 던이 종교적 확신을 가지게 되었음을 암시하는 글로 평가하고 있다(*Pseudo-Martyr* xiii-xl). 던은 『가짜 순교자』 이후 발표한 글을 통해서도 계속적으로 종교적 논쟁에 이바지했으며 왕권과 교황권을 둘러싼 논쟁에도 기여했다. 그는 신학적 문제를 폭넓게 다루었으며 정치 이론에 대해서도 글을 썼다. 이런 주제를 다룬 그의 방대한 산문은 인간의 근본적인 문제에 대해 폭넓게 자신의 생각을 잘 드러내 보여주고 있으며, 던 자신도 『가짜 순교자』를 가장 오래 남을 기념비적인 작품으로 생각했다(Sommerville 73). 이후 1622년에 제임스는 성직자가 강단에서 특히 정치적인 문제에 대해 할 수 있는 발언의 범위를 극도로 제한하는 '설교자들에 대한 지침'(Directions to preachers)을 발표했다. 그리고 던에게 폴스 크로스(Paul's Cross)에서 이를 지지하면서 정당화하는 설교를 하도록 요청한다. 던의 설교는 결과적으로 왕을 매우 흡족하게 하여 왕이 이를 출판하도록 하였는데, 이것이 그의 설교문 가운데 인쇄된 최초의 것이었다. 이러한 정황은 왕과 던이 중요한 정치적·종교적 문제에 대해 비슷한 견해를 공유했음을 짐작하게 한다.

그러나 캐리(John Carey)와 래스파 같은 비평가는 던이 가톨릭 가문에서 성장한 배경과 후에 배교한 사실을 고려할 때 그가 제임스 왕 시대의 프로테스탄트 종교 의식과 제도를 전폭적으로 지지한 것은 아니라는 주장을 편다. 왜냐하면 이들은 던을 전복적인 사상과 죄의식에 사로잡힌 인물로서 반은 가톨릭 신자라고 간주하기 때문이다. 배교와 야심을 던 작품을 이해하는 키워드로 제시하는 캐리는 던이 가톨릭을 배교한 후 자신의 신앙을 배신했다는 뉘우침과 흔적이 그의 삶은 물론 그의 작품에 많이 남아 있다고 주장한다. 즉 던은 자신이 가톨릭 신앙을 버린 데 대해, 그리고 가톨릭 신자들이 순교를 당하고 있는 현실에 대해 늘 죄책감을 느꼈다는 것이다. 그러나 이러한 주장은 던이 『가짜 순교자』에서 많은 가톨릭교도가 잘못된 신앙 때문에 진정한 순교가 아닌 사이비 순교를 하고 있음을 거듭 강조하고 있는 점에 비추어 볼 때 받아들이기 힘든 부분이 있다. 던은 왕에게 충성맹약을 거부하다가 처형당하는 사람을 진정한 순교자로 볼 수 없다고 말한다. 왜냐하면 충성맹약 문제는 예수회에서는 받아들이고 다른 가톨릭교회는 거부하는 등 가톨릭 내에서도 의견이 분분했기 때문에 논란이 많은 교리로 인해 죽임을 당했다고 해서 그

것을 순교라고 할 수 없다는 논리다. 던은 충성맹약을 하는 것은 법과 선한 도덕에 완벽히 합치되는 것이므로 맹약을 거부함으로써 국법을 어기고 스스로를 위험에 처하게 하는 것은 자연법을 위반하는 것이라고 여겼던 것이다. 그러나 캐리는 『자살론』(*Biathanatos*)에서 스스로를 위험에 처하게 하는 자살을 옹호하면서 자연법에 대해 회의적인 견해를 피력했던 던이 『가짜 순교자』에서는 맹약을 거부함으로써 순교를 하려고 하는 행위는 자연법에 거스르는 것이라고 주장하는 것은 일관된 태도가 아니라고 보았다.

캐리는 던이 24살의 나이에 스페인에 반격을 가하기 위해 카디즈 원정에 나선 것은 순전히 정치적 야망 때문이었으며 이기적인 야심을 위해 자신의 가톨릭 신앙을 버렸다고 말한다. 또한 그는 속마음을 부정직하게 숨기고 왕의 환심을 사서 출세를 하려는 던의 야심이 『가짜 순교자』의 실제 집필 의도라고 주장한다(Carey 19). 그래서 던이 자신의 책을 온통 제임스의 왕권신수설 이론에 합치되는 내용으로 채워 놓았다는 것이다. 그러나 16세기 들어 엘리자베스 여왕이 교황으로부터 파문을 당하고 스페인이 수차례 침공을 해오자 가톨릭을 믿던 많은 영국인들이 프로테스탄트가 되었으며, 영국 여왕을 암살하고 영국을 정복하려는 시도가 빈번하였던 당시의 상황을 고려할 때 던의 원정과 배교가 그의 야심 때문이라고 단정하는 것은 무리가 있다. 던은 『자살론』에서 "억압당하고 고통받은 교파의 인물이 나의 유년 시절 교육을 담당하면서 대화를 나누었기에 나는 죽음의 위협에도 익숙했고 순교의 환상에 목말라했다"(17)라고 밝히고 있다. 또한 『가짜 순교자』를 쓴 주목적이 가톨릭 신자들에게 충성맹약을 하도록 확신시키는 데 있으므로 던은 자신이 유명한 가톨릭 가문 출신이라는 사실을 강조하고 있기도 하다. 일반적으로 던이 1590

년대 초나 중반에 프로테스탄트가 되었을 것으로 추측되지만 우리는 그 정확한 시기를 알 수는 없다. 다만 『가짜 순교자』에서 던은 자신의 프로테스탄트로의 개종이 신학 전반을 살펴보고 곰곰이 숙고한 후에 서서히 이루어졌음을 분명히 하고 있다(13).

캐리와 마찬가지로 래스파도 던의 삶에서 가톨릭 신앙의 중요성을 강조한다. 래스파는 던의 인생에서 가톨릭을 배교한 것이 가장 아픈 상처였다고 판단하면서 캐리처럼 『가짜 순교자』의 내용과 주장을 던의 생각이라고 액면 그대로 받아들이지 않는다. 래스파는 가톨릭과 가톨릭 신앙에 대한 던의 악의적인 공격은 자신이 하고 있는 말의 진위를 아직 확신하지 못하고 있는 한 개인의 고뇌가 반영된 것이며, 자신이 가톨릭 신앙에서 떠난 사실을 합리화하려고 지나치게 과장하는 측면이 엿보인다고 판단한다(Raspa xl-xli). 또한 플린(Dennis Flynn)과 같은 비평가는 어떤 상황에서는 자살도 정당화될 수 있다고 주장한 『자살론』과 관련시켜 볼 때 충성맹약을 거부하다가 죽임을 당하는 것은 순교가 아니라 자살이라고 주장하는 『가짜 순교자』에서의 던의 논리는 일관성이 없고 아이러니하다며, 이 책이 사실은 제임스를 교묘하게 비판하고 있는 것으로 파악한다(55).

던이 전통적으로 군주제를 지지하는 절대주의자로 여겨지게 된 것은 월튼(Izaak Walton)이 1640년 던의 전기를 펴낸 이후부터라고 노브룩(David Norbrook)은 본다(4). 노브룩은 이러한 던에 대한 부정적인 견해를 바로잡기 위해 애쓰면서 던이 가톨릭교도들보다는 오히려 청교도들에게 공감을 가졌으며, 던과 제임스 왕의 정치적 견해 사이에도 중요한 차이가 많이 존재함을 지적하고 있다. 더욱이 던은 1590년대에 통렬하게 반군주적인 시를 썼으며 이로부터 훨씬 이후에서야 절대주의나 군주제를 지지하는 쪽으로 나아갔다고 노브룩은 주장한다. 『가짜 순교자』는 논리가 빈약하며 솔직하지 않고 기만적인 작품이라고 본 캐리나 플린 등 많은 비평가들과 달리 노브룩은 이 책의 내용을 사실대로 받아들인다. 그러면서 이 책을 통해 던이 군주제에 대해 비판적이었던 자신의 이전 입장을 비판하고 있다고 판단하는데, 격동의 세월을 지나 1601년 2월 에섹스(Essex, Robert Devereux) 백작이 반란 혐의로 처형된 이후 던에게 절대주의를 지지하는 쪽으로 정치적 입장의 변화가 일어난 것으로 보고 있다(Norbrook 17).

패터슨(Annabel Patterson) 역시 『가짜 순교자』에는 군주제적 요소와 민주적인 요소가 어수선하게 얽혀 있으며 이 책자가 제임스를 위해 쓰인 것이라기보다는 제임스와 논쟁하는 듯이 보인다고 주장한다(Kingsman 262). 제임스 1세는 왕권만이 신의 축복이며 다른 권력의 형태는 불완전하거나 악한 것이라고 믿었다. 그러나 던은 비록 군주제가 가장 완벽한 통치권의 형태이지만 그 우월함은 상대적일 뿐이며, 군주제뿐만 아니라 다른 형태의 정부도 신의 승인을 받은 체제로 생각하였기에 자신들의 권위가 신으로부터 직접 나오는 것이라는 교황이나 왕의 주장과 다른 견해를 가지고 있었다고 패터슨은 본다. 그는 만약 왕이 군주제의 기원에 대한 던의 설명을 주의 깊게 읽었다면 이를 도저히 받아들이기 힘들었을 것이며 아마 하나의 경고로 보았을 것이라고 주장한다. 그러면서 패터슨은 「떠오르는 태양」("The Sun Rising")에서 왕이 사냥하는 데 대한 언급을 예로 들면서 이는 당시 평판이 좋지 않았던 제임스의 사냥에 대한 집착을 비판한 것으로 던이 품고 있었던 전복적인 생각의 단면을 드러내고 있다고 해석한다(Kingsman 260-61).

이처럼 많은 현대 비평가들은 던이 언어를 넌지시 둘러서 구사함으로써 표면적으로 보이는 것과는 정반대의 의미를 은밀한 방식으로 전달하려고 했다고 주장한다. 이런 식으로 그는 분별력이 떨어지는 제임스 1세와 같은 동시대인들을 속였으며, 왕은 던이 이처럼 전복적인 사상을 가진 인물이라는 사실을 알아차리지 못했다는 것이다. 이들은 또한 『가짜 순교자』가 표면적으로는 제임스의 반가톨릭적 견해와 왕권신수설에 동의하고 있는 것처럼 보이지만, 실제로는 매우 전복적인 면을 담고 있다고 본다. 그러면서 던이 왕과 정치적으로 대립관계에 있었던 인물들과 공감을 한 흔적들을 던의 글에서 찾아내면서 그가 제임스의 정치적 견해에 대해 매우 양면적인 태도를 가졌다고 주장하기도 한다.

그러면 던의 작품 가운데 던의 학식과 신학적 지식, 언어적 탁월성이 정치와 신학, 문학을 아우르면서 그의 정치 사상을 가장 잘 드러내고 있는 『가짜 순교자』에 대해 좀 더 살펴보기로 하자. 『가짜 순교자』를 집필한 목적은 교회의 본질을 제시하면서 가톨릭이나 프로테스탄트 독자 모두에게 실용적인 방도를 제안하는 것이었다. 이 글은 던이 충성맹약에 대한 옹호의 글에서 밝힌 주장을 확장한 것으로, 교회와 국가의 관계에 대한 던의 사상이 왕의 생각과 밀접하다는 것을 보여준다. 충성맹약을 둘러싼 논쟁에서 다른 제임스의 지지자들은 주로 가톨릭 신자들의 잘못된 교리를 논박하는 데 관심을 기울였다. 반면 던은 주로 가톨릭의 자료에서 유래한 주장을 통해 가톨릭 신자들로 하여금 맹세를 수용하도록 설득하는 데 목적을 두었다는 점에서 이들과 차이를 보인다(Sommerville 76). 『가짜 순교자』에서 던은 자신이 비록 가톨릭을 버리고 개종했지만 여전히 가톨릭교도들에게 동정심을 가지고 그들이 그릇된 원칙과 교리에 현혹되지 않도록 설득한다. 즉 이들이 진실한 믿음과 진리에 기초한 순교가 아닌 그릇된 순교를 하는 것이며 교황과 예수회의 이익을 위해 죽을 뿐이라는 사실을 깨우치기 위해 애쓰고 있다.

가톨릭신학자들은 가정과 국가와 교회는 모두 신이 제정한 제도라는 생각을 가지고 있었으며, 왕이 이단에 빠지거나 백성들의 구원을 위태롭게 할 경우 교황은 그를 폐위시킬 수 있다고 생각했다. 이들은 또한 교회는 국가보다 우위에 있으며, 신으로부터 직접 권위를 부여받는 교황과 달리 왕은 신으로부터만이 아니라 백성으로부터 권력을 부여받는다고 주장한다. 던을 비롯한 충성맹약을 옹호하는 자들은 이러한 생각을 거부하면서 『가짜 순교자』에서 왕도 권력을 오직 신으로부터만 받는다고 주장했다(78). 이 충성맹약에는 파문당한 왕은 백성에 의해 살해되어도 괜찮다는 교리를 이단적인 것으로 공격하는 구절을 포함하고 있다. 대부분의 왕의 측근들은 이 구절에 대해 별 주의를 기울이지 않았으나, 던은 이 문구가 충성맹약을 하려는 가톨릭 신자들로 하여금 우려와 망설임을 초래한다는 사실을 알았다. 이 맹약의 초점은 전적으로 시민의 의무에 관한 것이지 맹세하는 사람의 종교적이고 영적인 영역을 침범하면서 가톨릭 교리를 부인하도록 요구하는 데 있는 것이 아니다. 그래서 던은 『가짜 순교자』에서 오해의 소지가 있는 맹약의 구절을 분명히 하여, 맹약이 이단으로 규정하는 것은 파문과 같은 교황의 권한이 아니라 왕을 살해할 수 있다는 주장이라고 결론을 내리고 있다(254-55). 소머빌(Johann Sommerville)은 이 『가짜 순교자』를 단지 왕의 환심을 사기 위한 학술적 습작이 아니라 던이 이전에 같은 신앙을 가졌던 자들에게 충성맹약을 하도록 진정으로 설득하는 시도로 본다(91-92). 논란이 되었던 신학에 대해 본격적으로 다룬 『가짜 순교자』로 인해 던은 성직자로서의 명성을 확립함과 동시에 왕의 후원을 얻게 되며 결국 세인트 폴의 사제가 되는 명예와 명성을 누리게 된다. 그렇다고 해서 이 책을 쓴 목적이 단지 부와 명성을 더 얻기 위한 것이라고 보는 것은 무리가 있다. 그보다는 훨씬 이타적인 목적이 있었기 때문이다.

그러면 이제 던이 절대주의자인가 아닌가 하는 존 던 연구에서 중요한 논점이 되고 있는 문제에 대해 자세히 살펴보기로 하자. 절대주의는 중세 봉건제에서 자본주의로 옮아가는 과정에서 근대 초기 유럽에서 나타난 정치 권력의 형태로서, 주로 17세기에서 18세기를 절대주의 시대라고 하며 영국에서는 스튜어트 왕조가 이에 해당한다. 일반적으로 절대주의는 통치자가 관습이나 법의 제한을 받지 않는 정권을 일컬으며 왕에게 세속권력을 집중하기 위한 일환으로 왕권신수설을 신봉하기도 하였다. 이러한 강한 절대주의는 법률을 제정하고 세금을 부과하는 것을 포함한 정부의 핵심 권한은 한 사람 혹은 하나의 체제에 위임되어야 효율적이기 때문에 통치권을 분리할 수 없다고 보는 견해이다(Shuger 692). 그리고 절대 군주는 법에 예속되어서는 안 되며 법을 제정하고 특별한 경우에는 누구의 동의도 없이 법을 집행할 권한을 가져야 하며, 왕의 통치권은 신의 법과 자연법에 의해서만 제약을 받는다고 생각한다. 그러나 실제적으로는 어떤 통치자도 절대 권력을 소유하지는 못했다. 절대 군주는 성문법과 상비군, 그리고 조세 체제를 포함하는 효과적인 중앙통제 수단을 가지고 있었으나 실제로는 정치 권력의 집중화를 억제하는 의회 등의 견제를 받는 경우가 많았다. 이러한 사실을 고려할 때 서유럽의 절대주의는 입헌군주제와 비교했을 때에만 절대주의적이라고 할 수 있을 것이다. 따라서 절대주의 이론은 실정법 및 의회와 관련하여 그 권력의 범위와 한계가 어디까지인가에 초점을 맞추고 있다.

스튜어트 왕조 때 절대주의에 대한 지배적 모델은 신의 통상적 권리와 절대적 권리라는 신학적인 구분에서 찾을 수 있다. 이 경우 왕은 통상적으로 마치 신이 자연법으로 세상을 통치하듯 실정법에 따라 자신의 영토를 다스린다. 하지만 신이 자연법을 뛰어넘거나 거스르는 기적을 행사하는 것처럼, 왕 또한 실정법을 완화시키거나 일시 정지시킬 수 있는 권력을 가진다. 그러나 왕의 절대적 특권은 신이 전능한 힘을 행사하듯 특별한 경우에 한하여 사용되어야 한다. 요컨대 스튜어트 왕조의 절대주의는 일반적으로 왕의 특별한 권력, 즉 평상시의 정상적이거나 항구적인 정부가 아니라 예외적이거나 위급한 상황에 처했을 때 공익을 위해 필요한 조치를 행할 권력과 관련이 있다. 그러나 이러한 권력은 두 가지 방식으로 이해될 수 있어 분별하기가 그리 쉬운 일이 아니며 그 둘 사이에는 내전으로 가는 길이 자리하고 있다.

스튜어트 왕조의 왕들은 자신들의 절대적 특권이 합법적인 범위 안에서 행사되는 것이라고 주장하였다. 예를 들어 모든 죄인을 판결할 때 왕이 실정법에 따라 판결을 하지는 않지만 그 죄인이 법의 판결을 받았을 때 왕이 절대적 특권으로 사면을 할 수 있는데, 이 경우 이를 절대주의라고 할 수는 없다. 왕이 법의 테두리 안에서 재량권이나 절대적 권위를 행사할 때 그는 절대주의자가 아니다. 1610년에 제임스 왕은 세금부과에 대해 의회가 도전하자 조상으로부터 물려받았고, 법에 의해 확정되어 공표된 자신의 특권과 권력에 대해 왈가왈부하지 말라고 경고하였다. 여기서 왕이 법과 선례에 호소한 것은 그의 행위가 절대주의가 아니라 입헌군주제의 범주에 든다는 사실을 암시하고 있다. 그러나 이에 대해 대부분의 의회파의 생각은 달랐다. 제임스 왕은 여러 번에 걸쳐 법에 따를 것을 약속했고 거의 항상 그렇게 했다. 이론적으로는 왕이 절대적 존재라 하더라도 실제적으로는 의회 안에서만 법률을 제정하고 세금을 거둘 수 있음을 그는 인정했다. 하지만 그는 또한 자신이 판단하기에 필요하다고 여긴 비상사태나 예외적인 경우에는 언제든지 그의 특권을 주장했다. 제임스는 신으로부터 받은 권력을 행사하는 데는 신에 대해서만 책임을 지면 된다고 믿었던 것이다. 군주는 예외를 결정하는 자이며 이런 맥락에서 보면 제임스는 절대주의자의 모델이다.

슈거(Debora Shuger)는 1641년에 이르기까지 일어난 일련의 정치적 위기는 왕이 법이 허용하는 특권들을 가졌느냐, 아니면 실정법을 벗어나거나 법에 반하는 절대적 권력을 가졌느냐 하는 문제에 전적으로 달려 있었음을 지적한다(696). 1620년대 이전 대부분의 의회 의원들은 왕의 특권을 크게 반대하지 않고 인정했던 것 같다. 그러나 이후 사면이나 의회 소집, 전쟁 선포 등 국가의 법이 허락하는 경우를 제외하고는 왕이 어떠한 특권도 가질 수 없다는 생각이 팽배해졌다. 당시 국가의 주요 사안들에 대해서는 왕실이 전적으로 결정하고 법정과 의회는 관할 밖에 있었다. 이런 이유로 엘리자베스 여왕과 제임스 왕 모두 의회에 대하여 특별한 경우가 아니면 국가의 일에 간섭하지 말라고 경고하기도 했다. 하원은 오랫동안 국가적 중대 사안에 대한 왕실의 절대적 특권을 거부하지 않았다. 하지만, '1621년 의회의 항의'(Protestation of 1621) 때 왕실의 외교 정책에 대해 논쟁할 권리가 없다고 생각하는 제임스 1세의 면전에서 의회는 언론의 자유를 자신들의 권리로 재천명하며 왕의 특권에 도전하였다. 이때 의회는 왕과 국가, 그리고 영국 교회와 영토의 방어 등에 관한 모든 사안에 대해 자유롭게 논의할 수 있는 권리를 주장하였으며, 제임스 왕은 의회 의사록에서 그 문서를 직접 찢어 내고는 의회를 해산시켰다. 이후 이들의 입장은 점점 더 벌어져 극단으로 치달았다. 그러나 양측 모두 관습법을 따르고 있다고 주장했고 또 상당한 지지를 받았기 때문에 그 당시에조차도 이들 사이의 구분은 흐릿했다. 이는 우리가 던의 절대주의를 논할 때 이 두 입장 가운데 어느 한쪽을 선택하는 것이 쉽지 않음을 의미한다.

결국 던의 절대주의에 대한 논의는 절대주의를 어떻게 정의하느냐에 달려 있다고 할 수 있다. 만일 절대주의가 왕의 입법 통치권, 즉 의회의 동의 없이 왕이 직접 법률을 제정하고 세금을 부과하는 권력을 의미한다면 던은 절대주의자가 아니라고 할 수 있을 것이다. 이러한 개념의 절대주의는 스튜어트 왕조 초기에 거의 지지를 얻지 못했으며 심지어 제임스 왕조차도 멀리 할 정도였다. 던이 만일 설교에서 절대주의를 주장했다면 적대적인 비난을 면할 수 없었을 것이지만 그 어떤 공격도 받지 않았다는 것은 그가 설교할 때 절대주의 사상을 직접적으로 내비치지 않았다는 사실을 강하게 암시한다. 하지만 캐리가 『존 던: 삶, 정신, 그리고 예술』(*John Donne: Life, Mind, and Art*)에서 '절대주의자 던'(Donne, the absolutist)을 논한 1981년 이래로 던 비평에서 절대주의는 중요한 논점으로 부각되어 왔다. 그러나 아쉽게도 캐리는 정치이론 자체를 깊이 파고들거나 관심을 보이지는 않는다. 그보다는 던의 절대주의를 권력에 대해 무한히 집착을 드러내는 확고한 자기기만의 산물이거나, 자신의 출세를 위해 제임스 왕의 비위를 맞추는 전략 정도로 해석하는 한계를 보이고 있다.

던의 절대주의를 자신의 사욕을 채우려는 야망과 자기기만적 신비화의 결합물로 바라보는 캐리의 생각에 대해 던이 칼뱅파와 의회의 반대파의 주요 인물들과 유대를 가졌다는 여러 반증들이 제기되었다. 그러나 던의 산문에서 반절대주의자의 면모를 찾으려는 시도는 별 성공을 거두지 못했다. 이는 캐리와 마찬가지로 그를 비판하는 비평가들 역시 던에게 있어서 절대주의를 정치 이론이 아니라 권력에 대한 아첨과 숭상과 같은 것으로 다루고 있기 때문이다. 노브룩은 캐리에 대해 반박하는 글에서 절대주의를 "현란한 이미지로 신비화된 … 권력의 거칠 것 없는 행사”(5, 8)로 규정한다. 그러나 슈거는 던의 정치 사상을 다룬 많은 연구가 던이 왕의 신성한 권리에 아첨하는 지지자나 왕당파(Royalists) 꼭두각시나 출세에 눈먼 인물이 아니라 오히려 왕의 독재를 단호하게 거부하였음을 입증하면서 캐리의 주장에 반박하려 하지만, 아쉽게도 이 역시 캐리의 절대주의 개념을 비슷하게 재생산해 내는 데 그치고 있다고 평가한다(Shuger 691). 그 이유는 이들의 논의의 초점이 절대주의가 아니라 던을 오명으로부터 벗어나게 하는 데 있기 때문이다.

『자살론』에서 던은 왕이 행사하는 특권은 불가해하며 모든 법을 초월한다고 주장하는데 이는 왕이 제왕의 권력을 가지고 있으므로 그가 필요하다고 생각할 때는 법을 뛰어넘어 특권을 행사할 수 있다는 뜻으로 해석할 수 있을 것이다. 던은 또한 『신성에 대한 수상록』(*Essays in Divinity*)에서 자연은 신이 우리를 다스리는 관습법인 반면 기적은 신의 특권이라고 언급하면서, 기적은 다른 것에서 볼 수 있는 어떤 특권과도 달라서 아무도 그것을 이해할 수 없다고 말한다(81). 이러한 생각이 스튜어트 왕조 초기 절대주의에 대한 지배적 견해였으며, 이는 왕에 대해 비판적인 의회파의 생각과 전적으로 상반된 것이었다. 의회파들은 왕의 특권은 규정되고 범위가 정해져야 하며, 법이 허락하는 성격이어야 한다고 주장했다. 반면, 왕과 지지자들은 좋은 정부는 왕이 필요로 할 때는 법을 초월해서 행사할 수 있는 특권을 필요로 한다는 생각을 지녔다. 무제한적인 주권과 관련된 이 중요한 문제에 대해서 던은 분명 왕의 편이었다. 왕과 던 사이에는 여러 가지 면에서 생각의 차이가 물론 존재했지만, 근본적인 정치 사상의 문제에 있어서는 큰 차이가 없어 보인다.

정치적 가부장주의(patriarchalism)을 거부하고 온건한 의미에서 군주에게 복종할 것을 매우 복잡하고 모호한 방식으로 표현하고 주장하고 있는 『가짜 순교자』는 일반적으로 강한 절대주의를 지지하는 내용을 담고 있는 것으로 받아들여지고 있다. 그러나 이 글은 주로 절대주의에 관해 말하고 있는 것이 아니라 왕의 신성한 권리(divine-right kingship)에 대한 옹호라고 할 수 있다. 모든 국가(body politic)의 최고의 통치자는 하나님으로부터 권력을 부여받는다는 주장은 '법에 의한 통치나 의회의 권리'에 도전하지 않는다. 『가짜 순교자』에서 던은 우리가 평화롭게 신앙을 지키며 살 수 있도록 정치적인 질서가 존재하므로, 신은 통치자에게 "그러한 모든 수단을 사용할 권력을 주고, 그러한 수단은 그러한 목적에 도움이 된다"(133)고 말한다. 이는 교황의 주장에 맞서 세속적인 권력의 자주권을 강조한 주장이다. 이어서 그는 "모든 사람이 한 영혼을 갖고 있듯이 하나님은 모든 국가가 하나의 권력으로 움직이도록 하셨다"(133)고 하여 강한 절대주의를 대변하는 듯한 말을 하였다. 그러나 던은 왕의 입법권에 대해서는 실제로 아무런 말도 하지 않았다. 이처럼 던의 정치 사상에 대한 최근의 연구들 대부분은 던이 왕실의 꼭두각시이거나 아니면 군주의 불법적 압제에 대항하여 국민들의 법적 권리를 옹호한 사람으로 보는 식으로 뚜렷한 대조를 보이고 있다.

던의 설교문에는 왕이라는 단어가 빈번하게 등장하는데 대부분 좋은 의미로 사용되고 있다. 맥컬러(Peter McCullough)와 같은 학자는 이로 미루어 볼 때 "왕에 대한 던의 헌신은 의심할 여지가 없어 보인다"(192)고 주장한다. 그의 설교는 왕을 "주님의 기름부음 받은"(anointed of the Lord) "신의 형상"(Images of God)으로, 신을 "군주의 표상"(the Type of Monarchy)으로, 군주가 다스리는 나라를 "천국의 모형"(Type of Heaven)으로 묘사하는 등 신성에 대한 이미지와 감각으로 채워져 있다(*Sermons* 4. 239-43). 던은 1627년 폴스 크로스에서의 설교에서 "신과 임금은 가까이 있어 둘 다 신이라고 할 수 있다. 신은 자기 백성에게 합법적으로 행하는 왕을 통해 역사하시며, 왕의 행위는 신의 행위라고 할 수 있다"(God and Kings are at a near distance, All gods; … in the Kings lawfull working upon his Subjects, God works, and the Kings acts are Gods acts; *Sermons* 7. 425; 8. 115)라고 주장했다. 이와 대조적으로 던의 설교문에서 의회에 대한 언급은 조금밖에 없으며 종종 부정적이고 비판적으로 언급된다. 그러나 던이 왕의 정책에 대해 비판했다고 해서 절대주의자로서의 자격이 박탈되지 않는 것처럼, 그가 의회에 대해 비판을 했다고 해서 던이 절대주의자가 되는 것은 아니다. 던은 설교에서 왕의 특권을 법에 의해 제한받는 것으로 보는가, 아니면 신이 자연법에 반하여 행하는 기적과 같이 비상시의 예외적인 권한으로 인정하는가 하는 문제를 언급하고 있다. 그러나 이러한 설교문은 신학적인 비유를 사용하고 있고 서로 모순되는 답을 제시하는 것처럼 보인다는 점에서 그의 생각을 정확히 짚어 내기가 어렵다.

소머빌은 2003년 에세이에서 제임스 왕이 개인의 권리를 공동체의 복지보다 하위에 두길 원했지만 "반대파들이 개인 재산권과 감세성책을 몹시 강력히 옹호했고, 그러한 반대파 가운데 다수가 엄격한 신교도적 도덕관을 지닌 기독교 원리주의자들"이었기 때문에 "왕은 반대파들보다 더 권한을 가지지 못했다"고 주장한다. 그러면서 비평가들이 던을 그 반대파들의 반대편에 있었다고 부정적으로 바라보는 이유에 대해 "미스테리하다"고 결론을 내린다(Sommerville 87). 최근의 할랜드(Paul Harland)의 연구 역시 절대주의를 독재와 동일시하면서 던이 1629년 설교에서 백성의 자유를 주장한 의회를 지지하여 왕의 절대적 특권을 주장한 찰스가 독단적 통치를 하는 데 대해 주의를 주었다는 사실을 확인해 주고 있다

(22-23). 던은 정치사상가가 아니었다. 던의 정치적 입장은 모호하게 표현되어 있으며, 이에 대해 학자들은 서로 다른 시각으로 해석하기도 한다. 근대 초기 영국인들은 통치권 문제에 대해 습관적으로 직접적인 언급을 회피했으며 스튜어트 왕조 때의 성직자들도 그러했다. 이는 줏대없는 우유부단함 때문이라기보다는 논쟁을 피하고 의견충돌을 막기 위해 의도적으로 무시하거나 모호하게 말하는 것이 습관화되었기 때문일 가능성이 있다. 절대주의를 지지하거나 연상하게 하는 던의 글은 매우 복잡하고 애매한 방식으로 표현되어 있어서 종종 그를 사상적으로 파악하기가 무척 힘들다. 따라서 던이 절대주의자인가 하는 물음에 대해서 답하는 것 역시 어렵다. 이는 왕의 신성한 권리라는 말로 모호하게 사용되는 절대주의에 대한 정의가 너무 복잡하게 내려져 있기 때문에 더더욱 그러하다. 그렇다면 앞으로의 던의 정치 사상에 대한 연구는 더 이상 그가 아첨을 일삼는 출세주의자이거나 권력욕에 사로잡혀 자신의 생각을 모호하게 신비화한 인물일지 모른다는 의심 어린 논쟁에 매이지 않고 이를 넘어서 그의 정치 사상에 대해 보다 본질적으로 접근할 때 스튜어트 왕조의 절대주의가 무엇인지에 대한 좀 더 결실 있는 답을 얻을 수 있을 것이다.

제3장

욕망

DESIRE

던이 생존하던 때부터 지금까지 4세기가 넘도록 던의 욕망에 대한 많은 비평이 있었으며 궁정과 교회로 상징되는 세속적이고 종교적인 야망에 대해서 비평가들의 의견은 다양성을 드러낸다. 던은 사회적이고 직업적인 출세와 지위에 대한 열망이 매우 강했으며, 이는 독자들에게 특별한 매력을 불러일으킨다. 이 장에서는 던이 가졌던 사회적·정치적·종교적 야망의 성격과 그의 생각을 조명하기 위해 먼저 그동안의 비평의 흐름을 살펴보면서 던의 텍스트는 과연 던의 강한 야망을 표현하고 있는지, 그리고 던의 욕망이 지닌 이원적 성격은 어떠한지 등을 지금까지 이루어진 비평과 함께 그의 텍스트와 전기적 사실을 동시에 고찰하고자 한다.

던의 텍스트는 성적 욕망과 함께 정신적이고 종교적인 욕망뿐 아니라 명예에 대한 욕망이 서로 얽힌 상태로 가득 차 있어서 이를 해석하려는 문학 비평가들의 욕망을 자극하면서 지금까지 많은 논쟁을 불러일으켜 왔다. 최근 신역사주의와 마르크시즘을 비롯하여 해체주의와 정신분석비평, 페미니즘, 독자반응비평 등 다양한 비평적 방법이 저마다의 방식으로 던의 텍스트에 담긴 욕망의 성격을 해석하려는 시도를 수행해

왔다. 던이 가졌던 야망의 동기에 대한 연구로는 1899년에 행해진 고스(Edmund Gosse)의 연구와 1970년에 나온 볼드(R. C. Bald)의 연구, 그리고 1981년에 출판되어 오늘날 던 연구에 큰 영향력을 미치고 있는 캐리(John Carey)의 연구 등이 큰 획을 그은 대표적인 비평으로 손꼽힌다.

그러면 던의 욕망과 야망을 이해하기 위해서, 먼저 성공적인 지위와 출세를 추구하고 후원자를 찾는 것과 관련하여 시대가 바뀜에 따라 야망에 대한 사회적·문화적 시각이 어떻게 변화되었는지, 우리가 받아들이고 인정할 수 있는 야망과 지나치게 집요한 야망 사이에 차이는 존재하는지, 던이 야심에 찬 인물로 간주되는지 아닌지가 왜 중요한지, 이러한 질문을 던지면서 그의 시와 산문을 통해 지금까지 양분되어 온 던의 야망에 대해 논의를 재검토해 보자. 캐리는 던의 예술은 끊임없이 자기 향상을 모색하고 출세를 열망하며 만족할 줄 모르는 던의 인격을 반영해 보여준다고 주장했다(Carey 94). 던을 명석하고 다른 사람과 다른 특이한 면이 있으면서 지나친 욕망을 추구하는 전형적인 르네상스의 인물 유형으로 생생하게 묘사한 캐리의 비평은 던의 삶과 작품의 관계에 대한 최근의 논의에 심대한 영향을 끼쳤다. 그렇다면 던을 지나친 야망의 소유자로 보는 일반화된 인식은 어디에서 비롯된 것일까?

던에 대한 이러한 인식이 누구에게서 시작되었는지를 추적해 보면 이는 던의 친구이면서 그와 마찬가지로 출세에 대한 욕망이 대단했던 존슨(Ben Jonson, 1572-1637)에서 시작된 것임을 알 수 있다. 던은 든든한 후원자인 로버트 드루리 경(Sir Robert Drury)을 위하여 한 번도 본 적이 없는 드루리의 외동딸 엘리자베스(Elizabeth)의 죽음을 애도하는 비가인 『첫 번째 기일』(*Anatomy of the World: The First Anniversary*)을 써서 1611년에 출판하였다. 이것은 최초로 출판된 던의 시였으며, 이후 그는 가족과 함께 런던의 드루리가(街)에 있는 후견인의 집에서 살았고 그해 드루리와 동행하여 대륙여행도 하였다. 존슨은 던이 본적도 없는 14살 소녀를 성모 마리아와 같이 우주적인 위치에 올려놓은 이 시가 불경스럽고 신성모독으로 가득 차 있다고 비판했다. 이러한 존슨의 비판은 자만심에 찬 던이 종교적으로나 수사적으로 지나친 표현을 한 데 대한 불만을 표현한 것이 분명하다. 오늘날 가장 높이 평가되는 던의 시들은 그의 당대에서도 인기가 있었지만, 문학사적 측면에서 그가 합당한 인정을 받기까지는 다른 시인들보다 훨씬 더 오랜 시간이 걸렸다. 심지어 던의 시에 대해 잘 알았던 동시대인들조차도 다른 이유에서이긴 하지만 이들 시의 미래에 대해 우려했었다. 존슨은 던을 어떤 점에서는 세상에서 최초의 시인이라고 칭송하면서도 불규칙적인 운율 때문에 그가 교수형감이라고 단언했으며, 던은 이해되지 않아서 아마 사라질 것이라고 예언했다.

그러나 후대의 비평가들은 던이 엘리자베스 드루리의 죽음을 정치적·사회적·신학적 사색을 위한 영감으로 이용한 것에 대해서는 덜 반감을 드러내면서, 그보다는 오히려 『기일』을 집필한 동기가 도덕적으로 타락한 것으로 보고 개탄하였다. 19세기 비평가들이 특히 그러했는데 1822년에 아이킨(Lucy Aikin) 같은 비평가는 후원 제도의 폐해와 그 영향으로 인해 아첨의 기교가 난무하는 현실을 개탄했다(vol 1. 75-76). 당시의 많은 비평가들은 던이 금전적인 보상을 목적으로 『기일』을 집필하였다는 데 주목하면서, 그를 궁정에서 출세하겠다는 헛된 기대를 품고 부자들의 문간이나 기웃거린 비굴한 인물로 보았다. 그러나 그를 옹호하는 목소리도 있다. 1811년에 코울리지(Samuel Taylor Coleridge)는 미켈란젤로(Michelangelo)나 라파엘로(Raphael)를 비롯한 르네상스 예술가들의 작품도 후원을 통해 만들어졌다며 던에 대해 비판하는 것은 잘못이라고 그를 옹호한다. 코울리지는 던의 시집을 읽고 그가 시를 조직하고 통일하기 위해서 어떻게 기지를 활용하였는지를 알게 되었을 때 환희에 찬 놀라움을 표현하였으며, 이는 형이상학 시를 읽는 것에 대한 결정적인 돌파구를 만들었다(Adlington 720).

1899년에 고스는 『존 던의 생애와 편지』(*The Life and Letters of John Donne*)에서 던의 전기를 문학 비평과 함께 다루면서 문학적·사회적 야망에 대한 던의 상이한 태도를 하나의 통합된, 매우 영향력 있는 초상으로 그려내고 있다. 고스는 자신의 책이 복잡한 던의 전기와 비평을 다루었으며, 이전에 나온 부분적이고 단편적인 연구와 달리 던의 특이함과 서로 모순되는 특징을 아우르는 것을 목표로 했음을 밝힌다. 고스는 던이 전기 작가 월튼(Izaak Walton)이 흠모하고 칭송하는 것과 같이 그렇게 순수한 성인과는 거리가 멀며, 그렇다고 국교 기피자들이 의심하듯이 교활하고 가공할 만한 궁정인도 아니라고 했다. 그러면서 그는 던을 우리가 쉽게 단언할 수 없는 인물이라고 시인한다(Gosse vol 2. 290). 고스는 던의 『기일』이 돈에 매수된 부패한 작품이며, 그가 공직을 구걸하는 편지도 쓰고 진실한 감정이 결여된 장례식 만가를 썼으며, 베니스(Venice) 대사가 되게 해달라고 조잡한 청원을 넣기도 했다며 던의 야망에 대해 비판적으로 다룬다. 고스는 심지어 던이 성직자가 된 이유도 실용적이고 사적인 이익을 추구한 던의 욕망에서 찾는다. 던의 야망에 대한 고스의 연구는 사실과 다른 많은 오류도 범하고 있지만 그가 쉽게 이해하기 힘든, 약하고 세속적이며 불건전하고 복잡한 인격의 소유자라는 사실에 초점을 맞추고 있다.

1970년에 던의 야망에 대한 획기적인 책이 출판되는데 바로 볼드의 『존 던: 생애』(*John Donne: A Life*)이다. 이 책은 던의 행동에 대한 설명을 그의 인격 자체보다는 그가 처했던 절망스러운 환경에서 찾고 있다. 볼드

역시 고스처럼 던이 성직자가 되려고 결심한 근거와 후원을 얻으려고 한 노력에 대해 탐구했다. 연구 결과, 그는 던이 궁정인의 책략에 능란한 인물이고 이는 그가 성직자가 되어서도 이러한 책략을 버리기보다는 이를 이용하려고 한 것으로 결론을 내린다. 요컨대 던의 삶에서 한 번도 이기적이지 않거나 자신의 이익을 추구하지 않은 때가 없었다는 것이다. 그러나 볼드는 던이 이처럼 개인적인 이익에 집착한 것이 그의 인격의 본질적인 특성 때문이라고 보지 않고 바로 그의 절망의 증상이라고 진단하였다. 즉 아무리 노력해도 성공이 피해 가는 자가 겪는 절망감 때문이라는 것이다. 볼드와 마찬가지로 마로티(Arthur Marotti) 역시 『기일』을 던의 "사회적, 경제적, 그리고 정치적 실패"(Patronage 228)와 연결 지어 설명하고 있다. 패터슨(Annabel Patterson)은 다른 어떤 르네상스 시인보다도 던은 우리로 하여금 어떻게 사회 경제적이고 정치적인 환경이 한 인물의 성격에 영향을 미치며 상호작용하는지에 주목하며 환경적 조건 속에서 우리의 주체(subjectivity)를 인식하도록 한다고 주장한다(Kingsman 251). 던의 삶에 대한 이러한 최근 연구는 사회·정치적 관점에서 던의 심리를 해석한 볼드의 읽기를 반영하고 있다.

볼드의 전기가 나오고 10년 후인 1981년 던을 출세를 갈망하는 배교자로 표현한 캐리의 『존 던: 삶, 정신, 그리고 예술』(*John Donne: Life, Mind, and Art*)은 던의 야망에 대한 논의에 활기를 더했다. 그는 던이 가톨릭을 '배교'한 사실을 그의 성격과 작품 이해의 핵으로 삼고 있다. 그리고 아웃사이더의 사회적 신분에 대한 야망이 던의 삶을 이해하는 데 중요한 단서라고 제시한다. 캐리의 가장 뚜렷한 공헌은 던의 야망을 로마가톨릭교도로 태어나 영국 사회의 권력에 편입되지 못하는 아웃사이더로서의 사회적 지위를 극복하려 한 열망으로 설명한 점이다. 이러한 외적인 단절이 던의 자기중심주의와 자기 몰입(self-absorption) 사이의 내적 긴장상태를 초래했으며, 다른 한편으로는 던 자신이 불완전하다는 자각에 이르도록 한 것으로 캐리는 해석한다. 캐리에 따르면 이 긴장감은 던에게 만족할 줄 모르는 영혼의 탐욕이 생기게 했다는 것이다. 지적인 고립과 내적인 혼란이라는 캐리의 주제는 학계에 격렬한 논쟁을 불러일으켜서 지지자들과 반대자들 모두로부터 다양한 논의에 불을 지폈다. 캐리의 관점에 동의하는 사람들은 던의 내적 모순과 불만이 세속적인 성공에 대한 갈망을 불러일으켰다고 파악했다. 이들은 소외된 지식인으로서의 삶은 던이 결코 받아들일 수 없는 것이었다고 주장하면서, 던이 국교회 성직을 받아들인 것은 자신이 항상 원했던 기득권층으로의 편입 때문이었으며 그것이 자신의 정체성을 확립하는 방법이었음을 던이 알게 되었다고 주장한다. 예를 들어 마로티는 "던의 시는 그의 사회적·정치적 야망의 끊임없는 표현"(Patronage 212)이며, 그의 사랑에 대한 은유는 후원을 요청하고 이에 보답하는 사회의 역학관계를 반영한다고 주장한다. 마로티는 던을 동인(coterie)시인으로 일컬으며, 던의 작품은 그가 속한 집단이 공유한 역설과 아이러니라는 코드를 핵심적으로 갖고 있다며 던의 이미지를 출세를 목적으로 강력한 사회적 인맥을 이용하는 조종자(manipulator)로 묘사한다. 이들은 던의 풍자시가 표면상으로는 궁정의 삶의 부패와 가식을 공격한 것처럼 보이나, 이 역시 던이 자신의 사회적 단절을 초월하고자 사용한 전략이며, 그가 행한 설교 역시 후원체제를 통해 사회적 지위 향상을 정당화한 던의 행동의 연장선상에 있다며 캐리의 이론에 무게를 실었다.

반면 캐리에 대한 비판자들은 지나친 심리적 단순화, 역사적 근시안, 선택적이고 편견적인 증거의 사용이라는 세 가지 근거로 그의 주장을 공격한다. 가드너(Helen Gardner)는 캐리의 책이 주제에 대한 역사적인 상상력과 상상적 공감이 부족할 뿐 아니라 어조가 "너무나 자신만만하여 '현명하게 의심하며'(doubt wisely) 글을 쓴 작가가 지닌 복합적인 특성을 감소시켰다"고 비판한다(1981, 53). 패터슨과 다른 비평가들은 캐리가 텍스트 그 자체보다는 정황적으로 읽을 문서로 다루었던 던의 개인적 편지들이, 캐리가 주장한 것처럼 던이 야망을 위해 조잡하게 신념을 버린 것이 아니라 오히려 던이 신념을 버리지 않았다는 사실을 보여 준다고 주장했다(Misinterpretable 51). 캐리의 비판자들은 무엇보다도 던의 생애와 작품은 그 당대의 기준에 따라 이해되어야 한다는 코울리지의 주장과 의견을 같이했다. 이들은 던의 경력은 정상적인 야심찬 재사(才士)가 일반적으로 추구했던 것과 크게 다를 바가 없다고 주장하면서, 던이 성직을 받아들인 것이 단순히 출세를 위한 수단만은 아니었음을 입증하는 데 노력을 기울인다.

이처럼 캐리에 대한 반응이 찬반으로 나뉜 가운데 주목할 만한 부분은 경쟁적인 견해 사이의 중재에 초점을 맞춘 관점이다. 이들 비평가들은 후원제가 갖고 있는 문제점에 대한 던의 반응을 보여주려고 시도하며, 정치·종교적 정체성과 충성에 내재하는 불안정과 변동을 강조한다. 던이 국가와 교회에 진정으로 충성했을 가능성이 제기되면서 종교에 초점을 맞춘 다양한 연구가 활발히 이루어졌다. 던의 야망에 관한 세 가지의 다른 접근이 최근 20여 년 사이에 이루어졌는데 그 첫 번째는 전기에 바탕을 둔 플린(Dennis Flynn)의 야심찬 프로젝트이다. 이는 "비평가들의 평가 기저에 깔려 있는 가정들 전반을 재고할 필요성이 있는 새로운 사실을 제시"하는 데 목표를 두고 있다(*Catholic Nobility* 16). 이 일련의 발표는 기록적 증거에 기반을 두었는데, 플린은 명예의 개념을 가지고 던의 중요한 역할을 그의 삶에서 보여주려 시도한다. 플린은 던의 동시대인들은 그를 지독하게 야망을 추구하고 지위를 좇으며 사회적 신분 상승을 꿈꾸는 철물 판매원의 아들이 아니라, 놀랄 만큼 명예로운 사람으로 여겼다고 주장한다(Religious Imagination 35). 주로 1601년에서 1615년 사이에 집필된 던의 산문을 중심으로 플린은 던이 세속적인 성공에 대한 지나친 야망으로 『가짜 순교자』와 같은 작품이 생겨났다고 주장한 볼드와 캐리, 마로티 등에 의해 전파된 근거 없는 믿음에 대해 반대한다. 그는 패터슨과 노브룩 등과 의견을 함께하며, 이 시기에 던이 공직생활을 하려는 동기가 그의 개인적인 야망보다는 그의 정치적 발전과 관련한 것에서 기인하는 것이라고 주장했다.

반면 위긴스와 넬슨(Brent Nelson)은 플린의 전기적인 접근과 첨예한 대립을 이룬다. 위긴스는 던이 자신의 정치적 관심을 발전시키기 위해 고안된 야망의 시를 썼으며, 출세를 위해 궁정에서 필요한 기술을 연마하려고 카스틸리오네(Baldassare Castiglione)의 『궁정인의 책』(*The Book of the Courtier*) 번역본을 이용했다고 주장한다(Wiggins 2-3). 한편, 넬슨의 연구는 던의 설교에 국한되기는 하지만 접근 방식이 더 생산적이다. 던의 도덕적 정체성의 본질에 대해 다른 비평가들과 달리 넬슨은 세속적이고 영적인 야망에 대한 던 자신의 발언에 주목한다. 그는 던의 경우 "세속적인 야망과 거룩한 야망은 본질적으로 동일한 것이다. 세속적인 야망은 완전함에 있어서 수준이 낮지만 거룩한 야망으로 나아가는 시작점이 된다"고 했다(Nelson 135). 던의 야망에 대한 태도 이면의 역사적 맥락을 부차적인 것으로 국한시키고 있음에도 불구하고 넬슨의 연구는 초점이 던의 작품에서 나타나는 풍부하고도 다양하며 유연한 야망의 개념과 던 자신의 말에 초점을 맞추었다는 점에서 중요하다. 이러한 접근은 던의 야망을 존중하는 사람들과 그것을 거부하는 사람들 사이의 반복되는 대립으로 인한 비평의 교착상태로부터 빠져나오는 방법을 제시하면서 심화된 연구를 가능하게 한다.

던은 자신의 글에서 사회적이고 정치적이고 종교적인 야망에 대해 다양한 언급을 하고 있는데 이는 야망에 대한 그의 다양하면서도 일관된 행동양식을 보여준다. 던이 살던 르네상스 시대 영국 문학은 통제되지 않는 야망의 위험을 경고하는 도덕적 가르침을 담으면서 자만에 찬 야망을 사회적·종교적·정치적 죄로 규정짓고 있다. 이러한 훈계적인 어조는 던의 글에서도 찾아볼 수 있다. 던은 야망으로 가득 찬 궁정의 사회적이고 정치적인 불건전함에 대해 경고하는 등 다양한 형태의 야망에 대해 비판하고 있는데 이는 동시대인들의 태도와 맥을 같이하는 것이다. 그러나 던이 야망에 대하여 동시대인들의 입장을 똑같이 반복했다고 말하는 것은 그가 야망에 대해 여러 문학 장르를 통해 다양하면서도 독창적으로 다룬 특별한 업적을 지나치게 평가절하하는 것이다. 던이 살던 시대부터 현대에 이르기까지 야망에 대한 다양한 시각에 기초한 사회적·지적 역사를 아우르는 통합적 접근은 존 던의 야망에 관한 연구를 보다 폭넓게 확장시킬 것이다.

그러면 여기서 우리는 던 연구에서 지금까지 이야기되고 있는 잭(Jack)과 닥터(Doctor)라는 던의 두 모습과 이들이 대변하는 두 가지 욕망, 즉 세속적인 욕망과 거룩하고 종교적인 욕망에 대해 좀 더 살펴보기로 하자. 던은 외교 사절을 수행한 사제의 임무를 위해 독일로 떠나기 바로 직전인 1619년에 친구인 커 경(Robert Ker)에게 『자살론』(*Biathanatos*)의 원고를 맡기면서, 그것은 몇 년 동안 자신이 직접 쓴 것이며, 오독될 여지가 있기 때문에 원고를 소지하되 태우지도 말고 출판하지도 말 것을 부탁

한다. 다만 이 책이 닥터 던이 아닌 잭 던에 의해 집필된 것이라고 말하며, 이 둘 간의 구분이 유지되는 한 다른 이들에게 이 책을 보여주는 것을 허용한다. 던은 이전에도 자신의 원고를 출판하지 말도록 친구에게 편지를 쓴 적이 몇 번 있었다. 그 예로 1605년에 그는 구디어 경(Henry Goodere)에게 라틴 경구시(Latin Epigram)를 출판하기 전에 작품의 반환을 요구하는 편지를 썼다. 또한 1614년 성직에 들어서기 직전 구디어 경에게 보내는 또 다른 편지에서 세상에 대한 고별사로서 자신의 시들을 발표하기를 원한다고 했지만 그 시들을 출판하지는 않았다. 이처럼 던은 과거를 지우고 거부하려는 충동이 강했는데 특히 닥터 던이 된 후 이전의 잭 던 시절의 작품과 세속적인 것을 좇았던 삶의 흔적과 결별하려고 했다.

만약 앞서 던이 커 경에게 보낸 편지가 그의 분리된 자아를 제시하고 있다고 한다면, 던의 전기 작가인 월튼(Izaak Walton)은 이 둘을 동시에 사용했음을 보여준다. 월튼은 연약함과 약점을 지닌 던의 초기의 자아를 거부하고 성직자로서 존경받을 인물로 그의 삶을 미화하려고 한다. 그는 던이 성 아우구스티누스(Augustine)나 사도 바울(Paul)처럼 젊은 날의 방탕하거나 잘못된 길에서 극적으로 회심하여 개종한 것으로 그리기를 원한다. 그 대표적인 예를 허츠(Judith Herz)도 자신의 논문에서 밝힌 바 있듯이 젊은 날의 던의 초상화에 적힌 "개종하느니 차라리 죽겠다"(*Antes muerto que mudado*; sooner dead than changed)라는 경구를 "내가 개종하기 전에 얼마나 많이 변화될 것인가"(*How much shall I be changed / Before I am chang'd*)라고 자신의 임의대로 해석해서 잭에서 닥터로의 변화에 초점을 맞추고 있는 데서 찾아볼 수 있다(Two Donnes 734).

일반적으로 던은 젊은 시절 방탕한 삶을 살았던 것으로 이야기된다. 그러나 던과 함께 법학원에서 젊은 날을 보낸 베이커 경(Sir Richard Baker)

에 따르면 1640년대의 던의 삶은 "방탕하지 않고 아주 정결했으며, 숙녀들을 찾는 위대한 방문객이며, 연극을 보는 위대한 단골 관객이고, 기상이 깃든 운문을 쓰는 위대한 작가"였다고 한다. 그리고 나중에 제임스 왕의 격려로 "신학을 공부하게 되고,… 세인트 폴 성당의 수석 사제가 된다. 그리고 아주 드문 위대한 설교자가 되어 그의 설교를 듣는 모든 사람들로부터 존경을 받았다"라고 평가를 내리고 있다. 던의 명성은 그가 죽은 지 2년 후인 1633년에 출판된 『시집』(*Poems by J. D.*)에서 구축되기 시작하였으며, 이후 1635년에 출판된 그의 시집에서 남녀 간의 노골적인 사랑을 노래한 엘레지와 같은 시가 빠진 것은 세인트 폴 성당의 수석 사제에 더 걸맞게 여겨지는 방향으로 책의 출판이 변화되어 갔음을 보여준다. 이러한 암시는 던의 초상화 아래에 월튼이 쓴 짧은 글, 즉 이 책은 "사랑으로 시작하지만, 한탄과 죄로 인해 흘리는 눈물로 끝나다"라고 적힌 구절에서 잘 나타난다. 1640년에 이 위대한 설교자의 삶과 죽음에 대해 월튼의 해설이 붙은 『설교집』(*LXXX Sermons*)이 나옴으로써 던은 시인으로보다는 설교자로 인식되는 변화를 보인다. 그후 삼십 년 동안, 더 많은 시와 설교, 산문 편지, 그리고 작가의 젊은 날의 작품이 출판됨으로써 그의 인지도를 강화시켰다. 그러나 17세기 후반 영국 문학계가 급격하게 변화할 때 그의 작품이 이해되기를 바랐던 던의 희망은 좌절되었다. 이후 거의 2세기 동안 그의 작품들은 읽혀지지 않았다.

우리가 던의 시를 읽을 때 진실을 읽는 것인지 허구를 읽는 것인지, 그의 진실된 고백을 듣는 것인지 아니면 상상력으로 꾸며 낸 이야기를 듣는 것인지, 그리고 작중 화자는 시인 자신인지 아니면 페르소나가 말하는 것인지 판단을 내리기 힘든 경우가 많다. 그 답을 찾기 위해서 우리는 젊은 날의 잭과 닥터를 둘러싼 이원적이면서 다중적인 의미 주변을 "돌아서, 또 돌아서 가야 한다"(about must, about must go). 즉 잭과 닥터 사이에서 죄인과 성인, 가톨릭과 프로테스탄트, 배교자와 순응자, 출세주의자와 신실한 자, 난봉꾼과 남편, 궁정인과 성직자, 성적인 사랑을 노래한 시인과 거룩한 종교 시인이라는 그와 관련된 이미지 가운데 어느 것이 던의 참 모습인지를 모색할 때 이들 가운데 어느 하나(of either/or)보다는 흔히 둘 모두(both/and)의 면모를 그에게서 발견하게 된다. 캐리가 던의 배교를 둘러싼 논쟁에서 던에 관해 기억해야 할 첫 번째는 그가 가톨릭 신자라는 사실, 그리고 둘째는 그가 자신의 신앙을 져버렸다는 점이라고 말한 것도 이런 맥락에서 이해되어야 할 것이다. 이 캐리의 주장은 던의 삶이 갖는 이중성, 즉 던은 공적인 자아가 인정하지 않는 충동의 내밀한 배출구를 제공하는 그의 시를 통해 이중의 삶을 살았다는 의미이다. 최근의 많은 연구들도 던이 부정적인 의미의 출세지향주의자가 아니라 출세에 대한 관심을 가진 고결한 인물일 수 있음을 보여준다.

그러면 던의 텍스트 가운데 성과 사랑과 자살에 대한 세속적인 욕망을 드러내는 『노래와 소네트』와 『자살론』을, 그리고 종교적 갈등과 거룩한 욕망을 담고 있는 『거룩한 소네트』와 그의 설교, 그리고 『위급한 때의 기도문』 등을 통해 텍스트에 담긴 욕망에 대해 추적해 보자. 던의 시 가운데서도 『노래와 소네트』는 가장 복잡한 사랑에 대한 탐구를 담고 있는데, 시인은 성적인 사랑과 영적인 속성, 그리고 이들 사이의 관계 등 인간의 삶과 경험에서 중요한 욕망들을 치열하게 그려내고 있다. 동시대의 다른 시인들과 달리 여성과 몸과 사랑에 대해 극단적으로 상충되는 시각과 상이한 자세를 보여주고 있는 『노래와 소네트』를 통해 17세기 초 사랑의 시편 속에 등장하는 욕망의 세계와 성의 정치학을 살펴볼 수 있다.『노래와 소네트』는 17세기 초라는 근대 초기 영국의 급변하는 시대적 상황과, 자신의 성적 욕망과 정치와 권력에 대한 욕망이 복합적으로 얽혀 빚어내는 새로운 문화 기상도라고 할 수 있다. 사랑이라는 전통적인 주제를 매우 혁신적으로 다루고 있는 던의 시에서 이러한 변화된 가치관과 시각을 바탕으로 권위와 젠더, 권력 등의 문제가 새로운 대륙의 발견이나 탐험, 정복, 지도 그리기 등의 이미지로 그려지고 있다.『노래와 소네트』를 비롯한 던의 사랑의 시편들에는 영국 팽창주의의 시작을 알리는 활기차고 낙관적인 특징들이 제왕의 명령과 같이 당당하고 오만한 표현을 통해 드러나 있음을 쉽게 찾아볼 수 있다. 시에 담겨 있는 욕망은 끝이 없고 통제하기 힘들고 절박하며, 논의 자체가 들어설 여지가 없이 일방적으로 계속되는 명령들로 제시된다. 이는 또한 새로운 대륙의 발견이나 탐험, 정복, 지도 그리기 등의 이미지로 그려지고 있다(Belsey, Worlds 63-4). 그러면 이처럼 발견과 지도 제작, 우주론, 정복 등의 이미지를 통해 그 의미를 모색하고 있는 사랑은 어떤 종류의 사랑이며, 17세기 초 이들 사랑의 시편 속에 자주 등장하는 욕망의 세계는 어떤 성격의 것인가? 텍스트에는 어떤 성의 정치학이 새겨져 있는가? 그리고 사랑하는 연인들이 소용돌이치는 정치적·사회적 환경 속에서 서로 교감하며 주고받는 사랑과 욕망은 영토와 재산, 혹은 정복과 어떤 관계에 있는 것일까 하는 질문을 던지면서『노래와 소네트』의 시 몇 편을 중심으로 던 다시 읽기를 시도해 보자.

자살과 죽음에 대한 욕망:『자살론』과『노래와 소네트』

던의 작품 중에는 죽음을 주제로 한 것이 과도하다고 할 정도로 많은 데, 영국의 시인 가운데 그 누구도 던만큼 죽음에 대해 관심을 가진 작가는 없었다고 할 수 있다. 그의 시에는 죽음과 관련된 이미지와 생각이 많이 스며들어 있고, 산문과 편지를 보면 그가 가끔 자살 충동을 느끼는 등 심각한 우울증으로 고통받았다는 사실을 알 수 있다. 이 절에서는 먼저 던이 자살에 관한 생각을 다룬『자살론』에 대해 살펴보고, 이어서『노래와 소네트』가운데서 죽음을 주제로 다룬 대표적인 시 몇 편을 통해 자살과 죽음에 대한 던의 욕망을 읽으려고 한다.

던은 1598년 토마스 에거튼 경의 비서로 임명되면서 성공의 가도를 달리는 듯했다. 하지만, 1601년 에거튼 경 부인의 조카인 앤 모어와의 비밀 결혼으로 인해 1602년까지 투옥되어 세속적인 성공에 대한 기대를 모두 접어야 했다. 출옥 후 던은 불어나는 가족들의 부양 문제로 생활고에 시달리며 작품 활동을 계속한다. 이 무렵 던은 친구 헨리 구디어(Henry Goodyer)에게 편지를 보내며 사회적 소외감과 성공에 대한 욕망을 털어놓는다. 이 기간 동안 던은 죽음과 죽음의 가장 적극적인 형태인 자살에 몰두했던 것으로 보이며, 그의 자살 충동은 다년간에 걸쳐 상존했던 성향이었다. 그는 배교로 인해 가톨릭 공동체와 분리되었고, 사회적 입지가 전무했기에 철저히 고립되었다. 던의 이러한 상황이 모두 결집된 작품이 바로『자살론』이다. 자살을 옹호하는 입장을 밝힌 이 책의 제목은 그리스어로 '횡사'(violent death)를 의미하는데, 던이 1607년 즈음에 쓰기 시작하여 이듬해 7월경에 집필을 마친 것으로 보인다.

던은『자살론』이 패러독스(Paradoxe)라는 장르에 속하는 글임을 부제를 통해 밝히고 있다. 설리번(Ernest Sullivan)이 지적한 것처럼 르네상스 시대에 패러독스는 진지한 분석이나 논평보다는 지적인 기교를 부리는 데 더 적합한, 위트는 있지만 시시한 장르로 여겨진 경향이 있었는데(153), 던은 자신의 글의 장르로 왜 패러독스를 선택하고 이를 부제를 통해 밝히고 있는 것일까? 그렇다면 먼저 당시나 지금은 별로 중요하지 않게 인식되고 있는 패러독스라는 장르는 어떤 것인지 알아보는 것이 필요할 것이다. 오늘날에 패러독스 혹은 역설은 모호하고 비주류의 장르로 여겨지기는 하지만, 고전 시대부터 존재하여 가끔씩 유행하다가 17세기에 들어서면서 영국에서 특히 인기를 얻게 된다. 프라이스(Michael Price)는 패러독스가 두 가지 전통으로 발전해 왔나고 주장하는데, 하나는 찬사의 가치가 없는 누구 혹은 무엇에 대한 아이러니한 가짜 찬사(mock encomium)로, 실제로는 혹평에 가까운 것이다. 다른 하나는 일반적인 통념을 거스른 주장(argument against received opinion)으로 윤리적인 가치나 기준에 대한 상식을 뒤엎는 것이다. 예를 들면 아름다운 것보다는 추한 것이 낫고 부유한 것보다는 가난한 것이 낫다고 주장하는 경우를 들 수 있다(Price 149). 던은 드러난 표현 이면에 실제 말하고자 하는 내용을 감추고 위장하는 전복적인 스타일을 특징으로 하는 패러독스를 12편 남기고 있는데 이들 대부분은 1590년대 중반에 쓰였다. 본질적으로 수사적 위장이 핵심인 패러독스를 즐겨 쓴 이유는 자신이 말한 내용에 대해 검열을 피하고 싶어서라고 친구에게 보낸 편지에서 던은 밝히고 있다. 그의 패러독스 작품은 번뜩이는 통찰력을 보여줌에도 불구하고 비평가들로부터 하찮고 조잡하며 이해하기 힘든 작품이라는 비난과 경시를 동시에 받아 왔다. 가까운 친구들이 수서본의 형태로 돌려 보며 읽는 패러독스는 그 특성상 독자가 잘 눈치채지 못하게 하부텍스트를 암호화하고 검열을 피해 위험할지 모르는 내용을 숨기기에도 용이하다(Price 152).

던이 『자살론』에서 사용한 수사적 전략은 자신의 종조부인 토마스 모어 경(Sir Thomas More)이 『유토피아』(*Utopia*)에서 사용한 전략과 비슷하다.

『유토피아』는 허구적인 내용과 명칭을 사용함으로써 불신과 애매성을 창조한다. 그래서 히슬로데이(Hythloday)를 통해 사유재산 제도나 탐욕, 왕들의 이기심에 대한 불편한 진실을 비교적 안전하게 이야기하면서 통렬한 공격을 가하는 진지한 태도를 유지하고 있다. 이로써 독자에게 즐거움과 웃음을 선사함과 동시에 작가 자신이 너무 많은 비판에 노출되지 않으면서도 말하고자 하는 진실을 이야기한다. 즉 유머라는 연막 뒤에 전복적인 내용을 숨기고 있는 것이다.

던은 『자살론』 표지의 라틴어로 된 제명(epigraph)에서 "*Non omnia vera esse profiteor. Sed Legentium vsibus inservire*", 즉 독자가 이용하는 데 도움이 되는 것을 제외하고는 여기서 말하는 모든 것들이 다 진실은 아니라고 말함으로써 텍스트를 읽는 독자가 어느 정도 텍스트의 내용을 진실로 받아들여야 할지 헷갈리게 하고 있다. 이에 대해 설리번은 작가가 텍스트에서 자신이 한 말은 위트와 농담조로 한 것이며 모두가 진심을 이야기하고 있는 것은 아니라는 모호하고 모순적인 던의 태도와 글쓰기 전략을 밝히고 있는 것이라고 지적한다. 이처럼 던이 『자살론』에서 모호성을 특징으로 하는 패러독스라는 장르를 택함으로써 단순히 위트 있는 글의 차원에 머물던 패러독스의 지평을 자살의 윤리적·법적·신학적 함의에 대한 논쟁적이며 지적으로 폭넓은 분석으로 확장시켰다는 평가를 받고 있다(Sullivan 153-54).

영어로 된 최초의 자살 옹호론인 이 책에서 던은 자살이 그렇게 큰 죄는 아니라고 선언한다. 그는 역사적·신학적 작품을 면밀하게 조사하면서 자살에 대해 연구한다. 이를 통해 던은 자살을 세대와 장소를 아우르는 매력을 지닌 행위로 결론 내린다. 이 책의 서문에서 던은 개인의 문제에 자살만큼 좋은 해결책은 없다고 설명하며 자신의 자살 성향을 고백한다. 그는 서문의 시작 부분에서 당대의 유명한 학자였던 베자(Beza, 1519-1605)가 느낀 자살 충동을 언급하며 자신도 자살 성향이 있다고 다음과 같이 고백하고 있다.

> 탁월한 학자로서 한창 최고의 영광 속에 명성을 떨치던 베자는 … 자신의 머리를 벗겨지게 만들 것 같은 고뇌로 인해 만일 자신의 삼촌이 우연히 그 길로 와서 만나지 않았었더라면 파리의 밀러 다리에서 몸을 던져 물에 빠져 죽었을 것이라고 스스로 고백했다. 나 또한 그러한 병적인 성향을 지니고 있다 … 억압되고 고통받은 교파의 인물이 내 유년 시절 교육을 담당하면서 대화를 나누었기에, 나는 죽음의 위협에도 익숙했고 순교의 환상에 목말라 했다.
>
> Beza, a man as eminent and illustrious in the full glory … confesseth of himself that only for the anguish of a Scurffe which over-ranne his head, he had once drown'd himselfe from the Millers bridge in Paris, if his Uncle by chance had not then come that way; I have often such a sickely inclination … because I had my first breeding and conversation with men of a suppressed and afflicted Religion, accustomed to the despite of death, and hungry of an imagin'd Martyrdome. (*Biathanatos* 17-18)

여기 언급된 베자는 프랑스 학자로서 저명한 칼뱅 신학자였다. 굳이 존경받는 학자의 이름을 거론한 것은 자신의 자살 충동이 자기만이 느낀 별나고 특이한 성향이 아니라는 것을 말하기 위함인 듯하다. 인용문에서 미루어 볼 때 자살에 대한 던의 병적인 성향은 어린 시절 받았던 가톨릭적인 교육 환경과 순교에 대한 환상 때문이라는 사실을 알 수 있다. 당시 가톨릭 신자들은 영국 국교회 예배에 참석하지 않으면 벌금을 내거나 재산을 몰수당하는 등 국가로부터 사회적·경제적으로 많은 억압과 제약을 받고 있었다. 『자살론』을 자살에 대한 광기와 함께 정치적 욕망을 담고 있는 작품으로 본 이정영은 이에 대해 "가톨릭이 억압을 받는 상황에서 던은 사회 진출의 야망과 종교적 신념 사이에서 많은 고민을 했을 것"이라며 "개인적인 고민들로 인해 던은 자살을 사회적인 요인보다는 지극히 개인적인 성향으로 여기면서 자살을 전적으로 개인의 정신 영역에서 벌어지는 일이라고 보고 있다"라고 말하고 있다(120). 현세의 삶에서 내세로 가는 과정에 있는 죽음에 대한 관심은 당대인들에게 널리 퍼져 있던 시대적 징후였다. 죽음의 가장 적극적인 형태이며 죽음을 지배할 수 있다는 생각하에 던은 자살에 매력을 느꼈던 것으로 보인다.

비록 던이 패러독스라는 장르를 택하여 애매성을 창조하며 이 책에 기록된 내용이 모두 사실이 아닐 수 있다는 점에 유의하도록 독자에게 상기시키고 있기는 하지만, 자살을 옹호하고 자신의 자살 성향을 고백하는 내용은 분명 새로울 뿐만 아니라 위험할 수 있는 주장임이 분명하다. 그래서 던은 이어지는 서문에서 "베데스다 연못에서 물이 동하기까지는 (병자가) 건강을 얻을 수 없었다"(in the pool of Bethsaida, there was no health till the water was troubled)라고 하며, "이 문제에 있어서 진리를 찾는 최선의 방법은 이에 대해 토론하고 격론을 벌이는 것이다"(the best way to finde the truth in this matter, was to debate and vexe it; *Biathanatos* 20)라며 편견이나 선입견을 버리고 진지하게 자살의 문제를 다루기를 독자에게 제의하고 있다. 마치 「풍자시 3」("Satire 3")에서 "참된 종교"(true religion; 43)를 모색하는 구도자에게 무엇보다 절실히 요구되는 자세는 "현명하게 의심"(doube wisely;

77)하는 것이라고 말했듯이 말이다.

『자살론』은 "법과 자연"(Law and Nature), "이성의 법"(Law of Reason), 그리고 "신의 법"(Law of God)의 세 부분으로 구성되어 있다. 그는 자살이 결코 용서받을 수 없는 죄는 아니라고 언급하면서, 자살에 대한 잘못된 인식을 바로잡고자 한다. 그리고 자연의 법과 이성의 법, 그리고 신의 법이 결국은 하나라는 주장을 펼친다(이정영 121). 나아가 "우리가 죄라고 부르는 너무도 악한 일들이 신의 계명으로 인해 지행된 것"(Many things which we call sin, and so evil have been done by the commandement of God; *Biathanatos* 36)이라고 하면서, 인간의 원죄는 바로 자연에서 비롯된 것이고 인간이 죄를 지은 것도 신의 계명 때문이라며 인간에게서 책임을 벗겨 버리는 듯한 주장을 하고 있다.

종교적으로 자살을 금지하는 관행에 대해서 던은 법에 대한 저항과 개인의 자율성에 대해 단언한다. 모든 법은 영원한 것이 아니라 시간이 흐르면 변할 수 있으므로 어떠한 법도 다른 법 위에 절대적으로 존재할 수 없으며, 어떤 경우에도 개인의 주인은 각 개인 자신이라고 주장한다. 자살에 대한 권리는 결국 중세의 종교적 신념에 대항한 인간 중심의 르네상스적 사상이 반영된 것으로도 볼 수 있다. 던은 자살을 비난하는 견해에 대해 그릇된 순교와 고행을 비난하라고 냉소를 보낸다. 그는 종교나 제도권의 법률에 개의치 않고 개인의 몸에 대한 자유를 주장한다. "어떠한 법도 제1위에 있지 않으며"(No law is so primary), "어떤 경우에 있어서도 개인은 각각의 왕국"(In which case a private man is Emperor of himself; 47)이라고 역설한다.

그렇다고 해서 던이 『자살론』에서 자살을 무조건적으로 옹호하는 것은 아니다. 그는 개인의 이기심에 의한 자살보다는 하나님의 영광을 높이기 위해 실행된 자살에 관심을 보였으며, 이러한 종교적 자살은 인정받아야 한다고 여긴다. 던은 자신의 삶을 끝내려는 욕망이 자연의 법칙에 위배되는 것이 아니라고 주장하며, 성경에 등장하는 영웅적 죽음을 추구한 순교자들과 고전 인물들을 옹호한다. 이러한 인물들 중 가장 중요한 이는 바로 그리스도이다. 던은 그리스도가 자살한 것으로 간주하며, 그가 자발적으로 죽음에 이르렀다고 주장한다. "죽음은 그리스도 이래로 이전처럼 그렇게 사악한 것은 아니"(Death since Christ is not so evill as beefore; 104)라고 언급하면서, 그리스도가 자신을 내어 주었던 것처럼 우리도 그렇게 해야 한다고 주장한다(187). 또한 던은 그리스도의 죽음의 순간을 "그리스도는 자신의 머리를 절하듯 숙이고 나서는 영혼을 내어 주었다"(Christ did first of himself bow downe his head, and then give up the ghost; 190)라며 그리스도의 죽음이 자발적인 의지에 의한 것임을 부각시킨다. 그는 십자가형에 처해진 많은 순교자들은 수일 동안 생존할 수 있었기에 그리스도의 죽음은 자연사라기보다는 스스로 자신의 영혼을 내보낸 자살로 보아야 한다고 역설한다. 던은 그리스도의 죽음은 그를 죽이기 위해 가해진 고통으로 인해서 죽음에 이른 것이 아니라 그 "스스로가 한 행위"(his own act; 190)였음을 강조한다. 그리스도의 자살은 신에 걸맞은 죽음이었고, 죽음에 대한 승리를 의미했기에 그리스도의 죽음은 던에게 큰 영향력을 행사한다. 던은 자신이 실천하고자 했던 능동적이고 자발적인 죽음을 받아들였다는 이유로 그리스도를 숭배한 듯하다.

그리스도가 자신의 의지로 죽음에 이르렀다는 점은 신학자들도 일반적으로 동의하고 있는 사실이지만, 당대의 독자들에게 그리스도의 자살 주장은 이단적으로 받아들여졌다. 당대의 자살을 반대하는 목소리는 아리스토텔레스의 견해를 인용하며 국가에 대한 개인의 의무를 강조했다.

자살이 단순히 신에 대한 거역을 의미하는 데 그치는 것이 아니라 자살 관행이 널리 퍼져 노동의 공급과 국가의 수입을 감소시킬까 염려하였기 때문이다. 19세기까지 실패한 자살자는 사형에 처하는 것이 일반적이었으며, 자살에 성공한 경우 그 시체는 다양한 방식으로 공개 절단되어야 했다. 또한 자살자는 말뚝에 박혀 거리로 끌려 나와서 장례 절차 없이 십자로에 묻히기도 했다.

종교적으로 자살의 금지는 사후 세계의 약속과는 상충되어 보이지만, 교회는 자살을 금지하기 위해 규정을 강화한다. 던은 종교계의 권위적인 규정에 반대하면서 냉소적으로 자살 금지 규정을 비난한다. 던은 그 누구도 다른 이의 머릿속에서 일어나는 생각에 대해서 결정할 권리는 없다고 강조하며, 독재적 단체의 신념에 대항하는 개인의 의식을 옹호한다. 자살자의 마음이 죄가 없다면, 이는 신의 암시와 동의하에 자살을 하는 것일지도 모른다고 던은 주장한다. 그는 특히 기독교의 순교를 자살 충동으로 취급한다. 그러나 던은 그들의 종교심에 감동받았다기보다 죽음을 목적이 있는 행위로 만들어 주는 동시에 죽음의 공포를 지워 주었다는 점에서 순교를 인정하는 듯 보인다.

던은 종교계에서 숭고한 행위로 인정하던 순교를 자살의 한 모습으로 규정지으며, 역사 속의 순교자들의 의도에 대해서 의문을 품는다. 던은 초기 기독교 시대에서 순교자의 예를 가져오면서, 순교자들이 진리를 위해서 죽음도 불사했는지 아니면 단지 로마를 폭력 속으로 몰아넣기 위해서 순교를 했는지 확실하지 않다고 지적한다.

> 종교, 국가, 명성, 사랑, 안락, 공포, 수치를 위해서 자신들의 방식으로 인해 죽은 모든 순교자 열전을 내가 작성하려고 할 때, 이러

한 불굴의 정신에 관해서 나는 모든 미덕의 추종자들이 얼마나 적나라하게 드러나는지 보기가 부끄러워진다.

When I frame to my selfe a Martyrologe of all which have perished by their own means for Religion, Countrey, Fame, Love, Ease, Feare, shame; I blush to see how naked of followers all vertues are in respect of this fortitude. (*Biathanatos* 50–51)

던은 순교 또한 병든 마음에 깃든 자살에 대한 자연스러운 욕망에서 기인한다고 보면서, 순교를 교묘하게 부정적으로 제시하고 있다. 던은 『자살론』에서 "당대의 정치·종교적 이슈였던 순교의 문제를 전경화하면서 자신의 정치적 욕망을 위한 기초 작업"(이정영 126)을 하고 있었다는 사실을 짐작할 수 있다. 그는 『자살론』에서 회의적으로 제기했던 순교에 대한 의문을 『가짜 순교자』에서는 전적으로 정치적인 이슈와 함께 다루기도 한다.

『자살론』에서 드러나는 던의 태도는 상당히 모호하다(Sullivan 154). 던의 모호한 태도는 이 작품을 집필한 지 10년이 지난 1619년 4월 외교 사절을 수행하는 사제(chaplain)의 신분으로 독일로 떠날 즈음에 당시 제임스 1세의 총신이면서 궁정의 유력인사였던 친구 로버트 커(Robert Ker[Carre])에게 이 책의 원고를 맡기며 첨부한 한 통의 흥미로운 편지에서도 찾아볼 수 있다. 이 편지에는 그가 이 책을 오래전에 썼으나 잘못 이해될 수 있는 주제를 다루고 있음으로 인한 염려와 불안이 담겨 있다. 던은 『자살론』의 내용에 대해 염려하면서도 책을 잘 보관해 달라고 친구에게 부탁한다.

> 수년 전에 내가 이 책을 썼지만, 잘못 이해할 수 있는 주제에 관한 것이기 때문에, 이 책이 불태워지거나, 누가 이 책을 베껴 사본을 만들거나, 많은 사람이 이 책을 읽거나 하지 못하도록 덮어두곤 했다네. 이 책을 썼을 때는 오로지 두 대학의 가까운 몇몇 친구들만 읽도록 하고 알리지 않았지… 이 책을 잘 간직해 주게나… 이 책은 던 박사가 쓴 것이 아니라 젊은 날의 던이 쓴 것이라네. 출판하는 것도 불태우는 것도 금하니 내가 살든지 죽든지 간에 날 위해 이 책을 보존해 주시게. 출판되지 않도록 해주게. 그렇다고 불태워서도 안 되네.
>
> It was written by me many years since; and because it is upon a misinterpretable subject, I have always gone so near suppressing it, as that it is onely not burnt: no hand hath passed upon it to copy it, nor many eyes to read it: onely to some particular friends in both Universities, then when I writ it, I did communicate it. … Keep it, I pray. … it is a Book written by Jack donne, and not by D. Donne: Reserve it for me, if I live, and if I die, I only forbid it the press and the fire. Publish it not, but yet burn it not. (*John Donne: Biathanatos* 4)

"잘못 이해될 수 있는 주제"란 자살을 의미하는 것으로, "이 책에 그릇된 가닥이 들어 있지만 쉽게 찾아낼 수는 없다"(there was a false thread in it, but not easily found)라고 덧붙이고 있다. 이 원고를 한편으로는 "출판"되지 않도록, 그리고 또 한편으로는 "불"로부터 지켜서 태워지지 않도록 잘 보관하라는 부탁에서 자살을 옹호한 이 글에 대한 던 자신의 복잡한 심경을 엿볼 수 있다. 입신의 욕망을 품은 던에게 『자살론』은 양날의 칼과 같은 성격을 띠면서, 죽음에 대한 집착과 대척점에 서 있는 삶에 대한 강한 애착이 동시에 반영된 작품이라 할 수 있다.

『자살론』은 던의 생전에 집필되었으나 아들인 던 2세(John Donne, Jr.)에 의해서 사후인 1647년에 출간된다. 출판된 이후에도 『자살론』은 대중적 관심을 크게 받지는 못했다. 마로티(Arthur Marotti)는 『자살론』이 친분 있는 이들 사이에서만 한정적으로 유포되었다는 점을 들면서, 이 작품을 일종의 동인 산문으로 보고 있다(*Coterie* 181). 최근의 비평가들은 던이 위트나 모호함, 지적인 기교 등에 능숙했음을 지적하면서 『자살론』을 일종의 재담(joke)으로 해석하며 이 작품의 위트를 높이 평가하고 있다(Sullivan 156). 마로티의 말처럼 『자살론』은 재치와 역설로 가득 찬 논법을 구사하는 복잡한 작품이며, 이 책이 지니는 정치적인 함축을 잘 이해할 수 있는 독자들을 위해서 쓰인 풍자적이며 지적인 작품으로 볼 수 있을 것이다(Marotti, *Coterie* 189).

『자살론』이 자살과 죽음에 대한 던의 생각을 잘 드러내고 있는 산문이라고 한다면 『노래와 소네트』에도 죽음을 주제로 다룬 시가 많이 있다. 그 가운데 「성 루시일의 야상시」("A Nocturnal upon St. Lucy's Day")는 사랑하는 여성의 죽음으로 인해 시인이 경험하는 부재와 죽음, 그리고 어두움에 대한 슬픔을 노래하고 있다. 이 시는 서정시로서는 보기 드물게 장엄하고 감동적인 작품으로서, 변증법적이고 현학적인 긴장 속에서 시인의 농축된 감정이 섬세한 터치로 표현되어 있다. 던의 시 가운데 가장 난해한 시로 인식되어 온 이 시는 사랑하는 사람의 죽음으로 인한 시인의 슬픔을 노래한 일종의 애가(elegy)이다. 시의 제목에 나오는 성 루시일은 시기적으로 우리의 동지에 가까운 12월 13일로 일 년 중 낮이 가장 짧은 날이다. 「그림자에 관한 강의」가 사랑하는 연인들에게 있어서 일종의 정오의 순간을 다루고 있다면, 이와 대조적으로 「성 루시일의 야상시」는 또 다른 짧은 순간인 한 해의 자정을 시간대로 설정하여 이날이 상징하는 죽음과 재생의 순간에 대한 의미를 명상하는 데 집중하고 있다. 이들 두 시는 두드러지게 그림자와 재현에 관해 다루고 있는데, 「성 루시일의 야상시」의 경우 시인은 죽어 가는 상태의 재현 혹은 그림자이자 자신이 처한 지금의 현존에 대한 재현으로 이해할 수 있다(Docherty 97).

오늘은 한 해의 한밤중이자 해가
일곱 시간도 비치지 않는 날인 루시일의 한밤중,
　태양은 소진되어 오직 그 화약통에서는
　희미한 섬광만 가물거릴 뿐 지속적으로 빛을 내지 못하고,
　　이 세상의 수액은 다 빠져 내리고
수종(水腫)병에 걸린 땅은 온 세상 향유를 다 마셔 버렸다.
침대 다리를 타고 내려가듯 생명은 땅으로 움츠러들어
죽이 매장된다. 그러나 이 모든 것은
그들의 비문인 나에 비하면 웃는 듯이 보인다.

그러니 나를 연구하시오.
다음 세상, 즉 다음 봄에 연인이 될 그대들이여,
　나는 속속들이 죽은 것인데
　내게 사랑이 새 연금술을 썼으니.
　　사랑이 그의 기술로
심지어 무로부터 제5원소를 뽑아내고,
활기 없는 박탈과 여윈 공허로
사랑은 나를 파멸시켰고 나는 다시 태어났기에,

부재와 암흑과 죽음 등 존재하지 않는 것들로부터.

'Tis the year's midnight, and it is the day's,
Lucy's, who scarce seven hours herself unmasks,
  The sun is spent, and now his flasks
  Send forth light squibs, no constant rays;
    The world's whole sap is sunk:
The general balm th' hydroptic earth hath drunk,
Whither, as to the bed's-feet, life is shrunk,
Dead and interred; yet all these seem to laugh,
Compared with me, who am their epitaph.

Study me then, you who shall lovers be
At the next world, that is, at the next spring:
  For I am every dead thing,
  In whom love wrought new alchemy.
    For his art did express
A quintessence even from nothingness,
From dull privations, and lean emptiness
He ruined me, and I am re-begot
Of absence, darkness, death; things which are not. (1-18)

시의 제목에서 루시(Lucy)라는 성인의 이름은 어두움 가운데서 빛나는 빛을 의미하면서, 동시에 던의 딸의 이름과 그의 후원자였던 베드포드 백작 부인(Countess of Bedford)의 이름이기도 하다. 느린 장례 행렬처럼 진행되는 시는 석(Richard Sugg)의 말처럼 빛이 소진되어 가는 것뿐 아니라 전 세계의 활력이 시들어 간다는 느낌을 준다(186). "한 해의 한밤중"의 순간인 이날은 엔트로피가 점점 낮아져서 고갈되어 버린 시인의 상태를 묘사하고 있는데, 시인을 제외한 다른 "이 모든 것은 그들의 비문인 나에 비하면 웃는 듯이 보인다"고 말하고 있다. 이는 시인이 한 해의 죽음에 대한 언어적 표현이며, 그림자나 텍스트로 나타난 재현이라는 것을 의미하는 부분이다(Docherty 97). 다시 말해서 그는 죽음의 순간에 대한 표현이면서 일종의 죽음에 대한 죽음, 혹은 죽음의 축도(epitome)나 정수(essence)라고 할 수 있다. 이날을 한 해의 한밤중으로 표현하면서 생명의 근원인 태양이 제대로 힘을 발휘하지 못하는 날로 보고 있다. 시는 로스톤(Murray Roston)의 말처럼 세상이 의미를 잃어버리자 자아의 내면으로 움츠러들면서 실재 세계를 부정하는 화자를 통해 인간의 절망을 탁월하게 탐구하고 있다(41).

사랑하는 이의 죽음으로부터 시작되는 이 시는 그녀의 죽음으로 "존재하지 않는 것", 즉 "부재", "암흑", "죽음" 등이 사랑의 "연금술"을 통해 "제5원소"(a quintessence)로 추출되는 것으로 묘사한다. 이것은 일반적으로 연금술사들이 사물(things)에서부터 만들어 내려고 하는 생명의 제1원리(first principle of life)인 제5원소와 달리, 사랑이 연금술사처럼 "무"(nothingness)로부터 뽑아낸 무의 제1원리(the first principle of nothing) 내지는 죽음의 정수(essence)이다. 사랑은 연인의 죽음으로 모든 것을 빼앗긴 공허한 상태에 시인을 빠뜨림으로써 그를 통째로 없애 버린 후, 완전히 부정적인 존재로 지금 거듭 태어나게 하는 것으로 묘사되고 있다. 이제 그는 어디에도 존재하지 않게 된 진정한 자기 발견의 순간을 확신하면서 모든 정체성과 정의(definition)로부터의 자유를 자축하며 "다음 세상, 즉 다음 봄에 연인이 될" 자들에게 "속속들이 죽은 것"이 된 자신을 "연구하시오"라고 당당하게 말하고 있다(Mousley 4). 반면 시인은 자신을 제외한 모든 이들은 존재(being)의 특성을 가진 "생명", "영혼", "형태", 그리고 "정기"와 관련하여 나타내려 하며, 자신과 그녀의 관계는 존재의 상실이란 관점에서 표현한다.

다른 이들은 모두 모든 것에서 좋은 모든 것,
생명, 영혼, 형태, 정기를 흡수하여 존재하지만,
  나는 사랑의 증류기에 의해
  모든 무의 무덤이 되었소.

All others, from all things, draw all that's good,
Life, soul, form, spirit, whence they being have;
  I, by love's limbeck, am the grave
  Of all, that's nothing. (19–22)

사랑은 그를 완전히 파멸시켜 고차원적인 존재가 아니라 낮은 새로운 존재로 변형시키는데, 여기에서 던의 독특하고 기발한 생각이 두드러지게 드러난다. 즉, 시인은 애인의 죽음으로 인해 자신이 동물이나 식물, 심지어는 돌보다도 더 낮은 단계인 "제1의 무"(the first nothing)의 "연금약액"(the elixir; 29)이 되었다고 한다. 이는 그가 부재와 암흑과 죽음의 정수에 도달하여 마치 신이 세상을 창조했던 태초의 "제1의 무"처럼 되어 버렸다는 말이다. 무를 추구하면서도 던은 자신이 일반적인 무가 아니라 특별한 종류의 무라고 주장한다. 비존재인 무가 되려고 하면서 특별한 무엇인가가 되려는 것 자체가 캐리의 말처럼 비논리적인데, 그는 여기서 자기 부정과 자기 긍정의 자세를 동시에 취하고 있다(Carey 158-59). 그는 "만약 내가 그림자처럼 흔히 있는 무라면, 빛과 형체가 여기 있어야"(If I an ordinary nothing were, / As shadow, a light, and body must be here;

35-36) 하지만, 죽음의 정수에 도달하여 실체도 없고 모든 존재가 지니고 있는 속성을 가지고 있지 않은 자신은 무(I am none; 37)라고 말한다. 이처럼 우울한 분위기가 지배적이지만 허츠(Judith Herz)는 시에서 정작 죽어서 애도하게 한 "그녀"가 차지하는 공간은 거의 없고, "무"라는 주제를 둘러 싼 변주가 계속되면서 자신이 아니라 절대적인 무와 같은 존재가 되려는 화자의 욕망이 두드러지게 드러나고 있음을 지적하고 있다(Herz, Rereading 110).

> 그러나 나는 무이고, 나의 태양은 다시 떠오르지 않으리.
> 그대 연인들이여, 새로운 정욕을 그대들에게
> 　가져다주기 위하여 작은 태양은
> 　이 시각에 염소자리에 들어갔으니
> 　　모두 그대의 여름을 즐기시오.
> 그녀는 지금 그녀의 기나긴 밤의 축제를 즐기고 있으니
> 나는 그녀를 위해 준비나 하리라.
> 이 시간은 그녀를 추모하여 철야하는 밤, 그녀의 전야라 부르리라,
> 지금은 이해, 이날의 한밤중이니.

> But I am none; nor will my sun renew.
> You lovers, for whose sake, the lesser sun
> 　At this time to the Goat is run
> 　To fetch new lust, and give it you,
> 　　Enjoy your summer all;
> Since she enjoys her long night's festival,
> Let me prepare towards her, and let me call
> This hour her vigil, and her eve, since this
> Both the year's, and the day's deep midnight is. (37–45)

그에게는 하늘의 해가 "작은 태양"(the lesser sun)에 불과하고, 그보다 큰 태양(the greater sun)인 애인은 죽어서 다시 떠오르지 않으므로 그림자도 생기지 않는다는 것이다. 시인은 사랑하는 이의 죽음으로 절망적인 "존재론적 상실"(ontological privation)의 상태에 있지만, 이러한 상태는 앞으로 부활함으로써 구제받을 수 있는 상황으로 이어질 것을 시사하기도 한다. 왜냐하면 그는 현재의 죽음의 순간을 나타냄과 동시에 일종의 죽음의 죽음이 되기도 하는, 애매하면서도 긍정적인 상태를 표상하고 있기 때문이다. 다시 말해서 죽음의 죽음으로서 시인은 죽음의 정수를 모아놓은 요약본이면서, 한편으로 신학적으로는 죽음이 죽음으로써 더 이상 죽음의 지배를 받지 않는 상태로 부활하고 죽음을 물리치게 되는 존재를 상징하기 때문이다.

「성 루시일의 야상시」에서 시인은 자신을 죽음의 그림자 혹은 죽음의 재현으로 간주함으로써 죽음을 부정하기에 이른다. 죽음에 대한 던의 이러한 태도는 「거룩한 소네트 10번」("Holy Sonnet 10")에서 "짧은 한순간의 잠을 자고 나면 우리는 영원히 깨어난다네, / 그러면 죽음은 더 이상 없을 것이니, 죽음아, 넌 죽으리라"(One short sleep past, we wake eternally / And death shall be no more, Death thou shalt die; 13-14)에서도 찾아볼 수 있다. 이 마지막 2행 연구에서 던은 무시무시한 죽음의 공포를 제거하고 고뇌하는 자신의 영혼이 안식을 발견하기에 이른다. 죽음과 영생 사이에는 단지 "짧은 한순간의 잠"이 있을 따름이며, 그러기에 그는 "죽음아, 넌 죽으리라"라며 죽음의 죽음을 선언하고 있는 것이다. 「성 루시일의 야상시」는 사랑하는 여성의 죽음으로 인해 시인이 부재와 죽음과 어두움을 경험하게 되고, 그와 같은 존재하지 않는 무(無)로부터 사랑이 정수를 뽑아내어 태초의 무와 같은 새로운 종류의 무로 자신이 다시 태어났다며 그녀의 죽음으로 인한 슬픔을 노래하고 있다. 던은 이 시에서 무슬리(Andrew Mousley)의 평가처럼 참된 존재와 정수를 찾아 모색하면서 기존의 사고의 틀을 뒤엎고 안정된 실재와 일반적인 단어의 정의를 뒤흔들면서 언어적·지적·심리적 실험을 위한 공간을 창조하고 있다(4). 던이 많은 시들에서 다소 장난기 어린 어조로 죽음과 다음 세상을 다루고 있는 데 반해, 이 시에서는 매우 무겁고 진지한 태도로 말할 수 없는 것을 말하고 아무 진행이 없이 움직이는 능력을 보여주고 있다. 여기서 죽은 여인이 그의 아내인 앤 모어인지 베드포드 백작 부인인지, 아니면 전기적인 사실과 관계없이 허구에 기초하고 있는지는 정확하게 알 수 없다. 그러나 석의 말처럼 「성 루시일의 야상시」가 죽음에 대해 당시 낯익은 방식인 기독교적 태도로 접근하기를 거부하고 매우 현대적인 태도로 개인적인 사별을 다루고 있다는 점은 높이 평가할 만하다(Sugg 188-90).

죽음과 사멸되어 가는 것들에 관한 생각은 던의 시 곳곳에서 찾아볼 수 있는데 그 가운데서도 「독기」("The "Damp")에는 슬픔이 지배적으로 나타나 있다. 시의 제목인 "damp"는 오늘날 주로 습기와 관련된 형용사로 사용되지만, 당시에 광부들에게 두려움의 대상이었던 폭발성 가스나 질식성 가스 등 유독성 증기를 뜻했다는 것을 이해할 필요가 있다(Nutt 111). 런던을 휩쓴 역병의 와중에 살아남은 던에게 이 단어는 엄청난 두려움과 중압감을 느끼게 했을 것이다. 시는 시인의 원인 모를 죽음에 대한 친구들의 호기심으로 인해 시체를 검시(autopsy)하고 있다는 무시무시한 가상적 상황 속에서 시작하고 있다.

내가 죽고 의사들도 그 사인을 모른다 하면

내 친구들이 호기심에
나를 해부하여 신체의 각 부위를 검사하고는
내 심장에서 당신 모습을 발견하게 될 때,
갑자기 올라온 사랑의 독기가
친구들의 모든 감각으로 퍼져
나처럼 그들에게도 작용하여, 나를 죽인 살인을
대량학살의 이름을 과시하는 상태로 올려놓는다고 당신은 생각할 거요.

When I am dead, and doctors know not why,
And my friends' curiosity
Will have me cut up to survey each part,
When they shall find your picture in my heart,
You think a sudden damp of love
Will through all their senses move,
And work on them as me, and so prefer
Your murder, to the name of massacre. (1–8)

신체의 각 부분을 해부해 본 결과 시인의 심장 속에서 한 여인의 모습을 발견하게 되는데, 이 여인은 시인을 저버렸거나 그와의 잠자리를 거부한 여성이었을 것이다. 이 여인이 남성들에게 미치는 영향력은 시인을 죽게 만들 정도로 치명적이며, 나아가 죽은 시인의 시체 속에서 올라온 "사랑의 독기"가 그의 친구들의 감각기관에까지 순식간에 퍼져서 그들마저도 죽게 하여 "대량학살"이라는 끔찍한 결과를 몰고 올 것이라고 한다. 자신의 죽음을 애도하러 온 친구들이 부검을 한다는 상황 설정도 기이하지만, 부검을 행하던 그들이 시체더미로 변한다는 도발적인 발상은 가히 충격적이다. 그러나 이 모든 것이 단지 과장된 상상일 뿐이며, 한 문장으로 빠르게 전개되는 1연의 저변에는 애인을 유혹하는 화자의 목소리가 깔려 있음을 인식할 필요가 있다.

형편없는 승리로군! 하지만 당신이 정말 용기가 있고
　정복에서 기쁨을 느끼고 싶다면
남을 경멸하는 당신의 엄청난 거인을 먼저 죽이고,
다음으로 정절이라는 마녀를 죽이시오.
　고트족과 반달족처럼 일어나
　남성을 정복한 그대의 수완과 승리에 대한
기록과 역사를 지워 버리고,
그런 이점이 없는 상태에서 나를 죽여 보시오.

왜냐하면 나 역시 당신처럼
　거대한 지조와 비밀이라는
내 거인과 마녀들을 동원할 수 있으니.
그러나 이따위 도움을 나는 찾지도 자랑하지도 않소.
　여자로서 나를 죽여서 날 그냥 한 남자로
　죽게 두시오. 당신은 다만
순종의 용기만을 시험해 보시오. 그러면 알게 될 것이오
벗은 몸으로도 당신은 어떤 남자에게도 승산이 있음을.

Poor victories; but if you dare be brave,
　And pleasure in your conquest have,
First kill th' enormous giant, your Disdain,
And let th' enchantress Honour, next be slain,
　And like a Goth and Vandal rise,

Deface records, and histories
Of your own arts and triumphs over men,
And without such advantage kill me then.

For I could muster up as well as you
My giants, and my witches too,
Which are vast Constancy, and Secretness,
But these I neither look for, nor profess;
Kill me as Woman, let me die
As a mere man; do you but try
Your passive valour, and you shall find then,
Naked you have odds enough of any man. (9–24)

2연에서 시인은 한 남자뿐만 아니라 사랑을 하는 모든 남자들을 죽음에 이르게 하는 여인의 승리는 진정한 승리가 아니라고 말한다. 그는 진정한 정복의 기쁨을 누리고 싶으면 "경멸"과 "정절"을 버리라고 여인에게 요구한다. 여기에서 시인은 여인이 지닌 속성을 "거인"과 "마녀"로 의인화함으로써 그 속성에 대한 적개심을 은연중에 표현하고 있다. 너트는 시에서 사용된 "거인"과 "마녀"를 남성적 표상으로 보고 있다(Nutt 112). 이것은 아마도 시인이 의도하는 사랑을 하는 데 있어서 여성의 경멸과 정절이라는 도덕적 속성이 커다란 방해물로 작용하고 있다는 뜻이며, 따라서 이 둘은 남자들에게는 일종의 적으로 간주되는 것이다. 그러나 연인들 간에 치러지는 사랑이라는 전쟁에 있어서 남자의 적은 결코 여자 자체가 될 수 없기에 던은 기사 시대에 생명을 앗아가는 대표적인 존재인 거인과 마녀라는 남성적 표상을 가져왔을 것이라고 추측해 본다. 따라서 시인은 여인의 도덕적 속성이자 사회적 무기라 부를 수 있는 경멸과 정절만 없다면 시인을 죽게 하지도 않을 뿐더러 오히려 그 사랑에서 진정한 기쁨을 맛볼 것이라 말한다. 물론 시인이 예고하는 "기쁨"은 다분히 남성적 능력을 확신하지 않고서는 사용될 수 없는 어휘라고 볼 수 있다. 또한 여자의 거인과 마녀는 "경멸"과 "정절"인 데 반하여 남자의 것은 "지조"와 "비밀"로 본다는 사실이 매우 흥미롭다. 여자의 "정절"은 세상의 소문이 두려워서 방패용으로 쓰이는 데 비해 남자의 "지조"는 한 여인만을 지키는 부동의 설개를 뜻하며, 또한 여인이 그토록 신경을 쓰는 내밀한 비밀은 침묵으로 보장하기에 안심하라는 의미를 내포하고 있다.

어쨌든 시인 화자 자신도 그 무엇에도 얽매일 생각이 없다며 여성에게도 그러한 속성들을 버리고 한 여자와 남자로서 순수하게 결합하기를 유도하고 있다. 이러한 유혹은 결국 마지막 연에서 "여자로서 나를 죽여서 날 그냥 한 남자로 / 죽게 두시오"라는 노골적인 성적 표현을 그대로 사용함으로써 더욱 구체화되고 있다. 던은 시에서 이런 대담하고 뻔뻔스럽기까지 한 표현을 그대로 사용함으로써 상당히 무모하면서도 자신의 호색적인 남성적 기질을 충분히 맛보게 한다. 그러나 그는 "당신은 다만 / 순종의 용기만을 시험해 보시오. 그러면 알게 될 것이오 / 벗은 몸으로도 당신은 어떤 남자에게도 승산이 있음을"이라며 여성에 대한 최고의 찬사 역시 준비해 두고 있는 치밀함도 보여준다. 여성의 육체적 아름다움에 대한 찬사이면서 동시에 이러한 간결한 문장으로써 음란하기까지 한 남녀 간의 미묘한 성 관계를 절묘하게 표현한 것은 던이 아니고서는 좀처럼 찾아볼 수 없는 독특한 표현이 아닐 수 없다.

이 시가 결론에서 불러일으키는 유혹적 색채를 무엇으로 이해하든 간에, 우리가 한번쯤 짚고 넘어가야 할 것은 던이 이 시에서 다룬 죽음과 성 관계에 대한 시각일 것이다. 앞서 살펴본 것처럼 시인은 죽음과 성을 대단히 사실적으로 묘사하고 느끼게 해준다. 특히 1연에서의 시체에 대한 표현은 의과대학의 해부학 수업을 연상시킬 정도이다. 그런데 그는 이러한 이미지들을 아주 조심스럽게 변형시킴으로써, 여인이 보여주는 성 관계에 대한 방어적 본능을 조금씩 무너뜨리고, 더불어 시의 시작에서 죽음이 주던 어둡고 살벌한 분위기에서 자극적이고 생생한 남녀 간의 성적결합으로 우리의 시선을 돌리게 하는 것이다.

사랑에 대한 욕망과 성의 정치학:『노래와 소네트』

던에게 젠더 문제는 아주 복잡하고 혼란스러운 문제였으며, 여성과 성 역할에 대한 그의 태도는 상황과 청중에 따라 다양한 입장을 취하고 있다. 그는 아날로지와 은유를 통해서 솔직하게, 때로는 간접적으로 여성과 남녀 간의 성 역할에 관하여 지속적으로 글을 남기고 있다(Bell 201-2). 그러나 던은 동시대나 이전의 시인들과 달리 좀처럼 여성의 신체적 외모를 묘사하는 데 머물지 않는다. 많은 비평가들이 일반적으로 던의 시에 등장하는 여성은 남성 욕망의 대상이나 반영으로서 자기 목소리를 가지지 않는 그림자 같은 인물로 평가해 왔다. 그러나 이런 평가에 대해 최근의 페미니스트 비평가들은 여성에 대한 던의 태도를 재조명하면서 던의 시에서 여성을 무시하거나 육체도 없는 존재로 만든 것은 던이 아니라 바로 비평가들이었음을 지적하고 있다.

던의 사랑의 시편들에는 왕위와 권력, 전제주의 등 공적인 세계에서 주로 사용되는 정치적인 언어들이 남녀 간의 사랑이라는 사적인 세계에서 과장된 어투로 사용되고 있음을 찾아볼 수 있다(Loewenstein 3, 6). 예를 들어 의기양양하게 세계의 중심을 향하여 상승하는 일출을 은유적인 궤변으로 이야기하고 있는 「떠오르는 태양」("The Sun Rising")을 읽어 보자. 시에서 모든 공간은 연인들의 침대나 방의 범위로 축소되고, 이 연인들은 전 세계가 되며 태양과 동등한 중심의 위치를 점유하게 된다. 요컨대 이들은 모든 만물이 자신들 주위를 회전하고 그들 주위로 모든 시간이 지나가는 반면, 자신들은 시간의 영향을 받지 않는 정지된 점과 같이 초월성을 획득하게 된다. "계절도 풍토도" 모르는 시간과 공간을 초월한 사랑을 나누는 연인들의 잠자리는 태양이 매일 회전하는 중심이 되고, 서로 사랑을 주고받는 순간은 역사를 종식시키는 놀라운 결과를 낳고 있다고 하겠다.

먼저 태양은 커튼이나 창틈으로 가만히 엿보는 일종의 관음증자(voyeur) 같이, 단지 잠자리에 있는 연인들과의 관계 속에서만 존재하는 것으로 묘사된다. 훔쳐보기라는 상황은 시 첫 행의 "제멋대로 구는 태양"(unruly sun)이라는 표현에서도 암시되어 있는데, 마치 태양이 부모의 원초적 장면을 훔쳐보는 버릇없는 아이(son)와 같다는 느낌을 준다(Marotti, *Coterie* 157). 태양이 차지하는 공간이 연인들의 침실로 엄청나게 줄어들게 됨에 따라 그의 영역이나 권한도 축소되는데, 이는 태양을 인간처럼 묘사함으로써 한층 강화된다

바쁘게 설쳐대는 늙은 바보, 제멋대로 구는 태양아,
너는 왜 이렇게
창문을 통해 커튼 사이로 우리를 방문하느냐?
너의 운행에 맞추어 연인들의 계절도 달려야 하니?
건방지게 아는 체하는 놈아, 가서 꾸짖기나 해라
지각한 학생들이나 시무룩한 도제들을.

가서 알려라 궁정 사냥꾼들에게 왕이 사냥 나가신다고.
불러라 시골 개미들을 추수하는 일에.
사랑은 늘 한결같아서 모른단다, 계절도 풍토도,
시간의 넝마조각인 시간도, 날도, 달도.

너의 빛이 그렇게도 거룩하고 강력하다고
어찌 감히 그런 생각을 하게 되었냐?
눈을 한 번만 깜박거리면 그 빛을 흐리게 하고 일식이 일어나게 할 수도 있는데,
그동안 그녀를 못 보게 되지만 않는다면 말이다.
만일 그녀의 눈이 네 눈을 멀게 하지 않았다면
보라, 그리고 내일 늦게 말해라,
향료와 황금이 나는 두 인도가
네가 그들을 떠나온 곳에 있는지, 아니면 여기 나와 함께 누워 있는지를.
네가 어제 보았던 왕들이 어디에 있는지 물어봐라,
그러면 너는 듣게 되리라, 모두가 여기 한 침대에 누워 있다는 것을.

Busy old fool, unruly sun,
Why dost thou thus,
Through windows and through curtains call on us?
Must to thy motions lovers' seasons run?
Saucy pedantic wretch, go chide
Late school-boys, and sour prentices,
Go tell court-huntsmen, that the King will ride,
Call country ants to harvest offices;
Love, all alike, no season knows, nor clime,
Nor hours, days, months, which are the rags of time.

Thy beams, so reverend, and strong
Why shouldst thou think?
I could eclipse and cloud them with a wink,
But that I would not lose her sight so long:
If her eyes have not blinded thine,
Look, and tomorrow late, tell me,
Whether both th' Indias of spice and mine
Be where thou left'st them, or lie here with me.
Ask for those kings whom thou saw'st yesterday,
And thou shalt hear, All here in one bed lay. (1-20)

이 의인법을 통해 태양은 연인과 연관되면서 인간의 규모로 축소되고, 이와 상응하여 화자는 태양이 공간적으로 줄어드는 만큼의 비율로 커지고 있다. 태양이 줄어든다는 것은 우주 공간이 줄어든다는 것이고, 그 자리를 연인들이 차지하여 그들의 침실이 우주 자체의 영역으로 확대되고 있다. 그들은 이제 눈을 깜박이는 것만으로도 일식이 일어나게 할 수 있는 천체가 된 것이다. 이처럼 우주라는 공간이 던의 시에서 상대적이고 변하기 쉬운 것으로 그려지고 있음에 주목할 필요가 있다.

시는 여인의 몸을 전 세계에 대한 은유적 기호라고 할 수 있는 지도로 전환시킴으로써 공간 조작을 계속하고 있다. 동인도와 서인도는 향료와 황금이 나는 하나의 여성의 몸의 형태로 묶여 있는데, 이렇게 세계가 축소되면서 여성은 상업적인 은유를 통해 자신의 부와 심지어는 정체성까지도 시장에서 교역되는 상품이 되고 만다. 이리하여 여성은 근본적으로 가변적인 존재, 교환의 상징으로 이해되고 있다. 이렇게 여성이 세계를 그녀에게로 축소해 넣는 동안 남성의 지위는 점점 커지고 있다.

물론 위의 구절에서 알 수 있듯이 이 시는 연인이 밤의 쾌락을 방해하는 새벽을 나무라는 새벽에 부르는 사랑노래(aubade)의 전통을 이어받고 있으나, 화자의 불손한 자세나 기발하고 과장된 생각은 전례를 찾아보기 힘든 것이다(Belsey, Worlds 70). 생명의 근원이며 시간과 역사의 원천인 태양은 새롭게 부상하는 힘 있는 주체에게 자신의 주권을 넘겨주도록 명령받고 있다. 눈을 감음으로써 태양을 깜깜하게 만들 수 있는 주체인 화자는 자신이 "모든 제왕"이며 "그 외엔 아무것도 존재하지 않아"라고 말함으로써 극단적인 주관주의를 보여주고 있다. 다른 제왕들은 단지 자신들을 흉내 내는 배우에 불과하고 "이 사랑에 비하면 / 모든 명예는 가짜요 모든 부는 거짓된 것"이어서 연인들만이 진정한 실재를 나타내고 있다는 주장을 하고 있다. 이처럼 화자는 일상적이고 평범한 세계 너머의 무시간의 영역에 거하면서 위엄 있는 어조로 사소하고 하찮은 현세를 경멸하고 있는 것이다.

그녀는 세상의 모든 제국, 나는 세상의 모든 제왕,
그 외엔 아무것도 존재하지 않아.
제왕들은 단지 우리를 흉내 낼 뿐, 이 사랑에 비하면
모든 명예는 가짜요 모든 부는 거짓된 것.
너 태양아, 네 행복은 우리 절반밖에 안 되지,
세계가 이처럼 축소되어 있으니까.
네 나이 이제 편안한 휴식을 원하고, 세상을 따뜻하게 하는 것이
네가 할 일이라면 우리를 따뜻하게 할 때 네 의무는 다하는 것.
여기 우리를 비추어라, 그러면 너는 세계 도처에 있는 셈이니.
이 침대는 너의 중심, 이 벽들은 너의 천계인 것을.

She is all states, and all princes, I,
Nothing else is.
Princes do but play us; compared to this,
All honor's mimic; all wealth alchemy.
Thou sun art half as happy as we,
In that the world's contracted thus;
Thine age asks ease, and since thy duties be
To warm the world, that's done in warming us.
Shine here to us, and thou art everywhere;
This bed thy center is, these walls, thy sphere. (21–30)

"그녀는 세상의 모든 제국, 나는 세상의 모든 제왕"이라는 구절은 노골적이고 분명하게 가부장적이고 제국주의적인 태도를 보여준다. 외적인 정치의 세계는 소멸되고 연인들의 사적인 새로운 세계가 진정한 정치의 세계로 대체되고 있는 것이다(Loewenstein 6–7). 비록 여성이 세계를 구성할 수는 있지만 그 모든 부를 자기 마음대로 할 수 있는 통치자는 바로 남성이다. 세계와 그 부는 여성의 몸이라는 공간으로 축소되어 있어서 그녀와 관계를 가지는 것은 세계와 거래하는 것이 된다. 성적인 관계가 여기서 상거래 관계로 묘사되고 여성 자신이 교역장소 자체로 상징되면서, 여성의 몸은 교환을 상징하는 교차로가 되는 것이다. 그러나 던이 비록 텍스트에서 변덕스럽고 변하기 쉬운 세계에 대한 안정된 남성의 지배를 주장하려고 하지만, 그럼에도 불구하고 여성에 대한 의존이 묵시적으로 존재한다. 여성은 텍스트의 구성을 허용하고 심지어는 생성하기도 하는 상징적인 교환의 원리로 이해되고 있다는 점에서 적어도 그러하다. 시에 등장하는 모든 공간, 즉 몸, 눈, 침대, 방, 세계 등은 은유적인 텍스트를 지배하고 있는 교환 혹은 교차의 원리에 따라서 교환할 수 있는 것으로 남아 있다.

그러나 우리는 "모든"이라는 단어를 다섯 번이나 반복하면서, 세상의 모든 권력과 재산, 명예가 자신들의 사랑에 비하면 아무것도 아니라고 극단적으로 강변하는 목소리 이면에 숨겨진 화자의 의도와 욕망에 의심을 품어 볼 필요가 있을 것이다. 마로티는 던의 결혼 초기에 쓰인 많은 사랑시들이 공적인 일에 관여하는 것보다 개인적인 생활이 우월하다는 사실을 아이러닉한 방법으로 논증하고 있음을 지적한다. 이 시에서도 사적인 세계에 살고 있는 연인들이 공적인 세계에서 권력에 대한 야망을 이루려고 날뛰는 자들보다 도덕적으로 훌륭하다는 주장을 내세우고 있다. 그러나 이러한 주장에 동원된 희극적이고 과장된 기지는 사실상 던의 좌절된 정치적 욕망을 드러내고 있으니, 즉 당시의 정치적·사회적 규범과 질서를 파괴하여 엄청난 파문을 일으킨 앤 모어(Ann More)와의 비밀결혼으로 인해 공직으로의 진출 기회를 모두 잃어버린 던이 자코비언(Jacobean)시대 초기에 느꼈을 권력층으로부터 배제된 상실감을 위장하여 나타내는 수단으로 사용된 것이라고 마로티는 말한다. 이렇게 볼 때 화자의 적극적이면서 단호하고 권위 있는 목소리는 수동적인 무력감에 대한 상상 속의 보상이며, 성적인 능력은 사회 경제적인 무능력을 역설적으로 드러내고 있는 것으로 해석할 수 있을 것이다(Marotti, *Coterie* 156-57).

브라운(Meg Brown) 역시 사랑에 가해지는 사회적이고 문화적인 속박과 제재에 대항하여 던이 어떻게 사회의 권력 구조를 시적으로 전도시키고 있는가를 추적한 글에서, 시인이 궤변적인 논리를 통해 사랑에 정치적 합법성을 부여함으로써 새로운 사회 질서를 만들어 내고 있다고 말한다. 즉 던은 「떠오르는 태양」에서 자신이 배척된 권력의 중심부에 사랑을 둠으로써 새로운 질서를 확립하고 있다는 것이다. 시의 화자가 1연에서부터 개인적인 사랑과 공적인 권위의 지위를 역전시킴으로써, 권력과 명성으로부터 배제된 국외자인 던이 오히려 궁정의 특권계층들을 국외자로 바라보면서 그들을 축출하고, 의심하고, 권력을 행사하는 것처럼 보인다. 즉 태양까지도 국외자로서 특권층의 위치에 있는 연인들을 훔쳐보는 존재로 전락시키고 있다. 화자는 태양이 부추기는 지식과 부와 관직과 권세 등의 세속적인 활동들이 모두 시시하다고 언급함으로써 사랑이 세속적인 명예와 권력 그리고 태양보다 더 우월하다는 사실을 분명히 말하고 있다. 더욱이 "가서 알려라 궁정 사냥꾼들에게 왕이 사냥 나가신다고. / 불러라 시골 개미들을 추수하는 일에"라고 하며 왕을 개미라는 곤충과 병치시키는 구절에서는 세속적인 권력의 위계가 무너지고 높은 지위의 위엄이 땅에 떨어지는 효과를 내고 있다. 이처럼 이 시는 사랑을 사회정치적인 요구보다 위에 놓음으로써, 정치적·사회적 기준을 뛰어넘는 결혼을 통해 권위에 도전했던 시인의 행위를 장난스럽게 표현하고 있는 것이다(Brown 24-28). 다시 말해서 던이 사랑의 도피행각으로 인해 전복시켜 버린 바로 그 정치적 질서와 권력 구조의 관점에서 사랑을 정당화하고 있다고 하겠다.

우리는 여기서 공간이 조종되면서 시간의 진행이 정지되고 있다는 사실에 주목할 필요가 있다. 태양에게 "너의 운행에 맞추어 연인들의 계절도 달려야 하니?"라고 질문하면서 시작된 시는 태양의 움직임을 정지시키고 주변에 위치했던 연인들을 세계의 중심에 놓이게 함으로써 그에 대한 답을 제시하고 있다. 시간이 움직임의 결과로 생겨나는 것이라면 역사의 진행에 대한 승리는 이 움직임을 붙들어 매는 것으로 가능하게 된다고 할 수 있다. 시의 끝 부분에서 태양은 전 세계를 비추던 운행궤도가 점점 줄어들고 반경과 움직임이 축소되다가, 마침내 연인들의 침실이라는 중심부를 자기 무대로 하게 됨으로써 코페르니쿠스적 발견과 같은 엄청난 변화가 일어난다. 이처럼 태양의 움직임을 공간적으로 축소시키는 것은 태양을 낮의 운행주기에 붙잡아 두는 것과 같다. "여기 우리를 비추어라, 그러면 너는 세계 도처에 있는 셈이니. / 이 침대는 너의 중심, 이 벽들은 너의 천계인 것을"이라며 태양이 움직이는 궤도를 수정하여 자신들의 보금자리만 비추라고 하는 것은 과거에 진리라고 생각되었던 것이 허구로 드러나고, 모든 가치체계가 더 이상 확실한 것으로 여겨지지 않고 재평가되고 있는 상대주의적 사고를 반영하고 있다. 여기서 중력의 물리적 중심이면서 세계의 잠재적이고 상징적인 중심인 태양의 자리에 연인들의 침대가 대신 들어서 있다. 사랑은 세상을 돌아가게 하는 힘이고 침대는 그 확고한 중심에 자리하고 있는 것이다. 그러나 신이나 지구 또는 태양이 아니라 연인들의 침대가 우주의 중심에 자리 잡고 있는 이 특별한 지형들 역시 그들이 대신한 큰 우주만큼이나 쉽게 변하거나 변조될 가능성이 있는 것이다.

다음에 읽을 「사랑의 고리대금」("Love's Usury")은 사랑에 빠진 난봉꾼의 아이러니한 상황을 그리고 있다. 시는 대담하고 발랄하며 자신감과 활기로 가득 차 있는데, 성적인 독립을 선포한 이 시를 처음 읽을 때 우리는 부도덕하다고 느낄 수가 있을 것이다.

당신이 지금 내게 떼어 주는 매 한 시간에 대하여
    나는 지급하겠소,
고리대금을 하는 사랑의 신이여, 당신에게 스무 시간을,
내 검은 머리가 반백이 될 때에.

그때까지, 사랑의 신이여, 내가 육체의 지배를 받게 해주고,
내게 여행과 체류, 탈취, 음모, 소유, 망각을 허락해 주오.
지난해에 내가 버린 여자를 다시 취하고는 우리가 한 번도
　　만난 적이 없는 것처럼 생각하게 해주오.

For every hour that thou wilt spare me now,
　　I will allow,
Usurious God of Love, twenty to thee,
When with my brown, my gray hairs equal be;
Till then, Love, let my body reign, and let
Me travel, sojourn, snatch, plot, have, forget,
Resume my last year's relict; think that yet
　　We had never met.　(1-8)

고리대금이나 이자를 붙여 돈을 빌려주는 행위는 12세기까지만 해도 죄였다. 던의 시대에 고리대금업자는 전혀 호의적인 인물은 아니며 시의 제목은 사랑이 가혹한 주인임을 의미한다. 그럼에도 불구하고 젊은 던은 파우스트적 열망으로 시를 시작하는데 지금 그가 즐기는 사랑에 빠진 한 시간당 중년의 20시간을 기꺼이 포기하고 있다. "그때까지, 사랑의 신이여, 내가 육체의 지배를 받게 해주고"라는 구절은 시인이 성적 사랑에 대해 생각하고 있음을 분명히 나타낸다. 사랑의 신은 물론 큐피드(Cupid)를 지칭한다. "내게 여행과 체류, 탈취, 음모, 소유, 망각을 허락해 주오"라는 시행은 자신의 성적 파트너를 정복하기 위해 조직적으로 집요하게 움직이는 화자의 활동을 실감나게 묘사하고 있다. 여기서 "탈취"는 그녀와 그녀가 줄 수 있는 성적 만족을 취하겠다는 의미이며, "음모"란 화자의 유혹을, "소유"는 그 여성을 성적으로 갖는다는 것을, 그리고

"망각"이란 성적 욕망을 채우고 난 후 그녀를 버리고 새로운 여성을 찾아 나서는 것을 의미한다. 그리고는 "작년에 버린 여자"가 마치 완전히 새로운 경험인 것처럼 던이 그녀를 다시 취하는 것으로 1연은 끝난다. 만약 우리가 여전히 「새 아침」을 기억하고 있다면 여기서는 이와는 전혀 다르게 여성에 대한 어떠한 존중심도 없으며 엄청난 생각의 차이가 있음을 발견할 수 있다.

내가 어느 연적의 편지를 보더라도 내 것으로 착각하게 하고,
　　다음 날 아침 아홉 시에 와서 겨우
지난 한밤중의 약속을 지키게 하오. 그녀를 찾아가는 길에
하녀를 대신 취하고는 그녀에게 늦은 이유에 대해 시치미를 떼게 해주오.
아무도 사랑하지 않게, 결단코 불장난은 하지 않게 해주오.
시골의 풀에서 궁중의 설탕 절인 과일이나
도시의 진미에 이르기까지, 알려주시오
　　내 마음이 쉬 움직인다는 것을.

이 흥정은 좋소. 다만 내가 늙어서도
　　당신으로 인해 불타오른다면,
만일 당신 자신의 명예나 나의 수치나 고통을
당신이 탐낸다면, 그때에 당신은 엄청 이득을 보게 될 거요.
그때는 당신 마음대로 하시오. 그땐 사랑의 대상과 정도와
열매를, 사랑의 신이시여, 그대에게 맡기리다.
그때까지만 나를 놔둬 주오, 비록 그녀가
　　나를 사랑하는 여자일지라도 나는 그걸 감수할 테니.

Let me think any rival's letter mine,
    And at next nine
Keep midnight's promise; mistake by the way
The maid, and tell the Lady of that delay;
Only let me love none, no, not the sport;
From country grass, to comfitures of Court,
Or city's quelque-choses, let not report
    My mind transport.

This bargain's good; if when I'm old, I be
    Inflamed by thee,
If thine own honour, or my shame, or pain,
Thou covet, most at that age thou shalt gain.
Do thy will then, then subject and degree,
And fruit of love, Love, I submit to thee,
Spare me till then, I'll bear it, though she be
    One that loves me. (9–24)

2연의 처음 절반을 이루는 호색적인 만남의 성격이 정확히 어떤 것인지에 대해서 많은 비평가들의 논의가 있어 왔다. 여기서 말하는 편지가 여인으로부터 연적에게 가는 것인지, 연적으로부터 여인에게 가는 것인지, 아니면 일련의 주고받은 편지인지에 따라 달리 해석될 수 있는 상황이기 때문이다. "어느"(any)라는 단순해 보이는 단어가 이 문제를 해결하는 데 실마리를 제공해 준다. 앞의 내용으로 미루어 볼 때 화자에게 수많은 연적과 여인들이 있을 것으로 추정할 수 있으며, 그는 연적의 편지를 가로채어 그들의 만남을 좌절시키려고 시도하고 있는 것으로 볼 수 있을 것이다. 만약 이것으로도 충분하지 않다면 애인을 만나러 가는 길에

하녀를 우연히 만나 즐길 뿐 아니라 늦은 이유를 둘러대는 상황을 상상한다. 그러면서 그는 "아무도 사랑하지 않게, 결단코 불장난은 하지 않게 해주오"라며 시에서 가장 핵심적인 문제에 대해 이야기한다. 그에게 있어서 중요한 목표는 섹스 그 자체이지 사랑 따위는 완전히 거부되고 무시되고 있다. 그는 다양한 여성을 여러 음식에 비유하면서 "시골의 풀"에서 "궁중의 설탕 절인 과일"이나 "도시의 진미"에 이르기까지 사회적 계급이나 뿌리가 어떠하든지 간에 자신을 흥분시키는 여인이라면 "내 마음이 쉬 움직인다"고 말한다.

3연에서 우리는 던이 젊을 때 쓴 시에서 취한 태도와 반대되는, 보다 깊어진 생각을 대하게 된다. 화자는 "내가 늙어서도 / 당신으로 인해 불타오른다면"이라고 하는 이상한 이유만 아니라면 사랑의 신과 하는 거래가 훌륭하다며 그 가치를 확신한다. 그의 생각은 젊어서는 변하지 않는 진정한 사랑을 원하지 않으며 쾌락적인 사랑을 다양하게 경험해 보고 싶은 마음이 강하다. 그러나 늙어서는 사랑의 신으로 인해 정신적 사랑에 "불타오른다면" 이런 흥정은 수지맞는 것이라고 말하고 있다. 화자는 자신을 한 여인과 사랑에 빠지게 한다면 사랑의 신은 명예 면에서 얻는 바가 많을 뿐 아니라, 그가 고리대금을 하는 신이기에 늙어서 주책같이 사랑에 빠지는 화자의 "수치나 고통"을 즐기는 "이득"과 부가적인 쾌락도 얻게 될 것이라고 확신한다. 자신을 사랑의 신과 그의 흥정에 맡기면서, 그는 미래의 사랑의 모든 모습을 신의 손에 선뜻 맡긴다. 만약 그때까지 늙어서 진정한 사랑에 빠지는 경험을 남겨 둔다면 그는 사랑할 사람과 그 사랑의 정도와 심지어 "사랑의 열매"인 아이들조차도 사랑의 신이 마음대로 하도록 허용할 것이다.

그러나 시는 가장 강하고 자극적인 생각을 결말 부분에 담고 있다.

"그때까지만 나를 놔둬주오, 비록 그녀가 / 나를 사랑하는 여자일지라도 나는 그걸 감수할 테니"라는 구절이 왜 자극적이며, 이 마지막 조건이 왜 그렇게 놀라운가? 화자는 허풍 떠는 냉소적 음조로 그때까지만 나를 마음대로 하게 놔두면 비록 늙어서 만나게 될 여성이 실제로 그와 사랑에 빠진 여인으로 드러나더라도 그것을 감수하겠다고 말하는 것 같다. 화자의 마지막 말은 매우 냉소적이고 신랄하며 가혹하게 들린다. 그러나 우리는 모든 감정적인 얽매임으로부터 자유로운 성적인 쾌락을 추구하는 젊은이의 기쁨에 찬 확신에도 불구하고, 그가 갑자기 시의 전반적인 어조를 바꾸고 있음을 알게 된다. 이에 대해 마로티는 마지막의 일곱 단어에서 놀라운 반전이 일어나는데, 화자는 자신과 한 여성이 사랑에 빠질 것이라는 사실을 이미 느끼고 있으면서 나약한 자기방어와 구실로 바람둥이의 자유를 주장하고 있다고 본다(Marotti, *Coterie* 76). 말하자면 화자는 사랑의 신이 선택하는 여인이 그를 사랑하는 여성이라는 사실을 인정하거나 지지하면서 고리대금하는 사랑의 신과 이런 흥정을 하고 있다고 하겠다. 너트도 지적한 바와 같이 화자가 실제로 가치를 두거나 높이 평가하는 것은 바로 다름 아닌 사랑이다. 그러나 이 사랑은 젊을 때는 너무나 잡기 힘들기 때문에 늙어서야 제대로 즐기게 되는 진정으로 가치 있고 귀한 것이라는 말을 화자는 하고 있다(Nutt 54).

성숙하고 강력한 사랑에 대한 열망을 담은 또 한편의 시는 「열병」("A Fever")이다. 던이 살았던 17세기 초 런던에서는 크고 작은 질병이 발생하여 사람이 많이 죽었다. 그래서 열이 나는 사람이 생기면 두려움을 느끼며 긴장하여 관찰하곤 하였다. 이 시는 그의 시대에 아주 흔하게 겪었을 법한 경험을 묘사하면서, 시인 자신의 감정을 전달하기 위해 매우 독창적이고 과장된 표현을 사용하고 있다. 시는 "아, 죽지 말아요"(Oh do not die)라는 인상적으로 단순한 네 단어로 사랑과 걱정의 감정을 극적으로 선언하며 시작한다.

아, 죽지 말아요, 그 까닭은 당신이 죽으면,
  나는 모든 여인들을 그토록 증오하게 되어,
필경 나는 당신마저 칭송하지 않을 것이오,
  당신도 여인의 한 사람이었다는 것을 내가 회상할 때,

그렇지만 내가 알기론, 당신은 죽을 수가 없소,
  이 세상을 뒤에 남기는 것이 죽음이오,
그런데 당신이 이 세상을 하직할 때는
  온 세상이 당신의 마지막 숨과 함께 증발할 것이오.

혹은 이 세상의 영혼인 당신이 사라질 때도,
  만일 이 세상이 남는다면, 그것은 당신의 시체에 불과하오.
절세미인도 당신의 환영에 불과하고,
  천하명사들도 썩은 벌레보다 나을 것이 없소.

Oh do not die, for I shall hate
  All women so, when thou art gone,
That thee I shall not celebrate,
  When I remember, thou wast one.

But yet thou canst not die, I know,
  To leave this world behind, is death,
But when thou from this world wilt go,
  The whole world vapours with thy breath.

Or if, when thou, the world's soul, go'st,
  It stay, 'tis but thy carcase then,
The fairest woman, but thy ghost,
  But corrupt worms, the worthiest men. (1–12)

화자가 사랑하는 여인은 열병으로 지금 죽음의 위기를 겪고 있다. 던은 전형적인 과상된 어투로 그녀가 죽는다면 앞으로 그는 세상의 모든 여성들을 증오하게 될 것이라고 말하는데, 이는 다른 여성들이 그녀를 생각나게 할 것이기 때문이다. "칭송하다"(celebrate)라는 말이 다소 당혹스러울 수 있는데 그는 이 단어를 그녀가 죽은 후 그녀의 사랑스러움을 표현하기 위해 사용하고 있다. 그녀를 잃는다는 사실이 그에게는 너무나 견디기 힘든 비참한 현실이어서 그녀가 죽고 나면 당연히 정상적으로 살아갈 수 없다고 말하고 있는 것이다. 그래서 그는 그녀가 죽을 위기의 순간에 그 죽음의 가능성을 완전히 부인하기에 이른다. 만약 그녀가 세상을 떠난다면 "온 세상이 당신의 마지막 숨과 함께 증발할 것이오"라며 화자는 자신이 가장 좋아하는 이미지를 채택하여 극적인 상황에 적용함으로써 아름답고도 강력하게 감정을 전달하고 있다.

다음 연에서 그는 현실로 돌아와 그녀가 당연히 죽을 것이고 자신은 이 세상에 남게 될 것이라는 사실을 자신에게 상기시키고 있다. 하지만 그녀가 뒤로한 채 남기고 떠난 그 세상은 다만 그녀의 "시체"에 불과할 뿐이며, 땅 위에서 살아가는 자들은 단지 그림자나 모조품에 지나지 않고 "썩은 벌레"보다 못한 존재들이라며 더 심한 과장법으로 이야기한다.

지금까지 사랑하는 여인을 2인칭으로 지칭하던 화자는 4연과 5연에서는 그녀를 3인칭으로 지칭하기 시작한다. 던은 노여움과 불안으로 가득 찬 자신의 논의의 쟁점을 금욕주의 스토아 철학자들, 즉 어떤 종류의 불이 세상의 종말을 가져올 것인가에 대해 논쟁해 온 "언쟁을 일삼는 학파들"(wrangling schools)에게로 옮겨 간다.

무슨 불이 말세를 태울 것인가를 연구하는
  아, 언쟁을 일삼는 학파들이여, 이런 지식에
다가설 지혜마저 없었던가,
  즉 그녀의 이 열병이 그 불일 것이라는?

그러나 그녀는 이 열병에 의해 쇠약해질 수도 없고,
  또 이 고문하는 학대를 오랫동안 견딜 수도 없소.
왜냐하면 이런 열병에 오랫동안 연료를 대자면
  그에 상응하는 부패가 필요하기 때문이요.

Oh wrangling schools, that search what fire
  Shall burn this world, had none the wit
Unto this knowledge to aspire,
  That this her fever might be it?

And yet she cannot waste by this,
  Nor long bear this torturing wrong,
For such corruption needful is
  To fuel such a fever long. (13–20)

그에게 세상의 종말이란 지극히 개인적인 일로서 "그녀의 이 열병이 그 불"이 아니겠느냐며, 이 정도도 이해할 만한 지성을 가진 자가 없단 말인가라고 비꼬는 투로 물으며 개탄한다. 던은 여기서 "wit"를 단순한 재치나 기지가 아니라 세상의 이치를 이해할 정도의 깊이 있는 지혜라는 의미로 사용하고 있다. 계속해서 시는 절망적으로 급박하게 진행되는데 우리가 시를 피상적으로 읽는다면 5연의 구문상의 어려움 때문에 놓치기 쉬운 최고의 찬사를 던은 또다시 아름다운 연인에 대하여 표하고 있다. 그는 자신이 눈으로 보고 있는 현실, 즉 그녀가 이 열병으로 고통스러워 하며 생명이 다해간다는 사실을 부인한다. 그녀는 이 열병으로 인해 쇠약해질 수도 없고, 부당하게 그녀를 힘들게 하는 병의 고통을 오래 견딜 수도 없다고 강변한다. 그 이유는 "이런 열병에 오랫동안 연료를 대자면 / 그에 상응하는 부패가 필요하기 때문"이라는 것이다. 그리스의 의사들은 질병은 원소들이 균일하지 않게 섞이는 데서 기인한다고 보았다. 그리고 열병은 썩거나 부패하는 물질을 연료로 타오르는 불과 같아서 각 원소가 서로를 삼킨다고 생각했다(Smith 375-76). 그런데 그녀의 본질은 영원하고 순수하여 부패하지 않는 것이므로 열병이 그녀에게 오래 영향을 미치거나 고통을 줄 수 없다는 것이 화자의 주장이다.

연인을 우주에 비유하는 이미지를 계속적으로 사용하면서 던은 그녀가 앓고 있는 열병은 잠시 불타다가 에너지가 급격히 소모되어 사라져 버리는 "유성"과 같은 것이어서 곧 없어질 것이라고 장담한다.

이들 타오르는 발작들은 유성들에 불과하오,
  그들의 실체는 당신 속에서 곧장 소실되오.
당신의 미와 당신에 속하는 모든 부분은
  불변의 천계이오.

그러나 당신을 잡는 데 있어, 열병은 나와 같은 마음이었소.
  비록 그것이 당신 속에서 존속할 수는 없지만,

그 이유는, 내가 차라리 한 시간 동안 당신의
  소유주가 되고 싶기 때문이오, 다른 모든 것을 영원히 소유하기
보다는.

These burning fits but meteors be,
  Whose matter in thee is soon spent.
Thy beauty, and all parts, which are thee,
  Are unchangeable firmament.

Yet 'twas of my mind, seizing thee,
  Though it in thee cannot persévér.
For I had rather owner be
  Of thee one hour, than all else ever. (21–28)

이 열병과 비교해 볼 때 그녀의 아름다움과 그녀에게 속한 모든 부분은 하늘의 별처럼 확고하고 변하지 않는 상태로 남아 있다. 이렇게 화자가 자신의 애인을 천계와 동일시하면서 그의 과장법은 정점에 달한 것처럼 보인다. 그러나 바로 이때 던은 민첩한 기지로 최후의 멋진 일격을 가하고 있다. 갑자기 그는 자신을 열병에 비유하면서 "그러나 당신을 잡는 데 있어, 열병은 나와 같은 마음이었소. / 비록 그것이 당신 속에서 존속할 수는 없지만"이라고 한다. 즉 열병은 바로 애인을 사로잡고 완전히 지배하고자 하는 자신의 열망과 같은 마음과 감정을 갖고 있었다는 말이다. 비록 자신과 달리 그 열병은 여인 안에서 오래 살아남을 수 없어서 잠시동안 그녀 안에서 머무는 즐거움을 누린다는 점이 차이가 있을 뿐이다. 그러면서 그 이유는 "내가 차라리 한 시간 동안 당신의 / 소유주가 되고 싶기 때문이오, 다른 모든 것을 영원히 소유하기보다는"이라고 말

하고 있다. 너트의 말처럼 "persévér" 뒤에 마침표가 오고 리듬이 깨어짐으로써 마지막 시행들의 단순함과 솔직함이 두드러지게 부각되고 있다 (Nutt 66). 이처럼 화자는 세상의 다른 모든 것을 영원히 소유하기보다 그녀를 단 한 시간이라도 소유하고 싶다고 한다. 그녀야말로 그가 갖고 싶어 하는 세계인 것이다.

「열병」의 이미지는 아주 일관성이 있으며, 급박하고 열정적인 어조는 좌절감과 임박한 상실감을 잘 나타내고 있다. 던은 자신들이 당한 위기 때문에 생각할 시간도 없는 것처럼 하나의 생각에서 다음 생각으로 달려 나가지만, 그럼에도 불구하고 그의 여인이 얼마나 훌륭하며 완벽한지를 독자에게 알게 한다. 시의 결말은 지나치게 아첨하고 있다거나 과장을 하고 있다는 생각이 들기보다는 시인 자신이 품고 있는 생각을 진솔하게 쏟아붓고 있다는 느낌을 강하게 준다. 이러한 이유 때문에 던의 가장 훌륭한 사랑시 가운데 한 편인 「열병」을 던이 실제로 사랑했던 아내 앤을 위해 쓴 것으로 보는 견해가 많다. 그러나 이 시가 자전적으로 어떤 관련성을 지닌 시이든 간에 시에 대한 평가가 달라질 수는 없을 것이다.

사랑의 강렬함이라는 주제를 다룬 또 한편의 시로 「황홀」("The Ecstasy")을 들 수 있는데, 이 시는 이해하기 어렵고 아마 던의 시 가운데 가장 많은 논란을 불러일으키고 있는 작품 가운데 하나일 것이다. 던 시대의 독자들은 "황홀"이라는 단어를 영혼이 몸과 분리된 상태에서 신성한 진리와 깨달음을 명상하고 관조하는 종교적인 신비한 체험이나, 종교적인 무아경의 상태, 혹은 매우 고양된 감수성이라는 의미로 사용하였다(Ray 108, Nutt 67). 따라서 우리도 이 시를 읽을 때 신비로운 느낌으로 다가갈 필요가 있다. 시는 풀이 돋아난 언덕에 앉아 두 연인의 영혼이 육체를 초월하여 신의 모습을 보게 되는 극도의 신비로운 경험을 이야기하는 데서 출발한다.

제비꽃의 기댄 머리를
  받치려, 침대 위 베개처럼,
임신한 언덕이 부풀어 오른 곳에
  서로의 최상의 상대였던, 우리 둘이 앉아 있었다.

우리의 손은 거기서 샘솟은 밀착케 하는 향유로
  단단히 붙어 있었다.
우리의 눈 광선은 꼬여서 우리의 눈을
  두 겹의 실에 꿰었다.

그와 같이 우리의 손을 접목시키는 것이 아직은
  우리를 하나로 만드는 모든 방법이었다.
그리고 우리의 눈에 생긴 영상이
  우리의 모든 번식이었다.

Where, like a pillow on a bed,
  A pregnant bank swelled up, to rest
The violet's reclining head,
  Sat we two, one another's best;

Our hands were firmly cemented
  With a fast balm, which thence did spring,
Our eye-beams twisted, and did thread
  Our eyes, upon one double string;

So to' intergraft our hands, as yet

Was all our means to make us one,
And pictures in our eyes to get
Was all our propagation. (1–12)

첫 연의 "침대"나 "임신한", "베개", 그리고 "부풀어 오른"과 같은 단어들은 성적인 기대감과 관능적인 분위기를 자아내고 있다. 이러한 묘사는 예상되는 성적 결합과 그 결합의 결과로 생겨날 열매를 암시한다. 오랑캐꽃이라고도 하는 제비꽃은 신실한 사랑과 진실을 상징하며, 사랑의 신인 비너스와도 관련이 있는 꽃이다. 아직까지 이들 연인은 자신들을 하나로 결합된 존재로 보기보다는 기껏해야 "서로의 최상의 상대"인 "우리 둘"로 일컫고 있다. 그러나 다음 연에서 단단히 붙은 손을 언급하면서 이들의 신체적 접촉이 그려진다. 꽉 잡고 있는 연인들의 손에서는 "향유"가 뿜어져 나와 그들을 더 가깝게 묶어 버린다. 향유는 물건을 변하지 않게 보존시키는 향기 나는 액체를 의미하는데, 아마 성적으로 흥분된 이들의 손에서 나는 땀을 은유적으로 표현하고 있는 듯하다. 상대방에게 매혹된 채 서로를 뚫어지게 응시하는 연인들의 "눈 광선"은 "두 겹의 실"로 꼬여서 자신들의 눈을 실로 꿰매듯이 "꿰었다"고 표현한다. "우리의 손을 접목시키는 것이 아직은 / 우리를 하나로 만드는 모든 방법이었다"라고 말하듯이 이들이 손과 눈으로 접촉하고 결합한 것이 육체적 결합의 전부이다. 그렇지만 이는 앞으로 이들이 성적 결합을 통해 완전히 하나가 될 것에 대한 예시가 된다. 이어서 "우리의 눈에 생긴 영상이 / 우리의 모든 번식이었다"라고 하며 서로의 눈에 비친 영상(pictures)을 그들이 낳거나 생산한 자식이나 후손이라고 말한다. 지금까지 성적 함의가 가득한 이미지로 성적 결합을 암시적으로 표현했다면 "접목"(intergraft)이나 "번식"(propagation)이라는 단어는 이들의 결합과 그 결과로 낳을 아이에 대해 보다 분명하고 직접적으로 이야기하고 있다. 이들이 아직은 본질적으로 서로 다른 식물을 붙여서 접목한 것과 같은 상태에 지나지 않지만, 앞으로 사랑이 이들의 영혼에 "서로 생기를 불어넣어"(interinanimate: 42) 활력을 주고 서로의 삶의 실질적인 한 부분이 되는 단계로 나아가게 할 것이다.

지금까지 두 연인의 육체적인 결합에 대한 열망을 이야기하던 시가 13행부터는 보다 높은 차원의 완전하고 호혜적인 사랑을 노래하는 쪽으로의 변화를 보인다.

두 개의 대등한 군대 사이에 운명의 여신이
  불확실한 승리를 매다는 것처럼,
(품위를 높이기 위해 밖으로 나가버린)
  우리의 두 영혼은 그녀와 나 사이에 걸려 있었다.

그리고 우리의 두 영혼이 거기서 협상하는 동안
  우리는 마치 무덤의 조상 같았다.
온종일 우리의 자세는 같았다.
  그리고 온종일 우리는 아무 말도 하지 않았다.

As 'twixt two equal armies, Fate
  Suspends uncertain victory,
Our souls, (which to advance their state,
  Were gone out), hung 'twixt her, and me

And whilst our souls negotiate there,
  We like sepulchral statues lay;

All day, the same our postures were,
And we said nothing, all the day. (13–20)

이제는 육체보다는 영혼에 초점이 맞추어지면서, 이들의 영혼은 "승리"를 얻기 위해 애쓰는 한편 "협상"하며 서로 대치하고 있는 대등한 두 군대처럼 묘사된다. 우열을 가리기 힘든 두 군대가 승리하기까지는 불확실성의 시간을 견뎌야 하는 것처럼 연인들의 영혼도 서로 팽팽하게 균형 잡힌 상태에서 불확실한 시간을 견뎌 낸다. 연인들의 사랑의 행위를 전투에 비유하는 것은 흔하지만 던은 여기서 전투보다는 균형에 더 관심 있다. 두 영혼은 서로의 관심사를 이해하고 합의로 평화에 도달하기 위해 그들의 몸 "밖으로 나간"(gone out) 상태, 다시 말해서 육체를 초월한 황홀한 상태에서 대화를 나눈다. 그동안 그들의 몸은 생명이 없는 것처럼 "무덤의 조상"같이 꼼짝하지 않고 있다. 레이도 언급한 바와 같이 16행 이후부터 화자는 더 이상 자신과 애인을 "나"와 "그녀"라고 일컫지 않고 "우리"라고 지칭함으로써 자신들이 분리되지 않고 하나로 결합된 사이임을 알려 주고 있다(Ray 110).

바로 이 장면에서 제3자가 등장한다. 그가 누구이든지 간에 중요한 점은 그가 사랑으로 "순화"(refined; 21)되어 연인들의 "영혼의 언어"(soul's language; 22)를 이해한다는 것이다. 이들의 영혼은 너무나 완전한 교감 상태에 있기 때문에 한목소리로 "같은 것을 뜻하고, 같은 것을 말한다"(both meant, both spake the same; 26)고 시인은 단언하고 있다. 이 대화를 듣는 "어떤 사람"(any; 21)도 차원 높은 영적 사랑의 가치를 깨달아 이들 연인이 나누는 영적인 대화를 이해하게 되고 그 결과 이전보다 한층 순수한 상태로 그 자리를 떠나게 된다는 말이다. 그의 영혼이 점점 순수한 상태로 변화되는 과정을 묘사하기 위해 야금학에서 끌어온 일관된 이미지가 사용되고 있다. "승화물"(concoction; 27)이라는 말은 열에 의해 물질을 정제한다는 특별한 화학적인 의미를 지닌다. 연금술사는 가치 없는 금속을 금으로 바꾸는 시도를 하는데, 새로운 "승화물"은 이 과정에서 생겨난 금과 같은 순수한 물질이라는 말이다. 여기서 던은 그들의 영혼들에 귀를 기울이는 자는 이들이 나누는 대화로부터 놀랄 만큼 값진 것을 배운다는 사실을 우리에게 믿게 하고 싶은 것이다.

이제 이들 연인은 한목소리로 말하기 시작하는데, 황홀은 자신들이 사랑한 것이 섹스가 아니라 그보다 훨씬 위대한 것이라는 사실을 깨닫게 한다고 말한다. 즉 그들의 사랑은 그 본질이 육체적인 것이 아니라 정신적인 것이라는 말이다. 그들은 이전에는 무엇이 그들을 사랑하도록 했는지 몰랐지만 이제는 그들이 서로에게 끌리게 된 것이 육체적인 것이 아니라 정신적인 이유 때문이었음을 알게 되었다는 것이다. 또한 모든 영혼은 서로 다르고 잘 모르는 사물의 혼합체인 것과 같이, 사랑은 이것저것이 똑같이 될 때까지 혼합된 이들 영혼을 다시 섞어서 "둘이 하나가 되게 만든다"(makes both one; 36)는 사실을 그들은 깨닫는다. 이제 두 영혼은 완벽하게 하나가 되어 서로 구별할 수 없는 상태가 되었다는 말이다. 던은 다른 시에서와 마찬가지로 이 시에서도 거듭해서 사랑을 신비롭고 비밀스러우면서도 불가해한 경험으로 묘사하고 있는데, 할페른(Richard Halpern)의 지적처럼 사랑의 감정은 연인들 자신에게도 모호하고 불분명한 성격을 띠고 있는 경우가 많다(116).

그러다가 시의 시작 부분에서 나왔던 제비꽃이 다시 등장하는데, 이를 통해 한 영혼이 다른 영혼과 결합함으로써 더 나은 상태가 된다는 생각을 이어 간다.

한 포기의 제비꽃이 이식되면,
  힘과 색깔과 크기를
(이 모든 것은 전에는 빈약하고 미흡했는데)
  항상 배가시키고 증가시킨다.

사랑이 이와 같이 두 영혼을 보완하여
  그처럼 양자 사이에 생기를 불어넣을 때,
거기서 유출되는 더 나아진 영혼은
  고독의 단점을 극복한다.

A single violet transplant,
  The strength, the colour, and the size,
(All which before was poor, and scant,)
  Redoubles still, and multiplies.

When love, with one another so
  Interinanimates two souls,
That abler soul, which thence doth flow,
  Defects of loneliness controls. (37–44)

화자가 여기서 말하고 싶은 것은 제비꽃을 옮겨 심으면 꽃을 약하게 하거나 해를 주는 것이 아니라 오히려 색깔도 더 좋아지고 크기나 힘도 더 나아진다는 사실이다. 이식된 제비꽃은 새로운 환경에서 더 자유로이 번식한다. 제비꽃을 이식했을 때처럼 두 남녀가 사랑을 하게 되면 그 사랑은 서로의 영혼에 새로운 활력을 불어넣고(interinanimates), 그 영혼이 결합하여 이루어진 한층 더 강력해진 영혼은 고독을 통제하고 치유할 수 있는 힘을 가지게 된다. 던은 이러한 변화를 복수인 "두 영혼"과

단수인 "더 나아진 영혼"으로 흥미롭게 표현하고 있다. "더 나아진 영혼"은 옮겨 심은 제비꽃처럼 더 강하고 풍부하여지며, 더 건강하고 아름답게 되는 것이다. 이제 이들 새로운 영혼의 정신적 결합과 사랑은 무한하여 "그 어떤 변화도 침범하지"(no change can invade; 48) 못한다.

믿을 수 없는 정도로 정신적으로 고조된 상태에서 곧이어 반전이 일어나는데, 영탄조의 "그러나 아 슬프도다"라는 말로 시작하여 새로운 생각이 극적으로 도입된다.

그러나 아 슬프도다, 이렇게 오랫동안, 이렇게 멀리
  우리의 두 육체를 왜 우리는 내버려두는가?
비록 이들 육체가 우리 영혼이 아니지만 우리의 것이다.
  우리는 천사요, 그들은 천사가 지배하는 천계이다.

우리는 육체들에게 감사해야 한다, 육체들이 이처럼,
  우리를 우리에게 맨 처음 운반했고,
그들의 힘과 감각을 우리에게 주었고,
  또 우리에겐 쇠 찌꺼기가 아니고, 합금이기 때문이다.

But O alas, so long, so far
  Our bodies why do we forbear?
They are ours, though they are not we, we are
  The intelligences, they the sphere

We owe them thanks, because they thus,
  Did us, to us, at first convey,
Yielded their forces, sense, to us,
  Not are dross to us, but allay. (49–56)

시의 화자는 점강법(anticlimax)을 구사하며 하나된 새 영혼은 합금인 육체로 내려가야 한다고 주장하고 있다. 던은 그들의 육체와 그들의 자아를 구별함으로써 새로운 사고의 흐름을 도입한다. 던은 영혼의 이야기만 하느라고 오랫동안 육체를 멀리 등한시한 것을 후회하고 이제부터는 사랑하는 두 남녀의 영혼과 육체의 관계를 설명하려고 한다. 즉 육체는 영혼은 아니지만 우리의 것이며 "우리는 천사요, 그들은 천사가 지배하는 천계"라고 하며, 영혼의 융합에는 육체도 필요하다는 것을 말하고 있다. 던은 연인들과 그들의 육체의 관계를 중세의 우주론에서 말하는 천사와 그들의 천계의 관계에 비유한다. 천체가 인간에게 영향을 미치려면 공기를 통해야 하듯이, 사랑하는 두 사람의 영혼이 결합하기 위해서는 반드시 물질적인 형태를 띤 육체를 통해야 한다는 것이다. 그리고 천사가 천계를 통제하고 다스리듯이 영혼이 육체를 인도하고 다스려야 한다는 사실을 던은 역설하고 있다. 그렇다면 육체 없이는 연인들은 결코 만날 수 없었기 때문에 그들은 감각을 통해 영혼이 서로 대화하고 알 수 있는 수단을 제공해 준 육체에 감사해야 한다고 주장한다. 여기서 다시 던은 연인들의 육체는 "쇠 찌꺼기"가 아니라 "합금"이라는 야금학의 이미지를 끌어들여 자신의 논리를 강화한다. 쇠 찌꺼기는 금속의 제련 과정에서 나오는 쓸모없는 물질이고, 금이나 은에 섞는 합금용 비(卑)금속은 금속을 강하게 하고 가치를 높이기 위해 추가된 것이다. 천사와 천계의 관계로 영혼과 육체의 관계를 이야기하다가, 연인들의 육체는 영혼의 힘과 감각을 더 높이고 강하게 하는 소중한 역할을 하므로 이를 배제해서는 안 된다는 사실을 다시 섬세하고도 세련되게 주장하고 있는 것이다.

이제 시는 클라이맥스에 해당하는 부분에 이르게 된다. 다음 연에서 "우리의 피가 가능한 데까지 영혼에 합당한 / 정기를 낳으려고 애써 노력하듯이"(As our blood labours to beget / Spirits, as like souls as it can; 61-62)라고 할 때 "정기"는 영혼이 육체를 움직이게 하고 육체로부터 영혼으로 감각을 전달하는, 피 속에 있는 굉장히 희박한 액체나 증기라고 믿는 당대의 의학에 근거하고 있다. 그리고 이 "정기"의 원리를 연인들에게 적용하여 이들이 감정을 느끼고 그 감정에 따라 행동할 육체들에 되돌아갈 필요성을 주장하기에 이른다.

그와 같이 순수한 연인들의 영혼은
  감각이 도달하고 파악할 수 있는
애정과 육체적 행위로 내려간다.
  그렇지 않으면 위대한 왕이 감옥에 갇힌 셈이 된다.

그러므로 우리는 우리의 육체에 돌아가자.
  그리하여 사랑을 못 믿는 약한 사람들이 현시된 사랑을 볼 수 있으리라.
사랑의 신비는 영혼 속에서 자라나지만,
  그래도 육체는 사랑의 책이다.

그리고 우리와 같이 어떤 연인이
  이 하나의 대화를 들었다면,
그로 하여금 여전히 우리를 주시케 하자, 우리가 육체에 돌아갔을 때에도
  별로 변화를 볼 수 없으리라는 것을.

So must pure lovers' souls descend
  T' affections, and to faculties,
Which sense may reach and apprehend,

Else a great prince in prison lies.

To our bodies turn we then, that so
Weak men on love revealed may look;
Love's mysteries in souls do grow,
But yet the body is his book.

And if some lover, such as we,
Have heard this dialogue of one,
Let him still mark us, he shall see
Small change, when we're to bodies gone. (61–76)

던은 연인들의 영혼이 그들의 육체로 돌아가는 방식을 표현하는 데 "내려간다"는 단어를 선택한다. 왜냐하면 이러한 황홀의 변화를 하강의 단계로 보기 때문이다. 그러나 삶이 어떤 의미 있는 방식으로 계속되려면 이는 피할 수 없는 단계이다. "그렇지 않으면 위대한 왕이 감옥에 갇힌 셈"이 되는데, 이는 연인들의 영혼과 육체가 결합하지 않으면 사랑 혹은 영혼은 자신을 표현할 자유를 상실하기에 죄수가 된다는 뜻이다. 이때 "위대한 왕"은 영혼으로 해석할 수도 있고 순수한 정기의 영역에 갇힌 사랑으로 볼 수도 있다. 아무리 그들 영혼의 결합이 순수하고 완전하다 하더라도 그들의 육체의 결합을 통하지 않고는 자신들이 하나가 되었음을 표현할 방법이 없고, 그렇다면 그 사랑은 진정한 사랑이라고 할 수 없다는 점을 던은 납득시키려고 애쓰고 있다.

이 부분에 이르면 이 시가 성적인 결합을 간청하고 있다는 것을 부인하기 힘들 것이다. 화자의 논리에 따른다면 이 연인들이 육체로 되돌아갈 때는 이미 이들이 거의 반은 신이 되어 있는 상태라고 할 수 있다. 이

제 그들의 몸은 영혼에 깃들어 있는 사랑을 육체적으로 표현한다. 사랑은 몸을 통해서만 모습을 드러내고 표현될 수 있는 영적인 "신비"로 정의내려진다. 사랑을 못 믿는 "약한 사람들"은 사랑의 영적인 면을 제대로 읽을 수 없으므로 사랑의 책인 육체를 통해서만 사랑의 신비와 황홀을 느끼고 알 수 있다. 우리의 몸은 눈으로 볼 수 없는 영적인 영역의 신비를 사람의 눈으로 볼 수 있도록 계시하고 드러내는 성경과 같다고 던은 말한다. 그는 육체가 사랑을 표현한 매혹적이고 방대한 책이라고 확신하고 있는 것이다. 그러면서 이 모든 것을 목격한 제3자에 대한 생각으로 되돌아가서 "우리가 육체에 돌아갔을 때에도 / 별로 변화를 볼 수 없으리라는 것을" 다시 확신시킴으로써 시를 마무리한다. 둘이 하나가 된 사랑을 하는 이들에게는 사랑이 정신적으로 표현되든 육체적으로 표현되든 별 차이가 없으며, 영적인 사랑과 육체적 사랑은 이상적으로 둘이 하나인 완벽한 관계에서 나누는 동일한 사랑의 같은 표현이라고 할 수 있다. 그리하여 화자는 애인이 자신의 독서, 다시 말해서 자신들의 육체를 탐색하며 사랑하기를 시작할 것을 간절히 바라며 자신들이 잠자리를 함께할 것이라고 생각한다. 이렇게 볼 때 이 시는 성애적인 황홀한 경험을 묘사한 작품으로, 추상적이고 정신적인 사랑을 주장하는 자들이 사랑의 육체적인 면을 배제하고 무시하는 데 대한 던의 공격이라고 할 수 있을 것이다.

던의 시는 여성에 대한 생각에 사로잡혀 있으며 그 가운데 몇몇 시에서는 여성을 기만적이고 지조가 없으며 추하고 비이성적이라고 조롱하고 비난한다. 또한 어떤 시는 여성을 감성적이고 지적이며 영적인 활력을 가진 존재로 노래한다. 던의 연애시는 남성 화자의 독백 형식을 취하고 있는 시가 많기 때문에 남성의 욕망과 판타지를 드러내며, 이 "남성적인 설득력"이 있는 말의 힘에 여성은 종속된다고 주장한다. 그러나 던은 자신의 생각에 몰두할 때조차도 시에서 상대방인 남성 친구나 여성 후원자, 연인, 신 등과 끊임없이 대화하는 모습을 볼 수 있다. 그렇다면 던은 여성을 잔소리가 많고, 기만적이고, 정조 관념이 없는 존재로 경멸하는 반페미니스트적 생각을 반영하고 있는가? 여성을 음탕하고 기만적으로 그리고 있는 많은 시에서 던은 남성도 이들 여성만큼이나 도덕적으로 경멸받을 만하게 다루고 있기 때문에 이러한 도덕적인 비난이나 풍자는 남성이나 여성을 두고 한 것이라기보다는 그 시대에 대한 전반적인 성격을 띠고 있다고 해석하는 것이 옳을 것이다. 던에 대한 비평가들의 다양한 견해는 그들이 어떤 작품을 강조하느냐에 달려 있다. 그리고 던이 여성 혐오증을 가졌는가 하는 데 대한 독자들의 인식도 그들의 역사적 환경과 이론적 배경, 그리고 그들이 보고자 하는 욕망에 의해 결정된다고 말할 수 있다.

이처럼 『노래와 소네트』는 던의 시 가운데서도 가장 복잡한 사랑에 대한 탐구를 담고 있는데, 시인은 성적인 사랑과 영적인 속성 그리고 이들 사이의 관계 등 인간의 삶과 경험에서 중요한 욕망들을 치열하게 분석하고 있다. 동시대의 다른 시인들과 달리 여성과 몸과 사랑에 대해 극단적으로 상충되는 시각과 상이한 태도를 보여주고 있는(Guibbory 1993, 123, 134) 던의 『노래와 소네트』를 통해 우리는 17세기 초 사랑의 시편 속에 등장하는 욕망의 세계와 성의 정치학을 엿볼 수 있다. 문학 텍스트는 어느 정도 사회를 반영하기 마련이기 때문에 시를 포함한 모든 디스코스는 정치적이라고 할 수 있을 것이다. 정치라는 개념도 서머즈와 펩워쓰의 주장처럼 전통적인 정치적 행동과 권력의 영역에 국한되던 데서 종교, 개인적인 관계, 성, 심지어는 디스코스 자체의 영역까지 아우르며 개인과 집단의 상호작용과 행동을 포함하는 개념으로 확대되어 왔다(Summers and Pebworth 1-3). 이러한 생각은 던의 사랑시에서 사랑이 권력을 향한 시인의 좌절된 욕망을 나타내는 정치적인 은유에 불과하다고 보는 기존 해석의 한계를 극복할 수 있게 함과 동시에, 사랑 자체가 정치적인 성격을 지니고 있다는 점을 시사함으로써 상당한 설득력을 지닌다.

던이 살았던 엘리자베스 시대와 자코비언, 캐롤라인(Caroline) 시대로 일컬어지는 16세기 말에서 17세기 초 영국에서는 시와 정치의 관계가 매우 복잡한 양상을 띠고 있었다. 특히 엘리자베스 시대는 여성 군주의 지배하에서 남성들의 권력에 대한 욕구와 갈등, 그리고 잠재되어 있던 체제 전복적인 욕망이 표출되던 시기였다. 던의 시에서 여성에 대한 남성의 성적 욕망은 이러한 권력에 대한 욕망을 담고 있으며, 자신의 좌절된 야망을 반영하듯이 세속적인 권력이나 궁정의 영화를 자신들의 사랑에 비해 보잘것없는 것으로 평가절하하고 있다.

아울러 이 시기는 새로운 학문과 과학 그리고 과학의 발명품과 신대륙의 발견 등으로 인해 인간이 세계의 중심이라는 믿음이 전복되고 인간이 탈중심화를 겪게 된 격변의 시대라고 할 수 있다. 던의 사랑의 시편에는 당시 영국의 제국주의와 팽창주의, 식민주의적 관점에서 여성을 바라보는 시각이 강하게 나타나며, 코페르니쿠스의 지동설 이후의 상대적이고 전도된 가치관이 두드러지게 반영되어 있다. 던은 망원경이나 컴퍼스 등 당시의 새로운 과학의 발명품들에서 착안하여 연인들과 그들을 둘러싼 세계의 시간과 공간을 축소하고 확대하여 상대적인 것으로 제시함으로써, 혁명적으로 변화된 인간의 탈중심화와 전치라는 상황을 극적으로 형상화하고 있는 것이다. 「새 아침」에서 연인들이 나누는 아침인사는 외적인 현실보다는 인간의 심리와 의식이 중요한 인간의 조건이라는 사실을 새롭게 인식하기 시작한 순간을 그리고 있기도 하다. 이렇게 볼 때『노래와 소네트』는 17세기 초라는 근대 초기 영국의 급변하는 시대적 상황과, 자신의 성적 욕망과 정치와 권력에 대한 욕망이 복합적으로 얽혀 빚어내는 새로운 문화 기상도라고 할 수 있을 것이다. 사랑이라는 전통적인 주제를 매우 혁신적으로 다루고 있는 던의 시에서 이러한 변화된 가치관과 시각을 바탕으로 권위와 젠디, 권력 등의 문제가 새로운 대륙의 발견이나 탐험, 정복, 지도 그리기 등의 이미지로 그려지고 있다고 하겠다.

종교적 갈등과 거룩한 욕망: 종교시와 산문

던은 40여 편의 종교시를 남기고 있는데 이들 대부분은 1615년 공식적으로 사제로 임명받은 후인 만년에 쓰였다.『거룩한 소네트』(*Holy Sonnets*)에는 부인 앤 모어(Anne More)와 사별한 후 느낀 죽음과 관련된 고통과 슬픔이 지배적으로 드러나 있다. 그리고 이들 소네트는 그가 사제로서 공식적인 임무를 수행할 때 겪은 신앙적인 동요나 내면의 갈등과 불안 같은 사적인 내용을 담고 있다. 이들 종교시는 신앙인으로서 시인이 겪은 경험과 생각을 표현한 것으로 그의 자유로운 기질과 종교적인 의지 사이의 갈등과 투쟁을 생생하게 반영하고 있다. 따라서 신에 대한 찬양이나 신앙의 확신을 기쁘게 노래한 당시의 종교시와 달리 자신의 신앙적 체험과 고뇌를 구체적으로 형상화하고 있다는 점에서 오늘날의 독자에게도 많은 공감을 불러일으키는 것 같다.

던의 소네트에서는 엘리자베스 시대 작품들이 지니고 있는 매력과 우아함을 찾아보기 힘들다. 던은 자신이 느끼는 긴장감과 정서적 혼란을 수반하는 매우 조직적이고 압축된 생각을 반영하기 위해 소네트라는 규칙적이고 제한된 형식을 사용하고 있는 것이다. 이 시집의 복잡한 어조는 여기에 포함된 19편의 시가 신앙에 대한 확신과는 거리가 먼 불신과 죄책감, 망설임, 그리고 영적인 좌절에 대한 것임을 보여준다. 아울러 이 시들은 신과의 논쟁, 세속적인 것과 영적인 것 사이의 해결되지 않는 충돌을 담고 있다. 던은 신의 사랑과 신앙적 갈등을 과학적이고 성적인 용어를 통해 자연스럽게 다룸으로써 형이상학적 기상(metaphysical conceit)의 극치를 보여주고 있다.

시드니와 셰익스피어가 자신들이 물려받은 페트라르카의 소네트 형식에 수정을 가한 새로운 소네트 형식을 영국의 소네트 시인들에게 제시를 했다면, 던은 이탈리아식 소네트 형식에 보다 확실하게 영국적인 목소리를 부여했다. 던의 시들은 앞서 살펴본 바와 같이 지동설이 새로운 학설로 등장하고, 과학적으로 입증되지 않은 것은 믿을 수 없다는 회의주의가 생겨나며, 새로운 과학적 발명과 지리적 탐험이 이뤄지던 그 시대의 급격히 변화하는 감수성을 반영하고 있다. 이러한 격변의 시대를 살았던 던은 자신이 느끼는 복잡한 감정과 정서를 약강 5보격의 14행이라는 전통적인 소네트 형식에 도저히 다 담을 수가 없었던 것 같다. 따라서 그의 소네트에는 형식과 전달하려는 메시지 사이에 존재하는 긴장을 찾아볼 수 있다.

던은 가톨릭교도들이 박해를 받고 공직에 나아가는 길이 신교도들에게만 제한되어 있었던 시대에 가톨릭 집안에서 태어났다. 야망에 찬 젊은이였던 그는 법을 공부했고 출세를 위해 자신이 믿던 가톨릭을 버리고 성공회로 개종했다. 하지만 그를 곤경에 빠트린 것은 이러한 종교적인 문제가 아니라 그가 개인 비서로서 일했던 토마스 에거튼(Thomas Egerton) 경의 조카딸이자 피후견인이었던 앤 모어와 1602년에 눈이 맞아 달아난 사건이었다. 에거튼 경은 던을 비서직에서 파면하고 잠시 동안 투옥시키게 된다. 이 일로 해서 상당 기간 던의 경력은 엉망이 되었고 십여 년을 가난하게 보낸다. 그러다가 그는 1615년 영국 국교회의 목사가 되고, 곧 런던의 세인트 폴 성당의 수석 사제가 되었다.

던은 젊은 시절 정부에서 외교직을 맡아 세속적 출세를 꾀했던 25세 이전에는 주로 연애시를 썼다. 그러다가 앤 모어와의 스캔들 이후에는 후원자를 위한 시를 쓰며 우울하게 보냈고, 그 후 성직자의 길을 가게 되면서 그의 시작 활동은 새롭게 왕성해졌는데 이 시기의 시들은 종교적 성향을 보였다. 이전에 여성에게 향했던 힘과 열정은 이제 신에게 모아졌다.

던은 『자살론』과 『가짜 순교자』, 『이그나티우스의 비밀회의』 등의 글을 발표할 즈음에 가톨릭에서 영국 국교로 개종하게 된다. 1607년 던이 비록 영국 국교회의 성직을 단호하게 거부한 바 있지만 제임스 1세는 그가 언젠가는 국교회의 훌륭한 설교가가 될 것이라고 확신하고 있었다. 왕이 성직자 외의 어떠한 지위에도 던을 등용 내지 고용해서는 안 된다고 선언한 연유가 여기에 있다. 던은 한때 가족과 함께 런던의 드루리가(街)에 있는 든든한 후원자인 로버트 드루리 경(Sir Robert Drury)의 집에서 살았고, 1611년에는 드루리와 동행하여 대륙여행도 하였다. 던은 대륙여행을 다녀온 이후 1615년에 성공회 신부로 임명됨으로써 성직에 발을 들여놓게 되며, 링컨 법학원의 신학 강사에 임명되었다. 1617년 앤이 열두 번째 (혹은 열세 번째) 아기를 사산하면서 33세로 세상을 뜨는 슬픔을 겪은 후 던은 더욱 종교에 헌신하게 된 것으로 보이며, 1621년에는 세인트 폴 성당의 수석 사제가 된다. 던은 형이상학적 스타일과 기지, 뛰어난 이미지 묘사와 두드러진 박식함으로 이내 위대한 설교가로 부상하게 되는데, 그의 설교문 가운데 160편 정도가 지금도 남아 있다.

이 시기에 던은 설교문과 더불어 많은 종교시와 "어느 누구도 완전한 섬이 아니다"(No man is an island entire of itself)나 "누구를 위해 종을 울리는지 알아보려고 하지 마라"(Ask not for whom the bell tolls)와 같은 구절들로 유명한 『위급한 때의 기도문』(*Devotions upon Emergent Occasions*, 1623)을 썼다. 던은 1625년 찰스 1세가 왕위에 오르자 새 국왕 앞에서 첫 공개 설교를 했으며, 만년에 오랫동안 병상에 있었던 그는 1631년 2월 왕 앞에서 그의 마지막 설교인 유명한 「죽음의 결투」("Death's Duell")를 설교하고 얼마 안 되어 세상을 떠났다. 오랜 기간 초조한 갈등의 세월을 보냈던 그가 회중들에게 쏟아 놓은 시적인 이미저리와 박진감 넘치는 묘사로 가득 찬 설교는 던이 주역을 맡아 원죄와 범죄, 회개와 참회, 신앙, 죽음, 그리고 성화 등의 기독교 교리를 클로즈업시킨 한 편의 드라마였다. 던은 교리를 해설하거나 실천적인 도덕률을 세우는 데는 별 관심을 두지 않았으며, 하나님 앞에서 인간의 문제를 내어 놓고 설명하는 등 열정적이면서 인간적인 설교를 하였다.

던은 1624년에 개인적인 기도집을 출판한 후 죽기 몇 년 전까지 계속해서 종교시를 썼다. 그러나 그의 설교문과 후기의 종교시에서 우리는 세속적이고 불경스럽기까지 한 기상(conceit)이 새롭고 숭고한 목적에 이바지하는 방식으로 여전히 사용되고 있음을 발견하게 된다. 던은 인기 있는 수많은 설교를 통해 당대의 대중을 교화시켰다. 그러나 그는 단순히 신도들에게 정통적인 신학에 입각한 권면만 한 것이 아니라 죽음이나 심판의 문제를 포함하여 자신이 항상 고민하고 갈등을 겪고 있던 이슈에 관해서도 소리 높여 설교하였다. 그의 설교문 어디를 읽더라도 던이 이러한 문제를 두고 지적으로나 정서적으로 치열하게 고뇌했던 흔적을 찾아볼 수 있다. 우리가 던의 시에서 발견하는 매우 극적인 성격은 자연스레 강력한 감정을 수반하는데, 이는 설교라는 연설 행위를 통해 최고도로 표현되고 있음을 알 수 있다. 설교를 통해서 던은 몸짓이나 얼굴 표정, 그리고 성량이나 음색 등을 십분 활용하여 자신이 품고 있던 개인적인 감정과 생각을 마음껏 표현할 수 있었던 것이다(Winny 164-65).

10권의 『설교집』(*Sermons*)을 낸 종교 시인 던의 설교는 그의 연애시만큼이나 독특하였다. 젊은 날의 방황과 어렵게 시작한 결혼, 평탄치 않았던 결혼생활과 아내의 죽음 등은 그가 성직자로서의 삶을 사는 동안 설교를 통해 신께로 향하게 되는 큰 동기가 된 것으로 보인다. 그는 가족 가운데 남동생과 삼촌의 죽음을 보았고, 아들과 딸과 아내까지 죽는 아픔을 경험했다. 사랑하는 아내 앤 모어는 1617년 8월 15일에 아이를 낳고 산고로 7일 후 요절했다. 아내의 죽음은 시인에게 큰 비애와 절망을 가져왔으며, 이후 세속적인 인연을 끊고 슬픔을 극복하기 위해 신에게 헌신하게 되었다. 이러한 죽음을 경험하면서 던은 자신이 먼저 죽음에 대해 깊이 묵상하며 죽음의 궁극적인 원인과 죽음의 다양한 형태 및 그 죽음이 가져다주는 최종의 결론을 깨닫고는 성도들에게 죽음에 대한 자신의 생각을 설교하였다. 이렇게 그가 설교에서 죽음을 자주 다뤘던 이유는 던이 일생동안 자신과 가까이 있는 사람들의 죽음을 직접 눈으로 보고 겪었으며, 마침내 성직자의 길에 들어서서는 하나님 앞에서 자신의 죽음을 바라보며 깨달은 것이 많았기 때문일 것이다.

이후 인간과의 관계에서 완전한 의미 찾기를 포기하고 신과의 관계를 모색하려고 애썼던 던은 만년에 『거룩한 소네트』 19편을 썼다. 『거룩한 소네트』에 실린 많은 시들이 이 시처럼 자기반성이나 기도하는 개인적인 목소리를 내는 방식을 택하고 있다. 많은 학자들은 던이 예수회의 로욜라에 의해 고안된 영신 수련방법에 영향을 받았다고 주장한다. 로욜라는 개인의 삶과 죄에 집중하여 궁극적으로 그리스도의 고통과 고행에 전념할 수 있도록 정신을 수양하고자 하였다. 예를 들어 예수의 십자가 고난과 관련된 어떤 특별한 장면에 대해 집중적으로 묵상하고 기도하면서 죄를 참회하고 하나님과 대화하는 형태를 취하였다. 던의 『거룩한 소네트』는 로욜라의 영향을 받아 강렬한 감정을 토로하는 개인적인 논쟁이나 자기반성을 담고 있다. 그 가운데 「1번 소네트」(“Holy Sonnet 1”)는 『노래와 소네트』처럼 어려운 어휘나 복잡한 이미지로 혼란을 주지 않으며 구조도 어렵지 않고 형식도 깔끔하다. 시는 하나님에게 2인칭으로 지칭하며 질문을 던지면서 시작한다.

당신이 저를 만드셨는데, 저를 부패하도록 두시겠습니까?
이제 저를 고쳐 주소서, 이제 저의 종말이 다가오려 합니다.
저는 죽음을 향해 가고 있고 죽음은 급히 저를 보려 합니다.
그리고 저의 모든 기쁨은 어제와 같아서
감히 흐릿한 눈을 어느 방향으로도 움직이지 못합니다.
절망이 뒤에서, 죽음이 앞에서
이러한 공포를 드리우고, 저의 유약한 육신은 쇠하고
내 안의 죄로 인해 지옥으로 기울어집니다.
오직 당신만이 위에 계시고, 당신 쪽으로
허락을 받아 제가 볼 수 있어야만 저는 다시 일어섭니다.
하지만 우리의 오랜 원수가 저를 이리도 유혹하여
저는 한 시간도 스스로를 견딜 수 없습니다.

당신의 은총이 제게 날개를 달아 주어 그의 술책을 막게 하시고
자석처럼 저의 강철 심장을 끌어당겨 주시옵소서.

Thou hast made me, and shall thy work decay?
Repair me now, for now mine end doth haste,
I run to death, and death meets me as fast,
And all my pleasures are like yesterday,
I dare not move my dim eyes any way,
Despair behind, and death before doth cast
Such terror, and my feeble flesh doth waste
By sin in it, which it towards hell doth weigh;
Only thou art above, and when towards thee
By thy leave I can look, I rise again;
But our old subtle foe so tempteth me,
That not one hour I can myself sustain;
Thy Grace may wing me to prevent his art,
And thou like adamant draw mine iron heart.

이 시에서 던이 던지고 있는 중심이 되는 질문은 하나님이 그를 창소했다면 왜 그가 타락하거나 멸망하고 죽도록 내버려 두는가 하는 것이다. 이러한 질문은 대부분의 종교시의 주요 관심사인데, 던은 영원한 구원을 갈망하면서 하나님에게 자신을 영적으로 새롭게 고쳐 달라고 간청한다. 자신에게 종말인 죽음이 가까이 왔다고 상상하면서, 임박한 죽음의 공포감에 사로잡혀 "모든 기쁨은 어제"인 것처럼 느껴지는 절망감과 긴박함을 표하기 위해 "now"와 "death"를 반복적으로 사용한다. 죽음을 향해 달려가는 이미지나 죽음이 그를 엄습하기 위해 달려온다는 깨달음은 너무나도 두려워서 그를 꼼짝도 못하게 하고 앞도 뒤도 쳐다볼 수 없

게 만든다. 나이가 들어가면서 그의 눈은 흐려지고 육신은 나약해지는데 이는 흘러간 세월 때문이 아니라 죄로 인해서라며, 이 죄가 자신을 지옥으로 끌어당긴다고 말한다. 죄의 무게에 짓눌려 아래로 당겨지는 듯한 느낌과 더불어 타락과 임박한 죽음에 대한 두려움이 강조되고 있다.

이어지는 6행 연구는 "오직 당신만이 위에 계시고, 당신 쪽으로 / 허락을 받아 제가 볼 수 있어야만 저는 다시 일어섭니다"라며 희미하지만 절박한 희망으로 시작한다. 그러나 자신은 사탄의 유혹에 빠져 영적으로 건강한 상태를 채 한 시간도 유지할 수 없다. 결국 마지막 이행 연구에서 그에게 희망을 주는 것은 "은총"이다. 신의 은총은 그로 하여금 악마의 "술책"을 넘어서게 하고 쇠가 자석에게 끌리듯 천국으로 이끌어 줄 수 있다. "강철 심장"은 회개할 줄 모르며 죄 많고 무가치한 자신을 강조하는 이미지로 다른 종교시에서도 역시 등장한다. 이 시는 신의 은총에 대한 희망으로 마무리된다. 달리 구원의 길이 보이지 않는 절망적인 상황에서 연약한 던은 절절한 어조로 사무치는 기도의 시를 창조하고 있다.

『거룩한 소네트』에는 고통받는 그리스도에 대한 명상이 자주 사용되는데 「13번 소네트」("Holy Sonnet 13")도 그 가운데 하나이다. 던은 "만일 이 순간이 세상의 마지막 밤이라면 어떠할까?"라며 바로 이 밤에 세상이 끝이 난다고 상상하면서, 자신의 영혼의 상태를 제대로 이해하기 위해 십자가 위에서의 그리스도의 고난과 죽음에 대해 깊이 생각한다.

> 만일 이 순간이 세상의 마지막 밤이라면 어떠할까?
> 오 영혼이여, 그대가 살고 있는 내 마음 속에 새겨라.
> 십자가에 못 박힌 그리스도의 영상을, 그리고 말하라
> 그 얼굴의 표정이 그대를 놀라게 할 수 있는지를.

그의 두 눈의 눈물이 무서운 빛을 끄고
찔린 머리에서 흘러나온 피가 그의 찡그린 얼굴을 채우니,
적들의 흉악한 악의를 용서해 달라고 기도한 그 혀로
그대가 지옥에 가도록 선고할 수 있을까?
아니, 아니야. 그러나 난 우상숭배 하듯이
내 모든 세속의 연인들에게 말했네.
아름다움은 동정의 표시요, 추함은 다만
가혹함의 표시라고. 그리하여 나는 그대에게 말하네.
사악한 영혼들에겐 두려운 형상이 부여되고
이 아름다운 모습은 동정어린 마음을 보장하는 것이라고.

What if this present were the world's last night?
Mark in my heart, O soul, where thou dost dwell,
The picture of Christ crucified, and tell
Whether that countenance can thee affright.
Tears in his eyes quench the amazing light,
Blood fills his frowns, which from his pierced head fell,
And can that tongue adjudge thee unto hell,
Which prayed forgiveness for his foes' fierce spite?
No, no; but as in my idolatry
I said to all my profane mistresses,
Beauty, of pity, foulness only is
A sign of rigour: so I say to thee,
To wicked spirits are horrid shapes assigned,
This beauteous form assures a piteous mind.

던의 시대에는 세상의 끝이 얼마 남지 않았다는 생각이 보편적이었다. 그는 자신의 영혼과 대화하면서 로욜라의 영신 수련을 따라 수행하듯이

"십자가에 못 박힌 그리스도의 영상"에 집중한다. 그래서 "그 얼굴의 표정이 그대를 놀라게 할 수 있는지"라고 질문을 던지며 그리스도의 영상에 대해 깊이 생각함으로써 두려움을 느껴 참회하고 구원을 받을 수 있기를 바라고 있다. 상처로부터 흘러내리는 피와 그 피가 찡그린 얼굴을 덮는 이미지는 가톨릭에 익숙했던 던에게 있어 정교하거나 형이상학적인 이미지가 아니다. 던은 자신의 사악한 본성을 정확히 인지하고 있기에 고통스러워 하고 있으며 이러한 던의 고뇌는 마지막 6행에서 명백하게 나타난다.

그리스도가 자신을 지옥으로 보낼 것인가 아닌가에 대한 핵심적인 질문 앞에서 화자는 "No, no"라고 반복적으로 외침으로써 지옥에 가지 않을 것이 확실하다는 느낌이 들게 한다. 그렇지만 그가 그토록 확신했다면 이러한 반복으로 위안을 얻으려 했을까 하는 의문이 드는데, 왜냐하면 이렇게 말하고 있음에도 불구하고 여전히 의심과 두려움이 시 전체에 깔려 있기 때문이다. 던은 방탕했던 젊은 날을 회상하며 여성의 꽁무니만 따라다닌 과거의 행태를 "우상숭배"라고 일컫는다. 개신교도들은 성상과 같은 아이콘을 세워 놓고 종교적으로 숭배하는 행위를 우상숭배와 같이 보고 맹렬히 비난했다. 그러나 던은 "십자가에 못 박힌 그리스도의 영상"을 사용하는 데 대해 반박하거나 거부감을 보이지도 않으며, 같은 방식으로 젊은 날의 방탕했던 삶도 일축하려 한다. "아름다움은 동정의 표시요, 추함은 다만 / 가혹함의 표시"라고 한 것은 아름다운 모습은 동정심 많은 부드러운 마음에서 생겨나며, 추한 모습은 몰인정하고 가혹한 마음에서 생겨난다는 말이다. 즉 미는 동정의 표시이고 애인들에게 상냥하게 대하지 않는 못난 여인들은 추한 여인들이라는 의미이다(Smith 632). 그러면서 흥미롭게도 이를 십자가에 못 박힌 그리스도의 "아름다운 모습"은 자신의 죄를 용서하고 은총을 베풀 것이라는 사실에 대한 증거로 들고 있다. 이 시를 통해 던은 자신이 세속적인 애인을 좇는 데 전념하며 우상숭배 하듯이 살았던 이전의 삶과 하나님을 자신의 진정한 연인으로 선택한 지금의 종교적인 삶의 차이에 대해 말하고 있는 듯하다.

자신의 죄 때문에 십자가에 달린 예수의 수치와 고통을 몸소 그대로 느껴 보려는 던의 심오한 열망이 표현되고 있는 「11번 소네트」("Holy Sonnet 11")의 도입부는 상당히 극적이고 폭력적이면서 충격적이다. "내 얼굴에 침을 뱉으라"라는 구절로 시작하는 시에서 던은 그리스도에게 그랬던 것처럼 자신을 때리고 조롱하고 십자가에 못 박으라고 말하고 있다. 이 시 역시 앞서 살펴본 로욜라의 영신수련, 즉 십자가에 못 박혀 죽은 그리스도에게 감정이입하여 그의 고통의 깊이를 느껴 보고자 하는 영적 수련과 관련이 있다.

내 얼굴에 침을 뱉고 내 옆구리를 찔러라, 너희 유태인들아,
나를 때리고 조롱하고 채찍질하여 십자가에 못 박으라,
나는 죄를 짓고 또 지었으니, 그리고 죄 지을 수 없는
오직 그분만이 죽임을 당하셨으니.
그러나 내 죽음으로는 유대인의 불경보다 더한
내 죄를 씻을 수 없네.
그들은 이름 없던 한 사람을 한 번 죽였을 따름이나, 나는
지금 영광 중에 계시는 그분을 매일 십자가에 못 박고 있으니.
오, 내가 그분의 놀라운 사랑을 항상 찬미하게 하라.
왕들은 기껏 죄를 사면할 뿐이지만, 그분은 우리의 형벌을 짊어
지셨네.
야곱은 누추하고 거친 옷을 입고 왔으나

탈취하려 함이었고, 이익을 얻으려는 의도였지.
하나님은 스스로 미천한 인간의 몸을 입으셔서
약한 몸으로 몸소 고통을 당하셨네.

Spit in my face ye Jews, and pierce my side,
Buffet, and scoff, scourge, and crucify me,
For I have sinned, and sinned, and only he,
Who could do no iniquity, hath died:
But by my death can not be satisfied
My sins, which pass the Jews' impiety:
They killed once an inglorious man, but I
Crucify him daily, being now glorified.
Oh let me then, his strange love still admire:
Kings pardon, but he bore our punishment.
And Jacob came clothed in vile harsh attire,
But to supplant, and with gainful intent:
God clothed himself in vile man's flesh, that so
He might be weak enough to suffer woe.

1행에서 "my"를 2번 반복 사용하고 2행의 "me"에서 강세가 오도록 하여 던 자신에게 주의가 집중되도록 하고 있다. 3행에서도 자신이 얼마나 죄를 많이 짓고 있는지를 "For I have sinned, and sinned"이라는 반복적인 운율을 통해 표현하고 있다. 그의 종교시에는 이처럼 자신이 가치 없는 존재라 여겨 끊임없이 스스로를 괴롭히는 모습이 자주 나타난다. 이는 그가 자신의 죽음으로도 "유대인의 불경보다 더한 / 내 죄를 씻을 수 없네"라며 자기가 저지른 모든 죄가 속죄될 수 없음을 말하는 부분에서 강렬하게 표현되고 있다. 그는 자신의 죄와 유대인들의 죄를 차별화하면서 유대인들은 "이름 없던 한 사람"을 "한 번 죽였을 따름"이나, 지금 자신의 죄는 "지금 영광 중에 계시는 그분을 매일 십자가에 못 박고 있"는 것이라고 보았다. 이 극명한 대비를 통해 예수의 십자가 죽음과 부활로 구원을 받은 인간이 예수를 십자가에 직접 매단 이들보다 한층 잔혹하고 간교한 죄를 범하고 있음을 자기 자신과 독자들에게 상기시키고 있다.

그러나 9행에서 "오, 내가 그분의 놀라운 사랑을 항상 찬미하게 하라" 라고 하며 어조나 분위기에서 반전이 일어난다. 그는 하나님이 인간을 용서하는 사랑의 폭과 깊이가 무한하고 방대함에 경외감을 느낀다. 왕들도 "사면"이라는 이름으로 우리들의 죄를 사하여 주지만, 신은 우리의 죄에 대한 형벌을 대신 받음으로써 우리를 용서한다는 점에서 차이가 있다고 한다. 던은 이어서 우리가 얼마나 신의 사랑에 빚을 지고 있는지에 대해 성경적 인유를 들어 표현하고 있다. 창세기 27장에서 야곱(Jacob)이 "누추하고 거친 옷"을 입은 것은 형인 것처럼 속여서 형이 받을 축복을 "탈취"하여 아버지로부터 대신 축복을 받아 "이익을 얻으려는 의도" 때문이었다. 이와 달리 하나님이 "스스로 미천한 인간의 몸"을 입은 것은 "약한 몸으로 몸소 고통을" 당하기 위함이었음을 강조한다. 예수와 던, 신과 인간 사이의 비교에 무게가 실리면서 이 소네트는 신의 희생이 너무나도 놀라워서 인간으로서 부끄러움을 느낀다는 화자의 고백으로 마무리 짓고 있다.

「14번 소네트」("Holy Sonnet 14")에는 시인이 겪는 종교적 갈등과 고뇌와 함께 신에게 더 가까이 나아가려는 던의 거룩한 욕망이 잘 묘사되어 있다.

> 내 심장을 때려 부수소서, 삼위일체 하나님이시여. 지금까지는

두드리고 숨을 불어넣고 비추고 고치려고만 하셨지만
이젠 일어나 설 수 있도록 절 넘어뜨리고, 힘을 기울여
부수고 불고 태워서 절 새롭게 만드소서.
저는 함락된 도시처럼 남의 소유가 되어
당신을 받아들이려고 해도, 아, 소용이 없습니다.
제 속에 거하는 당신의 총독인 이성은 날 지켜 줘야 하지만
포로로 잡혀 약해지고 믿을 수 없게 되어 버렸습니다.
아직도 전 당신을 지극히 사랑하며 또 사랑받고 싶으나
당신의 적과 약혼한 신세랍니다.
나를 이혼시켜 주시고, 그 연분을 다시금 풀거나 끊어 주소서.
절 당신에게로 데려가 가두소서. 저는
당신이 노예로 만들지 않으면 결코 자유로울 수 없고,
정숙할 수도 없답니다, 당신이 절 겁탈하지 않는다면.

Batter my heart, three-personed God; for, you
As yet but knock, breathe, shine, and seek to mend;
That I may rise and stand, o'erthrow me, and bend
Your force to break, blow, burn, and make me new.
I, like an usurped town, to another due,
Labour to admit you, but oh, to no end,
Reason your viceroy in me, me should defend,
But is captived, and proves weak or untrue.
Yet dearly I love you, and would be loved fain,
But am bethrothed unto your enemy,
Divorce me, untie, or break that knot again,
Take me to you, imprison me, for I,
Except you enthral me, never shall be free,
Nor ever chaste, except you ravish me.

첫 행부터 화자는 절박한 심정으로 울부짖듯이 신에게 호소하고 있다. 그는 지난날의 방탕한 생활을 청산하고 새롭게 거듭나기를 간절히 바라고 있는 것이다. 그러나 신의 뜻대로 살려고 하다가도 늘 실패하고 죄 가운데 살고 있는 자신의 모습을 고발하면서, 강압적이고 폭력적인 방법을 써서라도 자신을 완전히 새롭게 바꾸어 달라고 하나님께 절규한다. 이러한 절박한 심정을 강조하기 위해 과격한 행동을 나타내는 동사를 사용함과 동시에 약강 5보격의 운율에도 파격을 가하고 있다. "Batter"라는 첫 단어부터 강세가 첫 음절에 오는 강약격으로 시작함으로써 듣는 이를 놀라게 하며, 시의 화자가 처한 곤경에 대해 지금껏 무관심한 것처럼 보였던 신의 주의를 끌 수 있는 온갖 방법을 모색하고 있음을 강조하고 있다.

그는 성부와 성자와 성신의 삼위일체 하나님에게 말하고 있는데, 여기에 등장하는 동사들도 이들 삼위의 신성을 반영하고 있다. 지금까지 성부는 부드럽게 화자의 마음을 "두드리고", 성령은 "숨을 불어넣고", 성자는 단지 사랑과 은총을 "비추고" 있을 따름이다. 그러나 죄로 마음이 굳어 있는 화자에게 이러한 부드러운 접근은 전혀 도움이 되지 않기에, 그는 보다 강하고 격렬한 태도를 신에게 요구하고 있는 것이다. 그래서 그는 부드럽게 두드리는 대신 "부수고", 숨을 불어넣는 대신에 강하게 불어 버리고, 빛을 비추는 것이 아니라 태워 줄 것을 요청한다. 그리하여 자신이 "이젠 일어나 설 수 있도록 절 넘어뜨"려 달라는 역설적인 주장을 하고 있다. 여기서 신은 대장장이처럼 묘사되고 있다. 거친 파열음으로 시작되는 "break"와 "blow," "burn"과 같은 동사들은 앞의 "batter"와 두운을 이루면서 마치 대장장이가 망치로 쇠를 두드려 새로운 물건을 만드는 것과 같은 압축되고 집중된 에너지를 강하게 전달하고 있다(Garrett 52-53).

시인은 두 번째 4행 연구에서 다양한 이미지를 제시하고 있다. 그러면서 네 행 모두 강약격의 음보로 시작함으로써 불안정한 리듬을 유지함과 동시에 혼란스럽게 꼬여 있는 문장구조를 취하고 있다. 이는 "함락된 도시"와 같은 죄지은 화자의 혼란스럽고 불안한 마음 상태를 반영하고 있다. 화자는 신에게 충실해야 하지만 함락을 당해서 사탄의 지배를 받는 영토로 자신을 묘사하고 있다. 그는 신을 자신의 삶 속에 받아들이기 위해 몸부림치지만 지금까지 실패를 거듭해 왔다. 그가 얼마나 애써 왔고 자신의 실패를 안타까워하고 있는지는 강약격으로 시작되는 "labor"와 "but O"라는 애절하고도 절망적인 탄식을 통해 잘 드러나고 있다. 그는 인간이 신에게서 부여받은 거룩한 이성마저도 신을 배반하고 사탄의 편이 되어 버린 한층 더 절망적인 상황을 이야기한다. 이처럼 인간을 도시와 같이 묘사한 이미지는 인간의 수동적이면서 무력한 상태를 암시하고 있다. 시인은 자신을 적에게 사로잡혀 구조되기를 갈망하고 있는 도시일 뿐만 아니라, 성적인 의미에서 연인을 받아들이려고 노력하는 한 여성으로도 보고 있다. 이렇게 볼 때 감탄사 "O"는 단지 아직도 성에 대한 포위가 풀리지 않았다는 실망감의 표현일 뿐만 아니라, 사모하는 남자로부터 자신의 욕망을 채우기를 거부당해 좌절한 여인의 탄식으로 볼 수 있을 것이다(Garrett 54). 여기서 반복되고 있는 "me"는 화자가 느끼는 불안감을 강조하고 있는데, 시 전체에서 이 단어는 9번이나 등장하고 있다. 이는 침묵하고 있는 신과 대화가 단절된 데서 느끼는 필사적이면서 절박한 심정을 잘 전달하고 있다(Nutt 140).

6행 연구에서는 앞에서의 성적인 내용들이 한층 구체적으로 전개된다. 시인은 본의 아니게 악마와 약혼한 처지이지만 신에 대한 사랑을 갈망하고 있는 불운한 여성으로 자신을 그리고 있다. 중세 로망스에서 유폐

되어 있는 처녀를 사랑하는 왕자가 나타나서 구출하듯이, 하나님이 자신을 사탄의 지배로부터 구해 주기를 요청하고 있는 것이다. 그는 자기 스스로는 탈출할 수 없으므로 "나를 이혼시켜 주시고, 그 연분을 다시금 풀거나 끊어주소서"(Divorce me, untie or break that knot again)라며 점점 의미가 격렬해지는 3개의 동사를 사용하여 신에게 간청하고 있다. 흥미로운 것은 시인이 여기서 순수하고 영적인 신과의 사랑을 갈구하면서 젊은 날에 경험한 남녀 간의 성적인 사랑을 노래하듯 매우 노골적인 성적 이미지로 이야기하고 있다는 점이다. 이는 시의 화자가 신과 인간 사이의 거리를 좁히려고 애쓰며 보다 인간적인 차원에서 신이 자신을 이해해 주기를 바라면서, 그만큼 열정적으로 신과의 새로운 관계를 원하고 있음을 보여준다.

시는 두 가지 역설로 끝을 맺고 있다. 먼저 화자는 자유로워지도록 신이 자신을 감옥에 가두거나 노예로 삼아주기를 요청한다. 마음을 사로잡거나 노예 상태로 만든다는 뜻을 지닌 "enthrall"이라는 단어를 통해, 신이 노예 주인처럼 자신을 절대적으로 소유하면서 자신의 마음을 다른 곳에 빼앗기지 않도록 사로잡아 주기를 바라는 간절한 소망을 표현하고 있다. 다음의 역설은 앞서 함락된 도시에서 포로로 잡힌 여성의 이미지를 발전시켜 신이 자신을 강간하지 않는다면 결코 자신이 순결한 처녀가 될 수 없다고 말하는 부분이다. 이러한 표현은 오늘날의 페미니스트들의 비위를 상하게 할지도 모른다. 그러나 마지막 행의 "ravish"라는 단어는 물론 성적으로 겁탈한다는 뜻을 지니지만, 이와 아울러 성령이 죄인의 영혼을 지배할 때 넘쳐 흐르는 황홀한 영적 기쁨을 암시하기도 한다(Garrett 55). 이는 명백히 모순된 표현이지만, 시인은 신이 자신을 완전히 그리고 강제적으로 소유할 때만 자신이 모든 유혹에서 벗어나 깨끗하고 거룩해질 수 있음을 깊이 인식하고 있는 것이다. 습관적으로 죄를 범하는 죄인의 삶에 신이 물리적으로 개입해 주기를 바라는 절실한 요청이 이미지와 시어 그리고 구문과 운율 등을 통해 총체적으로 전달되고 있다. 화자는 신과의 관계를 생각할 때 이지적이거나 추상적으로 접근하기보다는, 구체적으로 만지고 느낄 수 있게 자신이 이해하기 쉬운 정열적이고 관능적인 방식으로 신에 대한 자신의 사랑을 표현하고 있다고 하겠다.

던은 존 밀턴(John Milton)이나 조지 허버트(George Herbert)와 함께 영국을 대표하는 종교 시인으로 평가되고 있으나, 신과 세상과 그 자신의 관계를 깊이 생각하는 던의 종교시들은 진지함과 깊이에 있어서 다른 어떤 영국 시인들과도 다른 독특함을 지니고 있다. 많은 영국 시인 가운데 자신의 영적인 건강에 대해 던과 같이 깊은 관심을 보인 시인이 거의 없다는 사실에 우리는 다소 놀라게 된다. 던의 모든 종교시가 1615년에 그가 성공회 신부로 서품된 후 창작된 것은 아니다. 그의 종교시 가운데 가장 길고 걸작으로 손꼽히는 「1613년 성 금요일, 서쪽으로 말을 달리며」("Goodfriday, 1613. Riding Westward")는 『거룩한 소네트』와 달리 시를 쓴 정확한 날짜와 상황이 제시되어 있다. 던은 1613년 이른 봄에 워윅셔(Warwickshire)의 폴스워쓰(Polesworth)에서 친구인 헨리 구디어 경(Sir Henry Goodyer)과 함께 지내다가 그곳으로부터 서쪽으로 70마일가량 떨어진 몽고메리(Montgomery)로 또 다른 친구인 에드워드 허버트 경(Sir Edward Herbert)을 방문하러 간다. 그가 4월 7일 몽고메리에서 쓴 편지가 있는 것으로 미루어 그 전에 그곳에 도착한 것 같다. 이러한 여러 가지 정황과 부제를 고려하여 판단해 볼 때, 던은 이 시를 몽고메리에 도착하기 전인 4월 3일 성 금요일에 써서 구디어에게 보낸 것으로 추정된다. 시의 제목에 이례적으로 연도를 넣은 것은 로스톤이 말한 바와 같이 시의 주제가 예수의 십자가 죽음 자체가 아니라, 이 기념일에 기독교인으로서 시인 자신이 한 행동에 초점을 두고 있음을 암시하고 있다(Roston 205).

시는 천체의 움직임에 관한 당시의 생각을 반영하는 점성학에 대해 언급하며, 8행까지 계속되는 길고 복잡한 문장으로 시작한다.

> 인간의 영혼이 천계가 되게 하라, 그러면 그 안에서
> 신앙심이 천계를 움직이는 천사가 되리니.
> 그리고 다른 천체들처럼 성장함으로써
> 다른 움직임에 영향을 받아 그들 자신의 운행을 상실하고,
> 또한 다른 천체들로 인하여 매일 허둥거리게 되니,
> 일 년이 지나도록 그들 본래의 형태를 따르지 못한다.
> 그처럼 쾌락이나 사업을 우리 영혼이 자신의 원동력으로
> 인정하여 그 때문에 방황한다.
>
> Let man's soul be a sphere, and then, in this,
> The intelligence that moves, devotion is,
> And as the other spheres, by being grown
> Subject to foreign motions, lose their own,
> And being by others hurried every day,
> Scarce in a year their natural form obey:
> Pleasure or business, so, our souls admit
> For their first mover, and are whirled by it. (1–8)

던은 시작부터 자신의 영혼을 천계로 만드는 기발한 생각을 도입하고 있다. 각각의 천계는 그것을 움직이고 조정하는 천사가 있듯이 인간의 영혼을 움직이고 조절하는 천사는 신앙심임에 틀림없다는 것이다. 그러

나 천체가 다른 천체의 움직임에 영향을 받아 원래의 궤도대로 운행하지 못하고 이탈하듯이, 그의 영혼도 "쾌락이나 사업"과 같은 다른 세속적인 요인들로 인해 원래의 목표점인 동쪽으로나 그리스도를 향해 나아가지 못하고 방황하게 된다는 것이다. 독자는 우주에 대한 프톨레마이오스(Ptolemy)의 천문학적 체계로부터 점차 시인을 서쪽으로 가게 만드는 마음속 갈등의 요인을 읽게 된다. 이를 두고 로스톤은 물리적 법칙이 지배하는 세계가 갑자기 종교적 믿음을 이야기하는 역설에 의해 약화되면서, 서쪽으로 상징되는 단조롭고 기계적인 세계는 풍요롭고 상상력으로 가득 찬 영적인 세계인 동쪽과 대조를 이루는 것으로 파악하고 있다. 합리적인 과학적 진리를 확신에 찬 어조로 말하다가 전혀 다른 세계인 시인 자신의 정신적인 상황을 이야기하는 던 특유의 논법이 등장하고 있는 것이다(Roston 205-6). 이 시에서 묘사되어 있는 화자는 불행하게도 자신의 세속적인 일과 즐거움에 빠져서 마땅히 지켜야 할 종교적인 의무를 이행하지 못하는 세속적인 인물로 볼 수 있다.

그래서 이날, 내 영혼의 형태는 동쪽으로 향해 있는 때에
난 서쪽을 향해 가고 있다.
거기서 나는 태양이 떠오름으로써 지고,
해가 짐으로써 끝없는 낮이 생기는 것을 보아야 하는데.
그러나 그리스도가 십자가에 올라갔다가 내려오지 않았다면
죄가 영원히 온 세상을 밤이 되게 하였으리라.
허나 내게 너무 큰 부담이 되는 그 광경을
보지 않는 것이 난 오히려 기쁘다.
생명 그 자체인 하나님의 얼굴을 본 자는 죽어야만 하는데
하나님이 죽는 것을 보는 것은 어떤 죽음이었을까?

그건 그분의 부관인 자연을 움츠러지게 했고,
그분의 발등상이 갈라지게 하고, 태양이 눈을 깜빡이게 했다.

Hence isn't, that I am carried towards the west
This day, when my soul's form bends toward the east.
There I should see a sun, by rising set,
And by that setting endless day beget;
But that Christ on this Cross, did rise and fall,
Sin had eternally benighted all.
Yet dare I' almost be glad, I do not see
That spectacle of too much weight for me.
Who sees God's face, that is self life, must die;
What a death were it then to see God die?
It made his own lieutenant Nature shrink,
It made his footstool crack, and the sun wink. (9-20)

여기서 "이날"은 물론 예수가 십자가에 못 박힌 날을 뜻한다. 시인이 살았던 17세기 영국인들에게는 부활절이 오늘날보다 훨씬 더 중요한 의미를 지닌 날이었다는 사실을 기억할 필요가 있다. 예수의 십자가 죽음을 기념하는 이날 신부 서품식을 2년 정도 앞둔 당시 41세였던 던은 그리스도가 십자가에 달린 동쪽으로부터 등을 돌리고 서쪽으로 말을 달려가고 있었다. 즉 이날 마땅히 해야 할 신앙 행위를 거부하고 세속적인 즐거움을 찾아 친구를 만나러 가고 있다는 것이다.

11행에서 시인은 "태양"(sun)을 하나님의 아들(son) 예수에 대한 펀으로 사용함으로써 "떠오름으로써 지고"(by rising set)라는 재치 있는 모순어법을 통해 말하고자 하는 바를 분명히 하고 있다. 던은 태양이 지는 것뿐만 아니라, 십자가에 못 박혀 죽는 예수의 이미지를 보고 싶어 한 것이다(Nutt 145). 그는 예수 그리스도의 십자가 고난을 깊이 묵상하며 그 고난의 자리에 있는 것처럼 고통을 느끼고 있다. 명상을 통해 십자가의 고통을 경험함으로써 자신의 죄를 깊이 깨닫고 영적으로 회복되는 것이 예수회의 창설자인 로욜라로부터 비롯된 전형적인 명상의 과정이라고 할 수 있는데, 시인은 바로 이 명상 행위를 실천에 옮기고 있다(Roston 207). 던은 자신의 삶과 죄와 그리스도의 고난에 자신의 생각을 집중하는 로욜라의 명상법인 영적인 훈련의 영향을 강하게 받은 것으로 보인다. 시인은 예수의 부활로 인해 인류에게 "끝없는 낮"인 구원의 가능성이 열리게 되었고, 그가 부활하지 않았다면 "죄가 영원히 온 세상을 밤"으로 만들었을 것이라는 사실을 깊이 묵상하고 있다. 그는 예수의 십자가 죽음을 바라보는 것이 자신에게 너무 큰 부담이 되어 그 장면을 외면하고 있음을 고백한다. 그러면서 동시에 특유의 기발한 생각을 동원하여 예수가 십자가에서 죽는 것을 보는 것은 하나님의 죽음을 보는 것이고, 하나님을 본 자는 반드시 죽는다고 했으므로 그 현장을 목격한 자연은 움츠러들고, 그리스도의 발등상인 땅도 갈라지고, 태양도 일식으로 컴컴하게 되었던 사실을 생각나게 한다.

다음 구절에서는 우주적 규모의 사건과 그에 비해 보잘것없는 자신의 나약함과 미미함이 대비되어 다루어지고 있다.

> 내가 양극을 한 뼘으로 재는 두 손을 볼 수 있을까,
> 구멍들로 뚫린 채 모든 천체를 한꺼번에 돌리는 손들을?
> 내가 우리에게도 우리 정반대편에 있는 사람들에게도 천장인
> 저 무한한 높이를 볼 수 있을까,

겸손히 우리 밑으로 낮아지신 그분을? 혹은 그분 영혼의 자리는
아니더라도
우리 모든 영혼이 거하는 자리인 흙의 먼지로 된 그 보혈을,
혹은 하나님에 의해 옷 입혀진 저 육신을,
그분의 옷이 누더기로 찢긴 것을?
만약 이런 것들을 내가 보지 않는다면, 감히 어찌 내가
그의 비참한 어머니에게 내 시선을 던질 수 있을까,
이곳에서 하느님의 동반자였으며 이렇게
우리 몸값을 치른 그 희생의 절반을 제공하신 그분을?

Could I behold those hands which span the poles,
And turn all spheres at once, pierced with those holes?
Could I behold that endless height which is
Zenith to us, and to'our antipodes,
Humbled below us? or that blood which is
The seat of all our souls, if not of his,
Made dirt of dust, or that flesh which was worn,
By God, for his apparel, ragged, and torn?
If on these things I durst not look, durst I
Upon his miserable mother cast mine eye,
Who was God's partner here, and furnished thus
Half of that sacrifice, which ransomed us? (21–32)

양극을 한 뼘에 재고 동시에 모든 천체를 움직일 수 있는 신의 손은 십자가에 못 박혀 구멍이 뚫려 있다. 우리나 지구 정반대에 사는 사람들에게 동시에 무한한 높이의 정점에 존재하는 신은 인간의 몸으로 비천하게 태어나 우리 밑으로 낮아졌다. 우리의 모든 영혼이 거하는 자리인 예

수의 피는 갈보리 땅에 흘러 흙먼지가 된다. 하나님이 인간 세상으로 올 때 입은 옷과 같은 예수의 몸은 그를 고문하는 자들에 의해 갈기갈기 찢겨지는 고난을 당한다. 그러나 이어지는 행에서 던은 "우리 몸값을 치른 그 희생의 절반을 제공하신 그분"이라며 당시 신교도와 가톨릭교도 사이에 격렬한 논쟁거리를 제공한 성모 마리아에 대해 언급하고 있다. 예수를 잉태함으로써 우리의 죄를 위해 아들을 희생하는 데 하나님과 반씩 몫을 담당했다는 뜻이기도 하고, 십자가 고통을 바라보는 슬픔을 겪음으로써 하나님 아버지와 함께 어머니로서 그리스도의 희생에 동참했다는 뜻이기도 하다. 자기 아들이 십자가에 달려 죽는 고통을 가만히 바라봐야만 하는 비탄에 잠긴 마리아의 인간적인 고뇌를 제시함으로써 시의 비극성에 깊이를 더하고 있다.

"비록 이런 일들이 내가 말을 타고 가는 내 시야에서 벗어나 있지만"이라고 시작되는 시의 결말은 조용한 두운의 리듬을 통해 우리로 하여금 기억 속에서 예수의 고난을 생생하게 되살리도록 이끈다.

> 비록 이런 일들이 말을 타고 가는 내 시야에서 벗어나 있지만
> 아직 내 기억 속에 자리 잡고 있네,
> 기억이 그들을 향해 바라보고 있기에. 또한 당신이 저를 바라보십니다,
> 오 주여, 당신이 십자가에 달리실 때.
> 나는 당신으로부터 등을 돌리지만, 징계를
> 받아들입니다, 당신의 은총이 당신에게 멈추라고 명할 때까지.
> 오 분노할 만한 가치가 있다고 생각하시고 저를 벌하소서,
> 저의 녹과 결함을 불태워 버리소서,
> 당신이 저를 알아보실 수 있을 만큼 당신의 형상을 회복시켜 주소서,
> 당신의 은총으로, 그러면 저도 제 얼굴을 돌리겠습니다.

Though these things, as I ride, be from mine eye,
They are present yet unto my memory,
For that looks towards them; and thou look'st towards me,
O Saviour, as thou hang'st upon the tree;
I turn my back to thee, but to receive
Corrections, till thy mercies bid thee leave.
O think me worth thine anger, punish me,
Burn off my rusts, and my deformity,
Restore thine image, so much, by thy grace,
That thou mayst know me, and I'll turn my face. (33-42)

그가 등을 돌리고 있는 동안에 십자가 위에서 자신을 내려다보고 있는 예수를 기억하며 죄책감이 든 화자는 자신을 돌이키기 위해 신이 내리는 어떤 벌도 달게 받겠다고 다짐한다. 이제 그는 신의 은총으로 구원을 받으려는 강한 열망을 토로하면서, 죄와 허물로 인해 녹이 슬고 형태가 일그러져 버린 자신의 모습을 회복시켜 주기를 간절히 기도하고 있다. 이처럼 던은 예수가 십자가에 못 박히는 장면을 자신이 직접 목격하는 것처럼 묘사함으로써 우리로 하여금 죽임을 당하는 그리스도를 바라보는 공포를 느끼게 한다(Winny 119). 그러면서 특유의 뛰어난 구조와 기발한 착상을 사용하여 서쪽으로 말을 달릴 때 냉담했던 자신이 처한 시 전반부의 극적 딜레마를 해결하고 신의 은총으로 올바른 운명을 향해 동쪽으로 나아갈 것이라는 사실을 보여주고 있다.

월튼은 던이 세인트 폴 성당의 수석 사제가 된 지 2년이 지나 51세가 되던 해인 1623년에 그가 심한 병으로 시달리던 와중에 「하나님 아버지께 드리는 찬송」("A Hymn to God the Father")이, 그리고 1631년 임종을 앞두고 「병상에서 하나님, 나의 하나님께 드리는 찬송」("Hymn to God my God, in my Sickness")이 쓰여졌다고 전기에서 밝히고 있다(Walton 61-66). 그러나 오늘날 많은 비평가들은 후자의 창작 연대도 1623년으로 두 편 모두 『위급한 때의 기도문』(*Devotions upon Emergent Occasions*)과 같은 시기에 쓰여졌다고 본다(Smith 664). 「병상에서 하나님, 나의 하나님께 드리는 찬송」은 긍정적인 시각을 차분하게 표현한 대부분의 다른 종교시들과 달리 "난 기뻐요"라며 병으로 생사의 기로에 선 고통을 겪는 와중에도 확신에 찬 어조로 기쁨을 노래하고 있다.

내 의사들은 그들의 사랑으로 천체학자들이 되고
　난 그들의 지도가 되어 이 침대 위에
반듯이 누워 그들에게 보일 것입니다.
　이것이 저의 남서쪽 발견항로임을,
　열병의 해협을 통과하여 죽음의 해협을 지나는.

난 기뻐요, 이들 해협에서 내 서쪽을 보게 되니.
　해협의 조류가 아무 곳으로도 되돌아가지 않지만
내 서쪽이 날 해치지 않을 테니까요. 서쪽과 동쪽이
　모든 평면 지도에서 하나이듯이 (저도 하나이고)
　그렇게 죽음도 부활과 맞닿아 있습니다.

Whilst my physicians by their love are grown
　Cosmographers, and I their map, who lie
Flat on this bed, that by them may be shown
　That this is my south-west discovery,
　Per fretum febris, by these straits to die,

I joy, that in these straits, I see my west;
　For, though those currents yield return to none,
What shall my west hurt me? As west and east
　In all flat maps (and I am one) are one,
　So death doth touch the resurrection.   (6-15)

시인은 의사가 병이 든 자신의 몸을 자세히 진찰해서 병의 원인을 찾아내는 것을 마치 천체 지리학자들이 시도 역할을 하는 그의 몸을 살펴서 천체나 지구의 모형을 만들고 지도를 제작하는 것처럼 묘사하고 있다. 여기서 남쪽은 열대지역이나 열병을 의미하고 서쪽은 쇠퇴와 사멸을 상징하는데, 시인은 열병으로 죽음으로써 신세계로 가는 항로를 발견한 것처럼 말한다(Smith 665). 열병에 걸려 죽음에 이르는 고통스럽고 힘든 길을 좁은 수로인 "해협"(straits)이라고 말하고 있는데, 이는 성경에서 말하는 구원에 이르는 "좁은 문"(마 7:13)을 연상시킨다. 이러한 비유에는 인간의 육체가 우주의 축소판이라고 할 수 있는 소우주라는 당시의 생각과 지리학에 대한 지식이 반영되어 있다.

다음 연에서 시인은 죽을지도 모르는 극한 고통과 어려움을 뜻하는 "해협에서" 자신의 종말이 다가옴을 보고 기뻐한다고 말하고 있다. 따라서 이 기쁨은 열병으로 인해 무서운 고열을 앓으면서 죽음 너머의 세계를 발견하는 데서 느끼는 쓰라린 기쁨이라고 할 수 있을 것이다. 해협을 흐르는 힘찬 조류는 무서운 해협의 격랑을 지나 결국 그를 인간이 알지 못하는 새로운 세계인 평화롭고 고요한 서쪽나라, 즉 죽음의 세계로 이끈다. 시인은 이 바다를 지나 사멸됨과 동시에 새로운 세계를 발견하고 그곳에 들어가게 되는 것이다(Sanders 146-47). 그는 서쪽과 동쪽이 지도에서 서로 연결되어 있듯이 죽음과 부활도 하나로 맞닿아 있다고 말한다. 여기서 서쪽은 그가 갈 최종 목적지이면서 죽음을, 그리고 동쪽은 그리스도를 의미한다. 따라서 죽음은 단지 부활의 전주곡일 뿐이며 우리의 끝은 시작이라는 것이다. 이처럼 종교적 역설을 과학적 토대 위에서 이야기하는 것이 던 특유의 수사법 가운데 하나라고 할 수 있다. 시에서 지도는 캐리의 주장처럼 죽음과 삶의 조화를 연상시키며, 정반대의 것들이 만나 하나가 되도록 하는 장치라고 할 수 있다. 캐리는 서쪽과 동쪽이 평면지도 상에서 비록 멀리 떨어져 있다 하더라도 결국은 만나게 된다는 생각이 던의 설교와 편지와 시에 반복적으로 등장하고 있음을 아울러 지적하고 있다(Carey 250). 그 대표적인 예로 「수태고지일과 수난일이 1608년 같은 날이 된 데 대해」("Upon the Annunciation and Passion falling upon one day. 1608")라는 시를 들 수 있을 것이다. 1608년은 예수가 성령으로 잉태될 것을 천사 가브리엘이 마리아에게 알린 날인 3월 25일이 예수가 십자가에 못 박힌 성금요일과 공교롭게도 같이 겹쳐진 해였다. 던은 같은 날에 그리스도가 왔다가 간, 처음과 끝이 겹쳐진 흥미로운 사실에 주목하면서 예수의 탄생과 죽음에 대해 명상한다. 그는 "평면지도에서 가장 먼 서쪽이 동쪽이듯이"(As in plain maps, the furthest west is east; 21), "교회는 이 두 날을 결합시킴으로써 / 인간에게는 죽음과 수태가 하나임을 보여주었다"(This Church, by letting these days join, hath shown / Death and conception in mankind is one; 33-34)라고 노래하고 있다.

시인은 "여기 문에서 악기를 조율하여"(tune the instrument here at the door; 4) "당신 음악을 만들겠습니다"(I shall be made thy music, 3)라고 시의 서두에서 말했듯이, 죽음이 임박했음을 느끼는 병석에서 죽음으로 부활에 이르게 됨을 확신하며 하나님께 바치는 음악으로 자신의 시를 쓰고 있다. 마치 음악가가 악기를 정확하게 조율하여 긴장된 선율을 균형

있게 연주하듯이, 지금 시인은 복잡한 심경과 감정을 가다듬으며 절묘한 수사와 논리를 구사하여 음악과 같은 시를 신에게 바치고 있는 것이다. 이처럼 던은 자신을 하나님의 음악을 연주하는 악기이며, 전 세계를 보여주는 지도이자, 첫째 아담과 둘째 아담 사이의 인류 역사의 전 과정으로 여기면서, 자신의 질병을 보다 새롭고 위대한 비전을 발견하는 좋은 기회로 인식하고 있다. 그는 다시 살아나는 부활의 은혜를 받기 위해 지금 죽는다는 믿음을 "그러므로 일으키기 위해 주님은 내던지십니다"(Therefore that he may raise the Lord throws down; 30)라고 밝히며 시를 마무리 짓고 있다. 이 마지막 구절은 자신을 전 세계이며 인류의 역사라고 볼 때 던 "자신의 영혼에게 하는 설교"(my sermon to mine own; 29)이면서 동시에, 도처티의 말처럼 흑사병으로 고통받고 있던 당시 영국의 위태로운 상황에 대한 설교라고 할 수 있을 것이다(Docherty 212-13).

던의 『거룩한 소네트』와 종교시에서 마주치게 되는 병들고 심한 갈등과 절망감에 사로잡힌 영혼의 상태는 이 시를 읽는 20세기의 독자들을 당혹하게 한다. 많은 독자들은 세인트 폴 성당의 성공회 수석 사제였던 던에게서 영적인 건강이나 믿음과 위안을 얻고 싶어 하지만, 그의 시에서 이런 기대를 충족시키기는 어렵다

이 19편의 소네트를 각각 독립적인 시로 읽어야 하는지, 아니면 하나의 연속된 작품으로 읽어야 하는지에 대해서는 학자들마다 의견이 분분하다. 그러나 분명한 것은 이들 소네트가 하나로 묶여 있기는 하지만 각각 독자적이면서 완전한 목소리로 혼란스러운 정신 상태와 복잡한 감정을 생생하게 그리고 있다는 점이다. 『거룩한 소네트』에서 신은 흔히 인간으로부터 멀리 떨어져서 침묵하고 있는 존재처럼 보인다. 시의 화자는 자신이 타락하여 신으로부터 버림받은 상태에서 느끼는 절망과 소외감을 토

로하고 있다. 비스톤(Lawrence Beaston)은 던의 소네트에서 볼 수 있는 이러한 신의 부재와 침묵을 기독교의 오랜 신비주의 전통 속에서 파악하고 있다. 즉 기독교인들은 인간으로부터 멀리 떨어져있는 듯한 신의 부재를 경험하면서 절망하는 것이 아니라, 역설적으로 신의 존재를 더 깊이 깨닫고 구원에 이르게 된다는 것이다(Beaston 96-99). 시의 화자는 자신의 죄를 깊이 인식하거나, 사탄에 사로잡힌 인간이나 임박한 죽음의 공포 앞에서 두려워 떠는 존재로 자신을 묘사한다. 이러한 절박한 순간에 부르짖는 그의 호소에 신은 마치 존재하지 않는다는 듯이 멀리서 침묵하고 있다. 거의 모든 소네트가 자신의 죄를 용서하는 신의 은총을 간절히 호소하는 내용을 담고 있다. 그러나 신은 계속해서 침묵하고, 화자는 신에게서 멀리 떨어져 있다는 소외감을 처절하게 느끼며 절망에 가까운 몸부림을 친다. 이는 마치 이스라엘이 이집트의 지배를 벗어나 가나안으로 가던 도중 광야에서 보낸 40년의 역사와 맥을 같이하는 것이다. 인간의 지력과 논리적인 한계를 넘어 무한한 진리와 신에게 다가가도록 신은 부재하는 듯이 침묵을 지키고, 인간은 고통스런 깨달음을 통해서 신을 경험하게 된다는 것이다. 이렇게 본다면 인간이 영혼의 어두운 밤 속에서 고통스러워 할 때 침묵하는 신은 무관심하기 때문이 아니라 인간의 이성과 언어의 한계를 넘어선 신의 속성과 신비를 보여주기 위함인 것으로 이해할 수 있다. 『거룩한 소네트』에서 신은 침묵함으로써 화자의 삶을 재조정하며, 인간이 경험과 이성에 의지하지 않고 더욱 신에게 의지하게 함으로써 신의 존재를 발견하게 한다(Beaston 107).

던은 1623년 겨울에 발진티푸스로 추정되는 심한 열병을 앓고 난 직후에 죽음과 사멸에 대한 섬뜩한 명상과 기도 등을 담은 『위급한 때의 기도문』을 집필하였다. 그는 마치 병을 앓고 있으면서 그때 일어난 일들을 기록하고 있는 것처럼 글을 쓰고 있다. 그를 거의 죽음으로 몰고 간 23일 동안 병에 시달린 호된 시련은 던에게 자신이 절실하게 경험하고 느낀 죽음과 사멸이라는 주제에 대해 깊이 성찰하고 글을 쓸 기회를 제공했다. 이 『기도문』은 그가 앓고 있는 병과 그로부터 회복되는 단계, 즉 "예기치 못하고 갑자기 당한 일들"을 23부분으로 나누어 다루고 있다. 기도문은 일반적으로 명상과 기노로 이루어지며, 명상은 죄에 대한 의식을 일깨워 회개하고 신에게로 향하도록 하는 목적으로 구성되어 있다. 17세기 당시 영국에서는 프로테스탄트의 종교개혁과 로마가톨릭 자체 내의 쇄신운동으로 인해 다양하고 조직적인 명상과 기도의 훈련이 일어나고 있었다. 프로테스탄트들은 '오직 성경으로'(*sola scriptura*)라는 원칙에 충실하여 성경에 새로운 관심을 가지고 집중함으로써 묵상하는 경향이 있다. 반면, 로마가톨릭 신자들은 성서의 역할보다는 전통을 더 중요시하는 경향을 보였다(Narveson 308-9). 기도문은 이러한 묵상을 바탕으로 개인적인 반응을 이끌어 내는 것으로 마무리하는 데 초점을 맞추고 있으므로 그 하이라이트는 마지막 부분인 기도라고 할 수 있다. 이들 기도문은 독자들에게 죄의 지옥의 불에 대해 가르침으로써 회개할 마음이 일어나도록 감성을 자극하는 한편, 묵상과 기도는 교리적인 이해를 도모하고 있다.

책의 제목인 헌신 혹은 기도라는 용어는 일상생활에서 겪는 일들에 대해 프로테스탄트들이 흔히 수행하는 묵상 행위와 관련된 것이다. 각 단계는 "우리 인간의 조건에 대한 묵상"(meditation upon our human condition)과, 자신이 일방적으로 이야기하는 "하나님과의 논쟁"(expostulation and debatement with God), 그리고 하나님에 대한 기도(prayer to god)를 포함하고 있다. 즉 병을 앓은 23일간을 각 단계로 나누어 이때 느낀 자신과 세상의 영적 상태에 관한 개인적인 묵상과 기도를 담고 있는 것이다. 예를 들자면 첫 부분은 병에 걸릴 것 같은 징후를 다루고, 두 번째 부분은 신체의 기능이 떨어지고 힘이 없어지는 상태를, 세 번째 부분은 드디어 자리에 드러눕게 되는 상황을, 그리고 네 번째 부분은 의사를 부르러 보내는 단계를 각각 묘사하고 있으며, 마지막으로 갈수록 점점 병세가 호전되어 마침내 누운 자리에서 일어나게 되는 과정을 다루고 있는 식이다. 그러나 비록 그의 몸에 일어난 변화가 이 책이 구성되는 틀을 제공하고 있다 할지라도, 던은 병 그 자체에 대해서는 별 관심을 기울이지 않고 그 병이 자신과 인류의 영적인 상태에 대해 상징하는 의미를 추적하는 데 집중한다. 이러한 관심사를 탐구하기 위해 그는 기도문의 23단계를 각각 묵상과 논쟁과 기도라는 세 부분으로 나누어, 몸의 상태나 매일 처방되는 치료를 모티브로 하여 신학적 진리나 도덕적 진리에 대하여 모색하고 있다.

젊은 날의 연애시에서부터 죽음의 문제에 대해 지속적인 관심을 보여왔던 던은 죽음의 문턱까지 이른 병을 3주 넘게 앓으면서 사멸과 죽음의 주제에 대해 한층 치열하게 성찰하게 된 것 같다. 그러나 우리는 던이 이 기도문을 통해 죽음 그 자체에 대한 깊은 관심을 보여주는 데 그치지 않고, 이를 모티브로 하여 떠오르는 도덕적·신학적 진리에 대해 근원적으로 탐구하고 있음에 주목할 필요가 있다. 즉 삶과 질병과 죽음 등 인간이 살아가면서 겪는 중요한 문제들에 대한 심오한 묵상을 열정 넘치는 진지한 태도와 던 특유의 역설과 위트 넘치는 문체, 그리고 웅변적인 어조를 통해 다루고 있는 것이다. 무슬리(Andrew Mousley)가 지적한 것처럼 그는 병석에서도 자신의 질병이나 불편함(dis-ease)이 지니는 은유적이고 종교적인 다양한 의미를 탐색하고 있다(1). 던의 기도문은 독일의 켐피스(Thomas à Kempis)가 쓴 『그리스도를 본받아』(*The Imitation of Christ*)와 같은 성격의 명상록에 비해 훨씬 현학적이고 비교(祕敎)적이며 형이상학적이기까지 하여 일반 독자들이 접근하기에는 다소 어렵게 느껴질 수 있다. 그럼에도 불구하고 이 책은 집필되자마자 즉시 출판되었는데, 그 이유는 독자들이 생사의 문턱을 넘나든 한 독실하고 기지에 찬 기독교인의 불안과 정신적인 모험을 즐기고 싶어 했기 때문일 것이다. 개인적인 생각과 느낌이 공적인 설교나 교훈과 혼합되면서 17세기 당시 독자들에게 강한 호소력을 지녔던 이 작은 책자는 1624년 출판되어 그 해 두 번 재판되었고, 1626년과 1627년에 다시 출판될 정도로 인기가 있었다. 이때까지만 해도 던이 출판을 한 작품은 후원자와 관련된 것이거나 공적인 관심사에 관한 것이었는데, 그가 개인적인 작품을 출판했다는 사실은 매우 놀랄 만한 일이다. 이 기도문 가운데서 특히 유려하고 웅변적이며 은유적인 문체로 씌어진 「묵상 17」("Meditation 17")의 한 구절을 헤밍웨이는 『누구를 위하여 종은 울리나』(*For Whom the Bell Tolls*)라는 자신의 소설 제목으로 사용하기도 하였다.

던의 『기도문』은 23개의 다양한 주제들에 대해 세 부분의 각기 다른 목소리나 태도를 견지하는데, 전체 작품의 개념적인 구성을 유지하는 일은 작가의 특별한 능력을 요구한다. 그는 성경에 대한 이해를 바탕으로 자신의 신체적 상태와 폭넓은 주제와 사상을 서로 연결시켜 유추하고 관련성을 포착해 내는 탁월한 능력을 지니고 있었다. 또한 의도하는 주장을 펼치는 데 있어서 길을 잃지 않고 박식하게 각 부분별 주제에 기초하여 유추를 이어 나가는 뛰어난 상상력의 소유자였다. 지적이고 상상력이 넘치는 작품의 특징은 과거 그의 시에서 찾아볼 수 있는 것들인데, 그의 기도문은 바로 이러한 문학적 스타일을 살린 형이상학적인 산문이라고 할 수 있다. 이렇게 볼 때 비록 젊은 날의 시인과 세인트 폴 성당의 수

석 사제 사이에는 30년이라는 세월의 간극이 있지만 이전의 활기는 많이 사라졌다 하더라도 그의 마음의 본질적인 부분은 변함없이 유지되고 있음을 알 수 있다.

우리는 『기도문』에서 개인적으로 의기소침해져 있는 분위기를 분명히 느낄 수 있는데, 이는 르네상스 인문주의의 기운이 서서히 쇠퇴되기 시작함에 따라 던이 동시대인들과 같이 느꼈던 실망감이 표현된 결과라고 볼 수 있을 것이다. 즉 질병과 죄로 인해 자신이 품고 있던 무한한 희망과 포부가 좌절된 한 인간의 분열된 비극적 상태가 이 기도문을 통해 나타나 있다고 하겠다.

던은 『기도문』 16번과 17번, 18번 묵상에서 모두 인근 교회로부터 울리는 종소리를 들으면서 자기보다 더 심한 고통을 당하고 있는 사람의 상태에 대해 깊은 생각에 잠기고 있다. 이 가운데 「묵상 17」에서 던은 죽음에 임한 알지 못하는 사람에 대해 동류의식을 느끼며 자기 자신에 대한 생각에서 이웃에 대한 생각으로 생각을 확장시키게 된다. 17번 묵상은 "지금 다른 사람을 위하여 나직이 울리는 이 조종은 너는 반드시 죽으리라고 나에게 말한다"(*Now, this bell tolling softly for another, says to me: Thou must die*)라는 제사(epigraph) 밑에 다음과 같이 시작하고 있다.

> 지금 그를 위해 울리고 있는 저 조종의 당사자는 아마 병이 너무 심하여 그 종소리가 자신의 죽음을 알리고 있다는 것을 알지 못할지 모른다. 혹시 내 주변 사람들이 나의 상태를 보고 나를 위해 저 종을 울리게 했는데도 나는 모르고 있을 만큼 스스로는 괜찮거니 하고 있을지도 모른다.

> Perchance he for whom this bell tolls may be so ill, as that he knows not it tolls for him; and perchance I may think myself so much better than I am, as that they who are about me, and see my state, may have caused it to toll for me, and I know not that. (*Devotions* 107)

우리는 누구의 죽음을 알리는 조종을 들을 때 자신에게도 가까이 다가오고 있는 죽음에 대해 생각하기 마련이다. 이 묵상은 거의 시체나 다름없이 죽어 가는 어떤 사람이 자신의 죽음을 알리는 종소리를 들으면서, 그것이 다른 사람의 장례를 알리는 종으로 생각하고는 그 장례식에 늦지나 않을까 걱정하며 종소리를 듣고 있는 것처럼 묘사하고 있다. 던의 많은 산문은 소리 내어 읽을 때 그 내용과 효과적인 문체의 특성을 제대로 느낄 수 있는데, 이 17번 묵상의 경우가 특히 그러하다.

이 묵상은 임종을 앞둔 인간이나 장례에 대한 생각에서, 이와 아무 상관이 없는 듯이 보이는 갓 태어난 아기의 세례에 대한 생각으로 이어진다. 그리하여 한 인간의 병과 죽음에 대해 이야기하던 묵상은 갑자기 보편적 교회에 대한 생각으로 옮겨 가고 있다.

> 교회는 보편적이고 우주적이어서 교회가 하는 모든 일은 모든 사람에게 속한다. 교회가 한 아이에게 세례를 주면 그 행위는 나와 관련이 있다. 왜냐하면 세례를 통해 그 아이는 내 머리이기도 한 머리와 연결되고, 내가 그 신체의 일부인 몸에 접붙여진다. 교회가 어떤 사람을 장례하면 그 행위는 나와 관련된 것이다.

> The church is Catholic, universal, so are all her actions; all that she does belongs to all. When she baptizes a child, that

action concerns me; for that child is thereby connected to that body which is my head too, and ingrafted into that body whereof I am a member. And when she buries a man, that action concerns me. (*Devotions* 107–8)

던은 여러 인간이 하나의 같은 머리에 접붙여져(ingrafted) 있으며 이들 모두는 한 몸의 지체(member)라는 특이한 이미지를 제시하고 있다. 여기서 머리는 그리스도를, 그리고 몸은 교회를 상징하고 있다. 이는 "보편적" 교회라는 개념에 의해서 모든 인간들은 몸의 지체와 같이 서로 친밀한 관계를 맺어야 하며, 다양한 삶과 경험으로부터 새로운 연합을 이뤄야 한다는 생각으로 전개된다. 즉 모든 인류는 어린아이가 세례로 보편적 교회의 몸에 접붙여진 순간부터 어른이 되어 죽게 되기까지 하나의 운명 공동체로 살아가게 된다는 말이다.

온 인류는 한 교회를 이루어 같은 머리에 붙어 있는 지체들이라는 생각에 이어서 모든 인류는 한 저자가 쓴 한 권의 책이라는 생각이 도입된다.

모든 인류는 한 분의 저자가 쓴 한 권의 책이다. 한 사람이 죽으면 한 장이 그냥 책에서 찢겨 나가는 것이 아니라 더 나은 언어로 번역되며 결국 모든 장마다 그렇게 번역될 것이다. 하나님은 여러 번역자를 동원하시고, 어떤 부분은 늙음으로, 어떤 것은 질병으로, 어떤 것은 전쟁으로, 또 어떤 것은 법의 심판에 의해 번역된다. 그러나 모든 번역마다 하나님의 손길이 드리워져 있고, 모든 책들이 서로서로에게 펼쳐져 놓이게 될 도서관에 두기 위해 이 모든 흩어져 있는 책의 한 장 한 장을 그분의 손이 다시 한 권으로 제본하실 것이다. 그러므로 설교를 위해 울리는 종은 설교자만을 부르기 위한 것이 아니라 모든 회중이 오도록 하기 위한 것이듯이, 이 조종도 우리 모두를 부르고 있는 것이다.

> all mankind is of one author, and is one volume; when one man dies, one chapter is not torn out of the book, but translated into a better language; and every chapter must be so translated; God employs several translators; some pieces are translated by age, some by sickness, some by war, some by justice; but God's hand is in every translation, and his hand shall bind up all our scattered leaves again for that library where every book shall lie open to one another. As therefore the bell that rings to a sermon calls not upon the preacher only, but upon the congregation to come, so this bell calls us all. (*Devotions* 108)

17세기에는 "저자"(author)라는 말이 주로 창조주(Creator)나 조물주(First Cause)라는 뜻으로 사용되었는데, 던은 의도적으로 이 단어를 '작가'(writer)라는 개념으로 사용하고 있다(Roston 201). 저자나 책에 관한 이야기기 이어지면서 우리는 지금까지 던이 주로 관심을 가지고 말하던 죽음이라는 주제에서 멀리 벗어나고 있는 것 같은 느낌을 갖게 된다. 그러나 바로 뒤이어 "번역되며"(translated)라는 말이 등장함으로써 그렇지 않다는 것을 알게 된다. 즉 이 단어의 축자적 의미가 '옮기다'(carried across)라는 사실을 기억할 때, "이 세상에서 내세로 옮겨 간다"는 뜻으로 사용된 펀(pun)을 둘러싼 던의 뛰어난 수사법에 우리는 감탄하지 않을 수 없다. 여기서 번역된다는 말은 모든 인간이 머지않아 잠시 살던 이 세상에서 내세로 옮겨갈 것이라는 사실을 알려 주고 있다. 이 단어가 지닌 근본적이고 영적인 의미로 인해 보다 근원적이고 영속적인 진리를 위해 이 땅의 일시적이고 덧없는 것을 버리라는 던의 핵심적인 의도가 우리에게 효과적으로 전달되고 있다고 하겠다.

이처럼 이 기도문에서 사용된 "지체"(member)나 "번역하다"(translate)와 같은 단어가 처음에는 일상에서 사용되는 평범한 의미로 사용된 것처럼 보이지만, 영적인 의미를 포함한 근본적이고 성경적인 뜻이 드러나면서 일상적인 의미에서 성스럽고 종교적인 의미로 옮겨 감을 알 수 있다. 던은 인간을 죽음으로 이끄는 고통의 예로서 늙음과 병, 전쟁, 교수형 등을 언급하고 나서, 하나님이 흩어져 있는 책장들을 한 권의 책으로 제본할 것이라고 말하고 있다. 여기서 "제본"(bind up)한다는 말은 "상심한 자를 고치시며 저희 상처를 싸매시는도다"(시편 147: 3)라는 시편의 구절을 생각나게 한다. 또한 책의 흩어진 "한 장 한 장"은 로스톤의 말처럼 가을날의 흩어져 날리는 나뭇잎 같은 인생의 무상함을 연상시키기도 한다(Roston 201-2). 던은 이렇게 제본된 우리 모두의 책이 최후의 심판 날 서로에게 숨김없이 펼쳐지게 될 것을 말하고 있다.

지금까지 느리게 진행되던 묵상은 곧 다가올 죽음을 상기시키며 긴박하게 전개된다. 던은 멀리 떨어져 있거나 잘 알지 못하는 교우의 죽음에 대한 이기적인 무관심에 경종을 울리면서, "누가 이 세상으로부터 자신의 한 부분을 떠나보내는 그 종소리로부터 귀를 돌릴 수 있겠는가?"(who can remove it from that bell which is passing a piece of himself out of this world?; *Devotions* 108)라고 직접적인 어조로 단호하게 이야기한다. 즉 조종은 나와 상관없는 다른 사람의 죽음을 알리는 것이 아니라 "자신의 한 부분"이 세상을 떠남을 알리고 있다고 주장한다. 이제 묵상은 다음의 유명한 구절로 극적인 결말을 맺고 있다.

> 어느 누구도 그 자체로 완전한 섬은 없다. 모든 인간은 대륙의 한 조각이며 본토의 한 부분일 뿐이다. 흙 한 덩어리가 바닷물에 씻겨 나가면 유럽은 그만큼 작아진 것이다. 마치 그 튀어나온 갑(岬)이 씻겨 나가거나, 그대 친구의 영지나 당신 땅의 일부분이 씻겨 내려간 것처럼. 그 누구의 죽음이라도 나를 줄어들게 하는데, 이는 내가 인류 속에 포함되어 있기 때문이다. 그러므로 누구의 죽음을 알리기 위해 종을 울리고 있는지 알아보려고 사람을 보내지 마라. 그것은 바로 당신의 죽음을 알리는 종소리니까.

> No man is an island, entire of itself; every man is a piece of the continent, a part of the main. If a clod be washed away by the sea, Europe is the less, as well as if a promontory were, as well as if a manor of thy friend's or of thine own were: any man's death diminishes me, because I am involved in mankind, and therefore never send to know for whom the bells tolls; it tolls for thee. (*Devotions* 108–9)

바닷물에 씻겨 나간 흙은 비록 보잘것없이 미미한 양이라 하더라도 그 흙이 내 친구나 나와 같은 인간의 영혼이 거하던 집과 몸을 뜻하면서 중요한 의미를 부여받는다. 이와 대조적으로 던은 대륙이나 본토와 같이 측정하거나 만져볼 수 있고 대단하게 보이는 이 세상의 그 어떤 것도 기껏해야 잠시 있다가 없어질 덧없는 것에 불과하다는 사실을 강조하고 있다. 던의 묵상은 죽음의 문턱에서 자신이 경험한 육체적·영적 고난으로부터 깨달은 기독교의 가르침을 뛰어난 예술로 승화시켜 독자들에게 호소력 있게 전달하고 있는 것이다.

『위급한 때의 기도문』은 이처럼 시인 자신이 심하게 앓아누웠던 경험을 계기로 인간의 조건과 신에 대한 깊은 묵상을 담고 있는 종교적인 작품이다. 그는 성경에 히스기야(Hezekiah) 왕이 병을 앓고 난 후 자신의 병에 대한 묵상을 글로 쓴 것을 모델로 하여 이 기도문을 썼다고 하며 이 작품을 제임스 1세 이후 왕위를 잇게 되는 찰스 왕자(Prince Charles)에게 헌정하고 있다. 앞서 장래가 매우 불확실하고 아무 힘이 없었던 젊은 시절에 친구들 사이에 돌려보기 위해 시를 썼던 것과는 달리 이제 던은 영국을 대표하는 성직자로서 자신의 글을 마음대로 출판할 수 있는 위치에 있다. 젊은 날 자신의 재능을 발휘한 글을 통해 출세를 모색했던 던이 지극히 개인적이고 종교적인 내용의 기도문을 향후 고위 성직을 담보하기 위해 "사회적이고 정치적인 통화"(Marotti, *Coterie* 349)와 같이 정치적 차원에서 사용하고 있을 가능성을 배제할 수 없다.

스튜어트 초기의 명상록은 대부분 일인칭 단수형과 보다 교훈적인 일인칭 복수형 사이를 쉽게 오가는 형태를 취하고 있다. 그리고 프로테스탄트 기도문의 스타일은 청교도의 설교와 같이 소박한 형태를 취하면서 성경을 중시하는 경향을 보인다. 반면 가톨릭 기도문은 성서보다는 선행을 강조하거나 8복이나 5감각, 7덕 등 전통적인 범주로 좀 더 조직화된 경향이 있다.

던의 기도문은 열병을 앓은 특별한 경험을 담고 있을 뿐만 아니라, 이 병이 자신에게 유익한 고난이며 은총이라고 해석하며 진리를 모색함으로써 아우구스티누스(Augustine)의 『고백록』(*Confessions*) 같은 영적 자서전의 형태를 취하고 있기도 하다. 그의 작품은 나베슨(Kate Narveson)이 말한 것처럼 당대의 묵상과 기도에서 나타나는 많은 특징, 즉 구조적인 역동성이나, 단수에서 복수로 목소리가 쉽게 옮겨 가는 점, 성경중심주의,

자신을 본보기로 제시하며 감성적인 표현과 함께 영적인 진리를 보여주는 등의 특징을 지니고 있다(310-11). 그러나 이전 기도문의 특징과 전통을 단순히 이어받는 데 그치지 않고 여기에 혁신을 가하고 다양한 요소를 가미시킴으로써 지적으로나 감정적으로 유래가 없을 정도로 강렬한 새로운 영역을 개척한 것으로 평가받고 있다. 던의『위급한 때의 기도문』은 많은 은유를 두드러지게 사용하여 작품에 엄청난 에너지를 부여하며 시적인 효과를 얻고 있다. 또한 묵상에서 시작하여 논쟁을 거쳐 기도로 마무리 짓는 구성을 통해 깊은 사색과 명상에서 출발하여 하나님에게 따지듯이 논쟁하는 과정에서 교리적이고 신학적인 해결점에 도달하고, 이어서 기도에서는 문제가 풀린 후 느끼는 안도감과 감사의 목소리를 들려준다. 이 과정에서 차분한 명상가의 목소리라기보다는 열정적인 설교자의 목소리를 통하여 강렬한 감정을 불러일으키고 있다.

1615년 43세의 나이에 성직자의 길로 들어선 던은 각계각층의 회중들 앞에서 많은 설교를 하였으며 1631년 찰스 1세 앞에서「죽음의 결투」라는 마지막 설교를 한 것으로 알려져 있다. 던의 설교문은 생전에는 여섯 편만이 출판되었으나, 1962년 주지 포터(George Potter)와 이블린 심슨(Evelyn Simpson)이 총 10권으로 펴낸 에디션에 160편의 설교문이 실려 오늘날 우리가 볼 수 있게 되었다. 그가 마지막 설교를 했을 때 당시 사람들은 던이 마치 자신의 장례식 설교를 한 것으로 생각했으며, 평생 설교의 권위와 능력에 매혹되었던 그가 강단에서 죽음을 맞이하기를 바랐던 소망이 성취되었다고 믿었다. 샤미(Jeanne Shami)는 이러한 던의 설교를 일컬어 "그의 지적인 삶의 극치이고, 도덕적이고 정치적 사상의 저장소이며, 가장 정교한 문학적 창조물"(318)이라고 평가하고 있다.

또한 던의 설교는 생전에 그가 설교가로서의 명성을 확립할 수 있도록 해준 중요한 문화적 사건이다. 그의 전문가적 재능은 그가 성직을 수락한 지 일 년 이내에 14개의 성직을 받을 만큼 탁월했다. 던의 교구민이었으며 던의 첫 번째 전기 작가이기도 한 위대한 전기 작가 아이작 월튼(Izaak Walton)은 던이 "가끔 그의 회중을 위해 울고 그들과 함께 울기도 한 신실한 설교가"(49)였다고 회상하고 있다. 그의 설교집은 그 시대에 가장 격렬히 논쟁했던 문제와 종교적이고 정치적인 상황에 대해 자세하게 알려 주기 때문에 던이 살았던 시대와 문화를 이해하는 렌즈 역할을 한다.

던의 설교는 교리를 가르치면서 맹목적인 순종을 요구하기보다는 어떻게 도덕적인 결정을 해야 하는가 하는 과정을 가르치는 데 강조점을 두면서, 매우 사적인 영역인 개인의 양심을 매우 공적인 설교라는 매개와 연결 짓고 있다(Shami 319). 그의 설교는 탁월한 수사와 성경 해석 전략이 조화를 이룬 표본이라고 할 수 있다. 던은 설교를 성경에서 시작된 하나님이 인간과 나누는 대화의 연속으로 보았으며, 따라서 설교자의 역할은 성경 본문을 풀어서 설명하고 펼쳐서 적용하는 것이라고 생각했다. 그는 어거스틴(St. Augustine)을 비롯한 교회 교부들과, 아퀴나스(Thomas Aquinas)와 같은 신학자들, 에라스무스(Ersmus)와 같은 인문주의자, 루터(Martin Luther)나 칼뱅(John Calvin)을 포함한 종교개혁가 등으로부터 풍부한 설교의 전통과 자료를 절충하는 입장에서 취사선택하여 설교를 구성하고 있다. 이들 가운데 던은 특히 어거스틴으로부터 성경 해석의 이론과 그것을 실제로 적용하는 면에서 많은 영향을 받았다. 그리고 16세기의 탁월한 설교 이론가인 에라스무스에게서 원어 성경과 자국어로 번역된 성경 모두에 유용한 해석의 방법 등을 배웠다.

던이 살던 시대에 설교는 종교적인 교화를 목적으로 할 뿐만 아니라 뉴스나 오락, 정치와 사회가 돌아가는 소식 등에 대한 욕구를 충족시키는 방편이기도 했다. 즉 설교는 수사적이고 영적인 힘으로 회중을 감화시키는 매우 강한 영향력도 지니고 있었으며, 동시에 오늘날로 말하면 신문이나 텔레비전과 같은 대중 매체가 하는 역할도 어느 정도 감당했다. 그리고 17세기 당시 영국에서는 일요일에 영국 국교회 예배에 참석하는 것이 국민의 의무였다. 모든 국민이 예배당에 모여 지적인 자극도 받고, 함께 즐거워하며, 교육도 받고, 감동도 받았다. 따라서 회중에게 행해지는 설교는 마치 한 편의 강연처럼 권고와 교화를 목적으로 하였다. 던도 설교를 할 때 단순히 교리를 이야기하거나 성경을 해석하는 데 그치지 않고, 하나님의 말씀에 따라 영혼을 흔들고 양심의 가책을 느끼게 하고 죄와 잘못된 일로부터 돌이키도록 두려움을 느끼게 하는 데 초점을 맞추었다. 던은 설교에서 성경 본문을 회중 개개인의 특정한 사정에 맞게 적용하여 복잡한 도덕적·정치적 문제를 위대한 기독교 사상가들의 음성을 들으며 함께 생각하고 풀어 나갈 수 있도록 하는 탁월한 능력을 지니고 있었다. 그러나 던의 설교에서 가장 두드러진 특징은 뛰어난 수사직 능력이라고 할 수 있다. 그는 시에서 볼 수 있었던 생생한 이미지를 많이 구사하였으며, 강렬하고 극적인 연설과 같은 설교를 통해 단순히 글을 통해서는 전달될 수 없는 천둥 같고 음악 같은 힘과 감동을 회중에게 전달했다(Shami 332-34).

흔히 던 자신의 장례식에 대한 설교라고 여겨지는 「죽음의 결투」는 1631년 2월 25일 화이트홀(Whitehall)에서 찰스 1세 앞에서 행해진 것이다(McCullough 204). 이후 한 달 남짓 지난 3월 31일에 던이 죽었으므로 이 설교가 시인 자신의 죽음에 대한 설교가 아니었겠는가라고 생각들을 하게 된 것이다. 「죽음의 결투」에는 "죽어 가는 생명과 살아 있으나 죽은 육체에 맞선 영혼에게 하는 위로"(or A Consolation to the Soule, against the Dying Life, and Living Death of the Body)라는 부제가 길게 붙어 있으며, 인간의 삶에서 생명과 죽음의 상호연관성을 강조하고 있다. 이 설교는 "사망에서 피함이 주 여호와께로 말미암거니와"(And unto God the Lord belong the issues of Death)라는 시편 68편 20절에 대한 것이다.

회중을 감동시키는 인기 있는 설교가로 명성이 자자했던 던이 마지막으로 행한 이 설교는 당시의 증언에 따르면 특히 감동적이었다고 한다. 설교자가 심한 병에 걸려 죽음을 앞두고 있는 초췌한 모습을 하고 있다는 점 외에도, 회중들은 죽음과 부패되어 가는 모습에 대한 소름 끼칠 정도의 생생한 그의 설교를 듣고 큰 충격과 감동을 받았을 것이다. 던은 평소에 설교를 하다가 자신의 생애를 마무리하겠다는 꿈을 가지고 있었는데 자신의 소망대로 마지막 설교를 하고 한 달 남짓 후에 세상을 뜬다. 「죽음의 결투」는 그의 시처럼 온갖 지식과 박학함으로 가득 차 있으며 독창적이고 은유적인 언어가 현란하게 구사되고 있다. 또한 『기도문』에서처럼 문장이 길게 꼬여 있으며, 복잡하고 정교한 것이 특징이다. 그러면 모든 인간에게 해를 끼치려는 적인 죽음에 대하여 행한 무시무시하고 몸서리를 치게 하는 다음의 설교를 들어보자.

> 무덤에서는 구더기들이 우리를 죽이지 않습니다. 우리는 우리 자신들이 생겨나게 한 그 벌레들을 낳고, 먹이고, 그리고 죽입니다. 자궁에서 죽은 아이는 자신을 잉태한 엄마를 죽이니 살인자, 아니 죽은 후에도 존속을 살해하는 자입니다. … 자궁 안에서 우리는 눈이 있지만 보지 못하고 귀가 있으나 듣지 못합니다. 자궁 속에

서 우리는 모든 빛을 빼앗기고 어두움의 일에 적합하게 됩니다. 그 자궁 속에서 피를 먹음으로써 잔인함을 배우고, 태어나기도 전에 저주받는지도 모르겠습니다.

In the grave the worms do not kill us; we breed, and feed, and then kill those worms which we ourselves produced. In the womb the dead child kills the mother that conceived it, and is a murderer, nay, a parricide, even after it is dead. … In the womb we have eyes and see not, ears and hear not. There in the womb we are fitted for works of darkness, all the while deprived of light; and there in the womb we are taught cruelty, by being fed with blood, and may be damned, though we be never born. (*Death's Duel* 168)

인간의 비극적인 운명에 대한 그의 설교는 "우리는 어머니의 자궁 속에서 수의를 걸쳤습니다. 이 수의는 우리가 잉태된 순간부터 우리와 함께 자라나고 우리는 그 수의를 두른 채 이 세상에 나옵니다. 왜냐하면 우리는 무덤을 찾아오는 것이니까요"(we have a winding-sheet in our mother's womb which grows with us from our conception, and we come into the world wound up in that winding-sheet, for we come to seek a grave; *Death's Duel* 169-70)라고 암울한 어조로 계속된다. 오늘날보다 질병에 걸려 죽을 위험이 컸던 당시에 죽음은 언제 닥칠지 모르는, 어쩌면 생명이 시작되는 순간부터 늘 가까이 있는 존재로 인식되었던 것 같다. 따라서 어느 교우의 죽음을 알리는 교회의 종소리는 죽은 영혼을 위해 기도를 올리도록 자극하는 소리일 뿐만 아니라 바로 자신의 죽음을 깨닫게 하는 소리로 인식되었던 것이다.

이어서 던은 부패를 경험하지 않은 예수 그리스도의 육체와 달리 죽어서 썩고 소멸할 수밖에 없는 인간의 운명에 대하여 눈에 보이듯 생생하고도 상세하게 묘사한다.

> 지금 죽어서 죽음의 상태에서 잠자는 우리는 이 사후의 죽음을, 이 죽음 후의 죽음, 아니 매장된 후의 죽음을, 이 사멸 후의 사멸, 썩고 부패되는 죽음, 구더기가 먹고 화장이 되는 죽음, 무덤에서 그리고 무덤으로부터 소멸하고 해체되는 죽음을 모두가 통과해야 합니다. … 욥과 같이 "부패여, 너는 내 아비라. 구더기더러 너는 내 어미요 내 누이라"고 말해야 하지요. 한 구더기가 내 어미가 되고, 내 누이와 내 자신이 되어야 하다니, 비참한 수수께끼지요! 내가 내 어머니와 내 누이와 결혼해야 하고, 내 자신의 어머니와 누이에게 아비와 어미가 되어 저 끔찍스럽고 온통 굶주려 있는 구더기를 배고 낳으니, 이 무슨 비참한 근친상간인가요. 내 입이 흙으로 채워질 때 구더기가 나를 아주 달게 먹을 것입니다.

> but for us that die now and sleep in the state of the dead, we must all pass this posthume death, this death after death, nay, this death after burial, this dissolution after dissolution, this death of corruption and putrefaction, of vermiculation and incineration, of dissolution and dispersion in and from the grave, ··· must say with Job, Corruption, thou art my father, and to the worm, Thou art my mother and my sister. Miserable riddle, when the same worm must be my mother, and my sister and myself! Miserable incest, when I must be married to my mother and my sister, and be both father and mother to my own mother and sister, beget and bear that

worm which is all that miserable penury; when my mouth shall be filled with dust, and the worm shall feed, and feed sweetly upon me. (*Death's Duel* 176)

열정에 넘치는 부흥 목사로서 던은 이 마지막 설교의 결론 부분에서 청중들로 하여금 회개하고 기도하며 신을 믿고 따르도록 촉구하고 있다. 김윤경은 이 「죽음의 결투」야말로 "던이 평생 탐구히던 죽음이라는 주제를 공적인 설교가 갖추어야 할 특정한 형식적·내용적 조건과 종교적 요구에 맞추어서 분석한 장"(274)이며, 죽음에 대해 다룬 이전의 다른 설교와 비교할 때 그 범위와 깊이, 강도에 있어서 탁월하다고 평가하고 있다.

그는 160여 편에 달하는 설교에서 자신의 죄로 인해 괴로워하며 회개하는 모습과, 죽음에 대한 두려움, 그리스도의 구속으로 부활을 소망하는 모습을 보여준다. 던은 연애시에서 주로 개인적인 경험을 바탕으로 한 수사적이고 형이상학적인 표현 기법을 사용했으나, 그의 설교는 주로 성경의 내용을 중심으로 이에 대한 자신의 생각과 태도를 표현하고 있다. 죽기 몇 년 전부터 던은 자신을 살아 있는 송장과 같이 생각하는 등 육체적으로 쇠약해지고 몸이 사멸될 것에 대해 강박관념을 가지고 있었으며, 이러한 경향은 자신의 마지막 설교에서도 나타나고 있다. 그가 주위의 만류를 뿌리치고 병석에서 일어나 마지막 설교를 행한 후 수의를 입은 자신의 초상화를 그리게 한 일은 유명한 일화로 남아 있다. 그는 마치 자신의 삶을 죽음과 장례를 위한 긴 준비과정으로 여기며 죽음에 집착했다. 월튼에 따르면 던은 자신이 들어가 설 수 있게 유골항아리 모양으로 나무를 파게 하고 수의를 걸친 초상화를 그리게 하였다고 한다. 시체를 싸는 천으로 온 몸을 두르고 머리와 발끝을 매듭으로 묶고서 야위고 창백한 얼굴로 구세주의 재림을 기다리듯이 동쪽을 향해 눈을 감고 서 있는 그의 모습은 마치 관이나 무덤 속에 있는 것 같았다고 이 전기 작가는 기록하고 있다(Walton 78). 던은 전신 크기의 이 초상화를 침대 곁에 걸어 두었다고 하는데, 그가 후대에 남기기를 원했던 유일한 초상화가 바로 수의를 걸친 송장 같은 모습이라는 사실은 위니가 말한 것처럼 참으로 아이러니하다(Winny 46).

던의 종교시와 설교와 기도문 등은 신앙인으로서 시인이 겪은 경험과 생각을 표현한 것으로 그의 자유로운 기질과 종교적인 의지 사이의 갈등과 투쟁을 생생하게 반영하고 있다. 그의 종교시 가운데 대표작이라고 할 수 있는 『거룩한 소네트』에는 부인 앤 모어와 사별한 후 느낀 죽음과 관련된 고통과 슬픔이 지배적으로 드러나 있으며, 던이 사제로서 공식적인 임무를 수행할 때 겪은 신앙적인 동요나 내면의 갈등과 불안 같은 사적인 내용을 담고 있다. 따라서 신에 대한 찬양이나 신앙의 확신을 기쁘게 노래한 당시의 종교시와 달리 구체적으로 자신의 신앙적 체험과 고뇌를 형상화하고 있다는 점에서 오늘날 독자에게도 많은 공감을 불러일으키는 것 같다. 외부 세계의 부패가 아니라 인간 마음속의 타락을 해부하고 있는 던의 종교시는 그의 연애시가 그런 것처럼 내성적(introspective)이고 사적이며 탐색적이고, 무엇인가 발견하고 고치려는 과정을 다루고 있다. 그러나 그 초점은 귀보리의 말처럼 영혼과 육체 사이의 이중적인 관계뿐만 아니라 죄와 죽음, 심판, 부활에 맞춰져 있다(Guibbory 1993, 139-42). 던의 종교시는 인간의 성적 사랑과 신성한 종교적 사랑 사이의 유사성을 거듭 언급하면서, 이 남녀 간의 성적인 사랑이 신과의 관계를 이해하기 위해 우리가 경험해 볼 수 있는 유일한 방편임을 주장하고 있는 듯하다.

던은 만년에 들면서 인간과의 관계에서 완전한 의미 찾기를 포기하고 신과의 관계를 모색하려고 애썼던 것으로 보인다. 그는 종교시와 산문을 통해 신과 인간의 관계를 탐구하면서 때로는 이 관계를 인간의 사랑이라는 관점에서 묘사하고, 여성에 대한 남성의 사랑과 인간에 대한 신의 사랑 사이의 진정한 관계를 찾으려고 했다. 이들 종교시에서 화자는 순수하고 영적인 신과의 사랑을 갈구하면서 젊은 날에 경험한 남녀 간의 사랑을 노래하듯 성적 이미지로 이야기하는 경우가 있다. 이는 던이 보다 인간적인 차원에서 신이 자신을 이해해 주기를 바라고 그만큼 열정적으로 신과의 새로운 관계를 원하고 있음을 보여준다. 그는 신과의 관계를 생각할 때 이지적이거나 추상적으로 접근하기보다는, 구체적으로 만지고 느낄 수 있으며 자신이 이해하기 쉬운 정열적이고 관능적인 방식으로 신에 대한 사랑을 표현하고 있다고 할 수 있다. 던은 신의 사랑과 신앙적 갈등을 과학적이고 성적인 용어를 통해 자연스럽게 다룸으로써 형이상학적 기상의 극치를 보여준다. 이러한 경향은 지동설이 새로운 학설로 등장하고, 과학적으로 입증되지 않은 것은 믿을 수 없다는 회의주의가 생겨나고, 새로운 과학적 발명과 지리적 탐험이 이뤄지던 그 시대의 급격히 변화하는 감수성을 반영하는 것이다.

참고문헌

김윤경. 「"비참한 수수께끼": 존 던의 『죽음의 결투』에서 탐구된 죽음의 다면성」. 『밀턴과근세영문학』 18.2 (2008): 271-300.

이정영. 「자살의 광기와 정치적 욕망: 존 던의 『자살론』 읽기」. 『밀턴과근세영문학』 22.1 (2012): 113-33.

최성희. 「존 던의 초기 애정시에 나타난 가부장적 성 역할 구조의 불안정성--언어와 의복을 중심으로」. 『고전르네상스영문학』 11.2 (2002): 81-104.

최재헌. 「영국 르네상스 텍스트의 여성의 목소리--존 던의 『엘레지』와 「사포가 필레니스에게」 읽기」. 『영어영문학』 51.2 (2005): 305-29.

______. 「존 던의 「풍자시 3」: 종교와 정치」. 『밀턴과근세영문학』 14.2 (2004): 265-83.

Abrams, M. H. A *Glossary of Literary Terms*. Orlando: Harcourt Brace, 1999.

Adlington, Hugh. "Do Donne's Writings Express His Desperate Ambition?" *The Oxford Handbook of John Donne*. Ed. Jeanne Shami, Dennis Flynn and M. Thomas Hester. Oxford: Oxford UP, 2011. 718-31.

Aikin, Lucy. *Memoirs of the Court of King James the First*. 2 vols. London: Longman, Hurst, Rees Orme, & Brown, 1822.

Bald, R. C. *John Donne: A Life*. Oxford: Clarendon, 1970.

Beaston, Lawrence. "Talking to a Silent God: Donne's Holy Sonnets and the Via Negativa." *Renaissance* 51. 2 (1999): 95-109.

Bell, Ilona. '"Gender Matters: the Women in Donne's Poems." *The Cambridge Companion to John Donne*. Ed. Achsah Guibory. Cambridge: Cambridge UP, 2006. 201-16.

Bellette, A. F. "The Originality of Donne's *Satires*." *University of Toronto Quarterly* 44.2 (1975): 130-40.

Belsey, Catherine. *Desire: Love Stories in Western Culture*. Oxford: Oxford UP, 1994.

_____. "John Donne's Worlds of Desire." Mousley 63-80.

Benet, Diana Trevino. "Sexual Transgression in Donne's Elegies." *Modern Philology* 92.1 (1994): 14-35.

Blank, Paular. "Comparing Sappho to Philaenis: John Donne's 'Homeopoetics.'" *PMLA* 110.3 (1995): 358-68.

Boose, Lynda E. "The 1599 Bishop's Ban, Elizabethan Pornography, and the Sexualization of the Jacobean Stage." *Enclosure Acts: Sexuality, Property, and Culture in Early Modern England*. Eds. Richard Burt and John Michael Archer. Ithaca: Cornell UP, 1994. 185-200.

Bradbury, Nancy Mason. "Speaker and Structure in Donne's Satyre IV." *Studies in English Literature, 1500-1900* 25.1 (1985): 87-107.

Brown, Meg Lota. "'In that the World's Contracted Thus': Casuistical Politics in Donne's 'The Sunne Rising'." Summers and Pebworth 22-33.

Bueler, Lois E. "Donne's Failure of Sophistry." *Studies in English Literature* 25.1 (1985): 69-85.

Byatt, A. S. "Feeling Thought: Donne and the Embodied Mind." Guibbory, *John Donne* 247-57.

Carey, John. *John Donne: Life, Mind, and Art*. New York: Oxford UP, 1981.

Castiglione, Baldassare. *The Book of the Courtier*. Trans. Sir Thomas Hoby. London: J.M. Dent & Sons, 1956.

Corns, Thomas N., ed. *The Cambridge Companion to English Poetry: Donne to*

Marvell. Cambridge: Cambridge UP, 1993.

Correll, Barbara. "Symbolic Economies and Zero-Sum Erotics: Donne's 'Sapho to Philaenis.'" *ELH* 62.3 (1995): 487-507.

Davies, Stevie. *John Donne*. Plymouth: Northcote House, 1994.

DiPasquale, Theresa M. "Donne's Epigrams: A Sequential Reading." *Modern Philology* 104.3 (2007): 329-78.

______. "Donne, Women, and the Specter of Misogyny." *The Oxford Handbook of John Donne*. Ed. Jeanne Shami, Dennis Flynn and M. Thomas Hester. Oxford: Oxford UP, 2011. 678-89.

Docherty, Thomas. *John Donne, Undone*. London: Methuen, 1986.

Donne, John. *The Sermons of John Donne*. Ed. G. R. Potter and E. M. Simpson. 10 vols. Berkeley and Los Angeles: U of California P, 1953-62.

______. *Biathanatos*. New York: Arno, 1977.

______. *Letters to Severall Persons of Honour*. Ed. M. T. Hester. Delmar, NY: Scholar's Facsimiles and Repprints, 1977.

______. *John Donne: Biathanatos*. Ed. Michael Rudick and M. Pabst Battin. New York: Garland Publishing, 1982.

______. *Pseudo-Martyr*. Ed. Anthony Raspa. Montreal: McGill-Queen's UP, 1993.

______. *John Donne: The Complete English Poems*. Ed. A. J. Smith. London: Penguin, 1996.

______. *John Donne: Devotions upon Emergent Occasions: Together with Death's Duel*. Ann Arbor: U of Michigan P, 2000.

______. *Essayes in Divinity*. Ed. Anthony Raspa. Montreal: McGill-Queen's UP, 2001.

Fish, Stanley. "Masculine Persuasive Force: Donne and Verbal Power." *Soliciting Interpretation: Literary Theory and Seventeenth-Century English Poetry*. Ed. Elizabeth D. Harvey and Katherine Eisaman Maus. Chicago, U of

Chicago P, 1990. 223-52.

Flynn, Dennis. "A Biographical Prolusion to Study of Donne's Religious Imagination." *John Donne's Religious Imagination*. Eds. R. Frontain and F. Malpezzi. Conway, Ark.: U of Central Arkansas P, 1995. 28-44.

_____. *John Donne and the Ancient Catholic Nobility*. Bloomington, Ind.: Indiana UP, 1995.

Gardner, Helen, ed. *John Donne: The Elegies and The Songs and Sonnets*. Oxford: Clarendon P, 1965.

_____. "The Combination of Opposites: John Donne: A New Look." *Encounter* 57.1 (1981): 45-53.

Garrett, John. *British Poetry since the Sixteenth Century*. London: Macmillan, 1986.

Gosse, Edmund. *The Life and Letters of John Donne, Dean of St. Paul's*. 2 vols. London: william Heinemann, 1899.

Grierson, H. J. C., ed. *The Poems of John Donne*. 2 vols. Oxford: Oxford UP, 1912.

Gross, Kenneth. "John Donne's Lyric Skepticism: In Strange Way." *Modern Philology* 101.3 (2004): 371-99.

Guibbory, Achsah. "'Oh, Let Mee Not Serve So': The Politics of Love in Donne's *Elegies*." *John Donne*. Ed. Andrew Mousley. New York: St. Martin's, 1999. 25-44.

_____, ed. *The Cambridge Companion to John Donne*. Cambridge: Cambridge UP, 2006.

_____. "John Donne." Corns 123-47.

_____. "'Oh, Let Mee Not Serve So': The Politics of Love in Donne's *Elegies*." *ELH* 57.4 (1990): 811-33.

_____. "Erotic Poems." Guibbory, *John Donne* 133-47.

Halpern, Richard. "The Lyric in the Field of Information: Autopoesis and

History in Donne's *Songs and Sonnets.*" Mousley 104-21.

Harland, Paul. "Donne's Political Intervention in the Parliament of 1629." *John Donne Journal* 11.1-2 (1992): 21-37.

Harvey, Elizabeth D. *Ventriloquized Voices: Feminist Theory and English Renaissance Texts.* London: Routledge, 1992.

Herek, Bryan Thomas. "Donne's Satyre III." *Explicator* 60.4 (2002): 193-96.

Herz, Judith Scherer. "Reading and Rereading Donne's Poetry." Guibbory, *John Donne* 101-15.

_____. "'By Parting Have Joyn'd Here': The Story of the Two (Or More) Donnes." *The Oxford Handbook of John Donne.* Ed. Jeanne Shami, Dennis Flynn, and M. Thomas Hester. Oxford: Oxford UP, 2011. 732-42.

Hester, M. Thomas. "'All Our Soules Devotion': Satire as Religion in Donne's *Satyre III.*" *Studies in English Literature, 1500-1900* 18.1 (1978): 35-55.

_____. "The Epigram." Jeanne Shami, Dennis Flynn, and M. Thomas Hester 105-121.

Holstun, James. "'Will You Rent Our Ancient Love Sunder?': Lesbian Elegy in Donne, Marvell, and Milton." *ELH* 54.4 (1987): 835-67.

Infante, Cecilia. "Donne's Incarnate Muse and His Claim to Poetic Control in 'Sapho to Philaenis.'" Summers and Pebworth 93-106.

King, John N. "Traditions of Complaint and Satire." *A Companion to English Renaissance Literature and Culture.* Ed. Michael Hattaway, Oxford: Blackwell, 2000. 367-77.

Lein, Clayton D. "Theme and Structure in Donne's Satyre II." *Comparative Literature* 32.2 (1980): 130-50.

Lewis, C. S. *English Literature in the Sixteenth Century Excluding Drama.* Oxford: Clarendon P, 1954.

Loewenstein, David. "Politics and Religion." Corns 3-30.

Marotti, Arthur F. "John Donne and the Rewards of Patronage." *Patronage in the Renaissance*. Eds. G. F. Lytle and S. Orgel. Princeton: Princeton UP, 1981. 207-84.

_____. *John Donne, Coterie Poet*. Madison: U of Wisconsin P, 1986.

McCullough, Peter E. "Donne as Preacher at Court: 'Precarious Inthronization.'" *John Donne's Professional Lives*. Ed. David Colclough. Woodbridge: D. S. Brewer, 2003. 179-204.

Mohamed, Feisal G. "Donne, Milton, and the Two Traditions of Religious Liberty." *A New Companion to English Renaissance Literature and Culture*. Ed. Michael Hattaway. Oxford: Blackwell, 2010. 289-303.

Mousley, Andrew, ed. *John Donne*. New York: St. Martin's, 1999.

Mueller, Janel. "Lesbian Erotics: The Utopian Trope of Donne: 'Sapho to Philaenis.'" Summers 103-34.

_____. "Women Among the Metaphysicals: A Case, Mostly, of Being Donne For." *Modern Philology* 87.2 (1989): 142-58.

Narveson, Kate. "The Devotion." *The Oxford Handbook of John Donne*. Ed. Jeanne Shami, Dennis Flynn, and M. Thomas Hester. Oxford: Oxford UP, 2011. 308-17.

Nelson, Brent. *Holy Ambition: Rhetoric, Courtship, and Devotion in the Sermons of John Donne*. Tempe, Ariz.: Medieval & Renaissance Texts & Studies, 2005.

Norbrook, David. "The Monarchy of Wit and the Republic of Letters: Donne's Politics." *Soliciting Interpretation: Literary Theory and Seventeenth-Century English Poetry*. Ed. Elizabeth D. Harvey and Katherine Eisaman Maus. Chicago: U of Chicago P, 1990. 3-36.

Nutt, Joe. *John Donne: The Poems*. London: Macmillan, 1999.

Parfitt, George. *English Poetry of the Seventeenth Century*. London: Longman, 1992.

Patterson, Annabel. "Misinterpretable Donne: The Testimony of the Letters." *John Donne Journal* 1.1-2 (1982): 39-53.

_____. "John Donne, Kingsman?" *The Mental World of the Jacobean Court*. Ed. L. L. Peck. Cambridge: Cambridge UP, 1991. 251-72.

_____. "Satirical Writing: Donne in Shadows." *The Cambridge Companion to John Donne*. Ed. Achsah Guibbory. Cambridge: Cambridge UP, 2006. 117-31.

Perry, Curtis. "Court and Coterie Culture." *A Companion to English Renaissance Literature and Culture*. Ed. Michael Hattaway, Oxford: Blackwell, 2000. 106-18.

Peterson, Douglas L. *The English Lyric from Wyatt to Donne: A History of the Plain and Eloquent Styles*. Princeton: Princeton UP, 1967.

Post, Jonathan F. S. "Donne's Life: a Sketch." *The Cambridge Companion to John Donne*. Ed. Achsah Guibory. Cambridge: Cambridge UP, 2006. 1-22.

Price, Michael W. "The Paradox." Jeanne Shami, Dennis Flynn, and M. Thomas Hester 149-52.

Raman, Shankar. "Can't Buy Me Love: Money, Gender, and Colonialism in Donne's Erotic Verse." *Criticism* 43 (2001): 135-68.

Ray, Robert H. *A John Donne Companion*. New York: Routledge, 1990.

Reid, David. *The Metaphysical Poets*. London: Longman, 2000.

Roebuck, Graham. "The Controversial Treatise." Jeanne Shami, Dennis Flynn, and M. Thomas Hester 249-63.

Roston, Murry. *The Soul of Wit: A Study of John Donne*. Oxford: Clarendon P, 1974.

Sanders, Wilbur. *John Donne's Poetry*. Cambridge: Cambridge UP, 1971.

Scodel, Joshua. *Excess and the Mean in Early Modern English Literature*. Princeton: Princeton UP, 2002.

_____. "The Medium Is the Message: Donne's 'Satire 3,' 'To Sir Henry

Wotton'(Sir, more than kisses), and the Ideologies of the Mean." *Modern Philology* 90.4 (1993): 479-511.

Shami, Jeanne. "The Sermon." *The Oxford Handbook of John Donne*. Ed. Jeanne Shami, Dennis Flynn, and M. Thomas Hester. Oxford: Oxford UP, 2011. 318-47.

Shuger, Debora. "Donne's Absolutism." *The Oxford Handbook of John Donne*. Ed. Jeanne Shami, Dennis Flynn, and M. Thomas Hester. Oxford: Oxford UP, 2011. 690-703.

Sloan, Thomas O. "The Persona as Rhetor: An Interpretation of Donne's *Satyre III*." *Quarterly Journal of Speech* 51 (1965): 14-27.

Sommerville, Johann. "John Donne the Controversialist: The Poet as Political Thinker." *John Donne's Professional Lives*. Ed. David Colclough. Cambridge: D. S. Brewer, 2003. 73-95.

Stachniewski, John. *The Persecutory Imagination: English Puritanism and the Literature of Religious Despair*. Oxford: Clarendon P, 1991.

Strier, Richard. "Radical Donne: 'Satyre III.'" *ELH* 60 (1993): 283-321.

Sugg, Richard. *Critical Issues: John Donne*. New York: Palgrave Macmillan, 2007.

Sullivan, E. W., II. "The Paradox: *Biathanatos*." Jeanne Shami, Dennis Flynn, and M. Thomas Hester 153-57.

Summers, Claude J, ed. *Homosexuality in Renaissance and Enlightenment England: Literary Representations in Historical Context*. New York: Haworth, 1992.

Summers, Claude J and Ted-Larry Pebworth, eds. *"The Muses Common-Weale": Poetry and Politics in the Seventeenth Century*. Columbia: U of Missouri P, 1988.

Targoff, Ramie. *John Donne, Body and Soul*. Chicago: U of Chicago P, 2008.

Tutino, Stefania. "Notes on Machiavelli and Ignatius Loyola in John Donne's

Ignatius his Conclave and Pseudo-Martyr." *English History Review* 119. 484 (2004): 1308-21.

Walton, Izaak. *The Lives of John Donne, Sir Henry Wotton, Richard Hooker, George Herbert & Robert Sanderson.* London: Oxford UP, 1956.

Wiggins, Peter DeSa. *Donne, Castiglione, and the Poetry of Courtliness.* Bloomington: Indiana UP, 2000.

Winny, James. *A Preface to Donne.* London: Longman, 1970.

Young, R. V. "'O My America, My New-found-land.' Pornography and Imperial Politics in Donne's *Elegies.*" *South Central Review* 4 (1987): 35-48.

찾아보기

ㄹ

ㅁ

ㅈ

ㅊ

ㅋ

지은이

최재헌

경북대학교 영어영문학과, 동 대학원 졸업(문학박사)
미국 오리건 주립대학 및 노스캐롤라이나 주립대학 교환교수
한국밀턴과근세영문학회 회장 역임
현 경북대학교 영어영문학과 교수

주요 저서 및 논문

『다시 읽는 존 밀턴의 실낙원』(2004년 문화관광부 우수학술도서)
『르네상스 시대 영국시의 이해』
『밀턴의 이해』(공저)
『영미시 오디세이』
『포스트모던 시대의 영미시』(공저)
『존 밀턴의 생애와 사상』
『존 던의 초기시 연구』(2013년 대한민국학술원 우수학술도서)
『다시 읽는 존 던』
『중기 밀턴: 존 밀턴의 산문』
「존 밀턴의 『이혼론』에 나타난 기독교인의 자유와 젠더 문제」 외 다수

영국 르네상스 텍스트의 젠더와 권력 그리고 욕망
존 던의 시와 산문

초판 1쇄 2017년 4월 27일 • **초판 2쇄** 2018년 8월 29일
지은이 최재헌 • **펴낸이** 김상동 • **펴낸 곳** 경북대학교출판부
출판등록 1973년 10월 10일 ㉣97호 • **주소** 대구광역시 북구 대학로 80
전화 053-950-6741~3 • **팩스** 053-953-4692 • **이메일** press@knu.ac.kr
홈페이지 http://knupress.com
ISBN 978-89-7180-463-6 93840

정가는 뒤표지에 있습니다. 파본은 바꾸어 드립니다.

이 저서는 2013년 정부(교육과학기술부)의 재원으로 한국연구재단의 지원을 받아 수행된 연구임
(NRF-2013S1A6A4A02017556)